KB203159

성령의 불세례의 비밀 깨닫고 사실 분의 책

성령의 불 세례에 숨은 비밀

강요셉지음

"…내 뒤에 오시는 이는 나보다 능력이 많으시니 나는 그의 신을 들기도 감당하지 못하겠노라 그는 성령과 불로 너희에게 세례를 베푸실 것이요."(마 3:11)

성령

성령의 불세례에
숨은 비밀

성령

들어가는 말

필자는 20년이 넘도록 살아계신 성령님을 증명하며 목회를 하고 있습니다. 성령의 불세례에 숨은 비밀을 바르게 깨달아야 합니다. 그럼에도 많은 수의 성도들이 성령체험, 성령세례, 성령의 불세례, 성령충만, 성령의 기름부음을 바르게 깨닫지 못하여 바른 성령의 역사를 따라가지 못하고 있습니다. 이 모든 성령의 역사는 성령께서 깨닫게 하셔야 바르게 인식하고 살아계신 성령하나님의 은혜를 받으면서 몸소 느끼면서 살아갈 수가 있습니다.

우리 성도들이 성령님에 대하여 바르게 알지 못한 경우가 많습니다. 성령님을 은사로 알고 있는 분들도 있습니다. 성령님을 능력으로 알고 계시는 분도 계십니다. 성령님을 병을 고치는 분으로 잘못알고 있는 분들도 많습니다. 분명하게 알아야 할 것은 성령님은 하나님이십니다. 지금은 성령님이 역사하시는 교회시대입니다. 이 교회는 벽돌로 지어진 교회를 말하는 것이 아니고 예수를 믿고 성령으로 거듭난 성도 한 사람 한 사람을 말하는 것입니다. 예수님은 믿는 성도들은 자신이 교회(성전)가 되어야 합니다. "너희는 너희가 하나님의 성전인 것과 하나님의 성령이 너희 안에 계시는 것을 알지 못하느냐"(고전 3:16).

모든 것이 성령하나님의 역사로 깨달아 알게 되고 이루

어지는 것입니다. 그러므로 우리 성도들은 성령으로 말씀을 깨달아야 하고, 성령으로 예수님의 인격으로 변화되어야 하고, 성령으로 지배와 장악이 되어 살아계시면서 초자연적으로 역사하시는 하나님을 나타내야 하는 것입니다.

그렇게 하기 위해서는 성령님을 바르게 깨달아 알아야 합니다. 이는 자신의 지식이나 다른 사람의 가르침으로 깨닫는 것이 아니고, 자신 안에 주인으로 오신 성령으로 깨달아 알아야 하는 것입니다. 성령님은 보이지 않습니다. 그러나 살아계십니다. 이를 믿는 자를 통하여 자신을 나타내시는 분입니다.

우리 성도들은 성령으로 모든 것을 깨달아 알려고 해야 합니다. "오직 하나님이 성령으로 이것을 우리에게 보이셨으니 성령은 모든 것 곧 하나님의 깊은 것까지도 통달하시느니라."(고전 2:10). "성령이 친히 우리의 영과 더불어 우리가 하나님의 자녀인 것을 증언하시나니"(롬 8:16).

독자들이여 이 책을 통하여 성령의 지배와 장악이 되어 걸어 다니는 성전으로 살아가면서 하나님의 살아계심을 증명하는 모두가 되시기를 바랍니다.

주후 2020년 7월 27일
충만한 교회 성전에서
저자 강요셉목사.

세부적인목차

1부 성령의 불세례에 숨은 비밀

1장 성령님이 오신 이유가 무엇일까?

(요 14:15-27)"너희가 나를 사랑하면 나의 계명을 지키리라 (16) 내가 아버지께 구하겠으니 그가 또 다른 보혜사를 너희에게 주사 영원토록 너희와 함께 있게 하리니 (17) 그는 진리의 영이라 세상은 능히 그를 받지 못하나니 이는 그를 보지도 못하고 알지도 못함이라 그러나 너희는 그를 아나니 그는 너희와 함께 거하심이요 또 너희 속에 계시겠음이라."

성령의 불세례란 무엇인가? 성령의 세례는 예수님을 영접할 때 마음 안에 주인으로 오신 성령님이 영과 진리로 예배를 드리고, 성령으로 기도할 때 순간 자신의 전인격을 장악하는 것입니다. 몸과 마음으로 체험할 수 있는 사건입니다. 단회적인 것입니다. 성령의 불세례는 성령으로 세례를 받은 성도가 영과 진리로 예배를 드리며 성령으로 기도할 때 자신 안에 주인으로 오신 예수님으로부터 끊임없이 성령의 불이 자신 안에서 타오르는 상태를 말합니다. 성령의 불세례는 성령세례와 다른 성령의 불세례 성령충만입니다.

필자가 어느 성령집회에 참석하여 말씀을 듣는 중에 입술과 온 몸에 강한 불이 임하여 태우는 체험을 했습니다. 저는 성령의 불을 받는 것과 말씀을 아주 사모했었습니다. 그러던 어느 날 말씀과 성

령의 역사가 강하게 일어나는 강사 목사님이 집회를 인도한다고
해서 말씀도 배우고 성령의 불도 받겠다는 믿음을 가지고 집회에
참석하려고 일찍 가서 맨 앞자리에 앉아서 말씀을 들으면서 은혜
를 받았습니다. 저는 어느 집회를 가든지 한 두 시간 일찍 가서 좋
은 자리를 잡고 기도하면서 기다리는 습관이 있습니다.

그런데 강사 목사님이 성령의 불의 역사도 강하게 일으키고 말씀
도 그렇게 잘 전하시는 것입니다. 정말 저도 그 강사 목사님 같이 되
었으면 좋겠다는 그런 어린 아이와 같은 사모하는 마음으로 말씀을
들었습니다. 그래서 말씀을 듣는 중에도 계속 마음으로 기도했습니
다. "성령님 저를 지배하고 사로잡아 주옵소서. 저 목사님과 같은
성령의 불이 내 안에서 나오게 해주시고 말씀도 잘 전하도록 역사
하여 주옵소서! 성령님 도와주세요. 성령님 도와주세요. 성령님 도
와주세요. 성령님 역사하여 주세요. 성령님 역사하여 주세요. 성령
님 역사하여 주세요. 성령님 제 입에 지식의 말씀과 지혜의 말씀의
은사를 주셔서 저 목사님 같이 말씀을 잘 전하게 하여 주시옵소서"
하면서 애절한 마음으로 간절하게 기도를 하였습니다.

그러자 갑자기 온 몸이 성령의 불로 뜨거워지는 것입니다. 그러
다가 입술이 뜨거워지기 시작하는데 정말 감당하기 어려울 정도로
뜨거워서 견딜 수가 없었습니다. 그 날은 집회 마지막 날이라 강사
목사님 모두 안수를 해주는 날입니다. 그런데 저는 목사님에게 안
수를 받기 전에 이미 내가 성령님에게 간절하게 기도한대로 이미
성령의 불이 임하여 온몸과 입술이 뜨거워지고 있었습니다. 정말

너무 뜨거워 입술이 다 타서 없어진 줄만 알았습니다. 마치 병원에 가서 위장 내시경 하기 전에 마취제를 입에 물고 있을 때 입이 얼얼한 그런 기분이었습니다. 정말 신비한 현상을 체험했습니다.

"때에 그 스랍의 하나가 화저로 단에서 취한바 핀 숯을 손에 가지고 내게로 날아와서 (7) 그것을 내 입에 대며 가로되 보라 이것이 네 입에 닿았으니 네 악이 제하여졌고 네 죄가 사하여 졌느니라 하더라"(사6:6-7). 약 3시간 정도 그런 현상을 체험했습니다. 점점 입술의 뜨거움이 사라져 갔습니다. 그러고 나니 이제 궁금했습니다. 입술이 과연 그대로 있을까 정말 두렵기도 하고 궁금하기도 했습니다. 그래서 화장실에 뛰어가서 거울을 보니 입술이 그대로 있었습니다. 정말 저는 입술이 타서 없어지는 줄 알았습니다.

그런 체험을 하고 난 다음에 말씀에 대해 사모하게 되고 말씀 전하는 것이 즐겁고 쉬워졌습니다. 필자는 성령의 불세례를 받고 모든 것이 달라졌습니다. 성령의 불세례는 성도를 다른 사람으로 바뀌게 합니다. 하나님은 사모하는 영혼에게 만족함을 주시는 하나님이십니다. 책을 읽는 모든 분들도 불같은 성령의 임재하심과 역사를 사모하여 이런 체험을 하시기를 바랍니다. 하나님은 사모하는 영혼에게 만족함을 주십니다.

필자는 20년이 넘도록 성령사역을 하고 있습니다. 성령사역을 하면 할수록 성령의 불세례는 하나님의 축복 중에서 제일 좋은 축복이라는 것을 날마다 깨닫고 있습니다. 왜냐하면 성령하나님께서 주인 되시어 동행하시면서 살아계신 하나님을 끊임없이 나타내는

성도이기 때문입니다. 그 성도를 통하여 살아계신 하나님을 나타
내시기 때문입니다. 하나님께서 선택한 자이기 때문입니다.

　성령님의 불세례에 대하여 깨닫기 전에 성령에 대하여 알아야
합니다. 성령에 대하여는 자세하게 다음 2장에 설명이 됩니다. 성
령체험이란 성령하나님을 맛보기로 체험하는 것을 말합니다. 성령
님은 보이지 않지만 살아계신 분이시구나, 성령을 체험하니 몸과
마음에 실제로 느낄 수가 있구나, 하나님은 보이지는 않지만 살아
서 역사하는 분이시구나 몸과 마음으로 느끼고 깨달아 아는 것입
니다. 성령체험은 성령님에 대하여 맛만 보는 것입니다.

　성령세례는 자신 안에 주인으로 오신 삼위일체 하나님께서 순간
자신을 지배하는 것을 말합니다. 성령님께서 마음을 열고 받아들
이니까, 순간 전인격을 지배하고 장악하시는 것입니다. 그러나 성
령세례를 받고 성령 충만으로 진전되지 못하면 성령께서 주인으로
역사하시지 못합니다. 성도라도 육체를 가지고 있기 때문입니다.
그렇기 때문에 성령세례 받은 것으로 만족하지 말고 성령으로 충
만하려고 해야 합니다.

　성령으로 충만하다고 하는 의미는 성령에 사로잡히고, 스며들
고, 지배를 받는 것을 의미합니다. 물에 흠뻑 젖은 수건처럼 수건
을 짜면 물이 흐르듯이 성령 충만은 성령으로 사로잡히고 스며들
고 지배를 받는 것을 의미합니다. 성령 충만을 요약하면 삼위일체
하나님께서 주인 된 성도 안에서 끊임없이 살아계신 성령의 역사
가 끊임없이 흘러나오는 상태를 말하는 것입니다.

성령의 불세례입니다. 성령의 불세례를 밝히 깨달아 이해하려면 예수님이 지금 어디에 계시는지부터 이해해야 합니다. 예수님은 예수님을 믿는 사람 안에 주인으로 계십니다. "그 날에는 내가 아버지 안에, 너희가 내 안에, 내가 너희 안에 있는 것을 너희가 알리라"(요 14:20). 그러니까, 성령의 불은 자신 안에 주인으로 계시는 예수님으로부터 나오는 것입니다. 성령의 불세례를 자신 안에 계신 예수님으로부터 받아야 합니다. 성령의 불세례는 자신 안에 주인으로 오신 삼위일체 하나님으로부터 성령의 불이 끊임없이 흘러나오는 상태를 말하는 것입니다. 고로 성령의 불세례=성령의 충만=성령의 기름부으심을 같은 것이라고 말할 수가 있습니다. 이는 이 책을 읽어가노라면 자연스럽게 깨닫게 될 것입니다.

신앙생활은 혼자 할 수 없습니다. 도우시는 성령님과 친밀해지지 않으면 신앙의 성장과 축복을 기대할 수 없습니다. 예수님은 승천하시기 전 하나님 아버지께 구해서 다른 보혜사를 보내 주시겠다고 말씀하셨습니다. 보혜사란 곁에서 도와주시는 최고의 도우미를 의미합니다. 그러니까 예수님은 원 보혜사이고, 성령은 또 다른 보혜사입니다. 그렇다면 보혜사 성령이 어떤 분인지 왜 오셨는지를 알아야 합니다. 성령님이 오신 이유를 바르게 깨달아 알고 성령의 인도를 받아야 합니다.

첫째, 성령은 하나님에 대하여 예수님에 대하여 알고 믿게 하기 위하여 오신 것이다. 성령은 가르치시고 생각나게 알게 하십니다. "내가 아직 너희와 함께 있어서 이 말을 너희에게 하였거니와 보혜사 곧 아버지께서 내 이름으로 보내실 성령 그가 너희에게 모든 것을 가르치고 내가 너희에게 말한 모든 것을 생각나게 하리라" (요 14:25-26). 다락방강화인 요한복음14-16장은 주님이 잡히시기 직전에 제자들에게만 전하신 가려진 말씀입니다. 아무나의 것이 아닙니다. 성령으로 거듭난 성도만 깨달을 수 있는 비밀입니다.

그리고 유언과 같기에 반드시 주께서 죽으시고 다시 사신 다음 주의 이름으로 오신 성령이후부터 그 효력이 발생합니다. 성령님이 깨닫게 하십니다. 지상의 예수를 알자고 성령을 모실 필요는 없습니다. 주님의 행적은 역사적인 사실이기 때문에 제자들은 이미 다 알고 있습니다. 일기장에 쓰인 기록처럼 말입니다.

그러나 제자들이나 이방인인 우리가 공평할 수밖에 없는 것은 예수를 잘 안다고 구원에 있어서 특혜가 되지 않기 때문입니다. 만약 그렇다면 하나님은 공평하지 않으십니다. 예수를 본 자나 성경의 기록을 통해 알게 된 자나 반드시 성령을 통해서 재조명되어 그분의 사역이 각자에게 주관적으로 해석되고 적용되기 때문입니다. 따라서 성령으로 세례 받고 성령으로 충만 받아 성령의 깨달아 알게 하시는 역사가 아니고는 어느 누구도 영이신 그리스도를 알 수가 없습니다. 유대인이 옛 언약인 율법에는 박사라 할지라고 새 언약 곧 성령이 임하셔서 그리스도가 믿는 자 안에 임하셔서 하나님의 나라가 이루어지는 사실에 대하여 세상에서 가장 멍청이들입니다. 지금 이 땅에서 이방인들이 영생의 구원을 얻고 있는데 아직도 메시야를 기다리는 저 바리새인 맹인들을 한 번 보세요. 그러므로 우리가 예수를 안 뒤에 그리스도를 모셔 들이는 게 아니라, 그리스도를 영접한 후에 성령으로 예수께서 이룩하신 대속의 은총을 소급적용 받는다는 사실을 잊지 말아야 합니다.

만약에 예수님을 안 뒤에 예수님을 믿는 다면 험난한 과정을 겪어야 할 것입니다. 갈릴리나 갈보리 언덕의 예수를 영접하는 것이 아니라, 주께서 하나님의 우편 보좌에 앉으신 후 보내신 진리의 성령에 의해 그리스도를 영접하여, 그 분 안에 우리가 있고, 그 분이 우리 안에 계시면서 계명을 지키게 하시는 것입니다. 그 때에 평강을 맛봅니다. 비로소 예수가 행하신 대속의 은총을 알게 됩니다.

또한 진리의 성령은 주께서 십자가의 대속의 죽으심과 다시 사심 이후에 이룩하신 거처(요14:3)를 알게 하십니다. 우리에게 가르치십니다. 복음을 듣고 믿는 중에 내가 그리스도 안에 있음을 발견하고 주께서 길과 진리와 생명이 되어 아버지 하나님께 나아가는 비밀통로임을 알게 하십니다. 우리 안에 계셔서 생명이 되시는 그리스도로 말미암아 주를 사랑하는 마음으로 새 계명을 지킵니다.

성령은 가르치시고 기억나게 하십니다. "보혜사 곧 아버지께서 내 이름으로 보내실 성령 그가 너희에게 모든 것을 가르치고 내가 너희에게 말한 모든 것을 생각나게 하리라."(요 14:26). 우리에게 주의 대속의 은총을 가르치시고 주께서 말씀하신 모든 말씀을 생각나게 하십니다. 우리가 세상이 주는 평안 보다 더 나은 평안을 얻고 있음은 이미 성령이 우리를 가르쳐 그리스도와 하나가 되어 평강을 얻는 진리의 말씀을 생각나게 하신다는 증거입니다.

둘째, 성령은 사람들이 잘못된 죄인임을 깨닫고 그리스도에게 돌아오게 하기 위하여 오신 것이다. "그 분이 오시면 죄에 대하여, 의에 대하여, 심판에 대하여 세상을 책망하시리라. 죄에 대하여라 함은 그들이 나를 믿지 않기 때문이라"(요16:8-11). 성령님은 죄에 대하여, 의에 대하여, 심판에 대하여 알게 하십니다. 사람이 죄인인 것을 깨닫게 되는 것은 예수를 믿지만 성령께서 역사해 주셔야 내 자신이 죽을 죄인이고 죄인 중에 괴수라는 것을 알게 되고 깨닫게 되는 것입니다. 의에 대하여라 함은 예수님만 믿으면 죄사함을 받고 구원을 얻고 의롭게 된다는 사실을 증거 하시는 분은 성령이십니다.

심판에 대하여라 함은 성도들이 주 님 앞에 서서 한 번은 심판을 받는 일 즉 그리스도의 심판이나 아니면 백보좌 심판 등 심판이 있음을 알게 하시고 열심히 주의 일을 하게 하시는 분이 성령이십니다.

성령을 받으면 내가 죄인임을 깨닫고 나 같은 죄인이 없음을 알고 죄의 문제를 해결받기 위하여 철저히 회개하는 것입니다. 회개는 예수님을 주인으로 믿은 즉시 죄인이던 자신이 죽고, 의인으로 태어나 성령의 세례를 받고 성령의 충만함을 받으면서 성령의 지배와 장악 속에서 살아가는 것을 말합니다. 성령을 받으면 즉 내주하시면 예수님을 가슴으로 만나게 되니 확실한 예수님이 믿어지고 십자가의 한없는 사랑과 은혜가 믿어지기 때문에 마음을 다해 순종과 사랑으로 믿음의 형제가 아름답게 보이고 감사가 넘침으로 믿음의 형제들이 사랑스럽게 보이지 않을 수가 없습니다. 성령 받음으로 내 자신 평생에 평안이 찾아오고 강하고 담대함이 넘치는 믿음의 사람이 됩니다. 그러나 성령세례 성령 충만받지 않고 예수를 믿는 것 같이 세상에서 그렇게 힘든 일도 없을 것입니다. 성령을 안 받으면 충성하기도 힘들고 순종하기는 더 힘든 것입니다. 옛 사람에게 역사하던 귀신이 방해하기 때문입니다.

셋째, 성령님은 믿는 사람들에게 새 생명을 주시기 위해 오셨다. "예수께서 대답하시되 진실로 진실로 너희에게 이르노니 사람이 물과 성령으로 나지 아니하면 하나님 나라에 들어갈 수 없느니라." (요3:5). 성령 받지 못하면 하나님 나라에 들어가지 못합니다. 왜인가 성령을 받지 않으면 예수가 믿어지지 않아서 머리는 예수를 안다고는 하지만 예수를 믿지 못합니다. 여전하게 옛 사람이 살아서 여러모로 판단하고 분별하기 때문입니다.

성경은 이렇게 말씀하십니다. "내가 율법으로 말미암아 율법에 대하여 죽었나니 이는 하나님에 대하여 살려 함이라 (20)내가 그리스도와 함께 십자가에 못 박혔나니 그런즉 이제는 내가 사는 것이 아니요 오직 내 안에 그리스도께서 사시는 것이라 이제 내가 육체 가운데 사는 것은 나를 사랑하사 나를 위하여 자기 자신을 버리신 하나님의 아들을 믿는 믿음 안에서 사는 것이라"(갈2:19-20).

성령을 받지 못하면 머리의 지식과 생각으로 가득 채워지기 때문에 겉 사람이 노력을 하여도 예수가 믿어지지 않게 되고, 오직 바리새인 서기관들처럼 종교적인 틀에 묶여서 교회 생활은 할 수 있지만, 진짜 체험적인 믿음을 갖지 못하는 가라지 인생으로 자신의 생을 마칠 수가 있습니다. 예수께서 나 자신의 죄를 담당하시고 죽으시고 살아나셨다는 사실을 지식적으로는 알고 있고 말하기는 하지만 마음과 심령은 뜨겁게 감격이 오지 않는 것입니다. 그러니 교회 마당들만 열심히 밟고 다니며 믿는다고는 하지만 영원한 천국에 들어갈 수는 없다는 것입니다. 그러므로 이러한 사람들은 자기의 환경의 변화와 자기의 유익의 만족과 자기의 생각에 맞지 않으면 얼마든지 교회를 떠나고 예수를 배반하게 됩니다. 그러나 이런 사람들도 천국 갈 것이라고 자신 있게 말합니다. 그 날에 주님께서 나는 너를 모른다고 하신다는 것을 전혀 생각지 않는 비참한 자들입니다. 성령으로 구원의 날까지 인치심을 받아야 합니다(엡4:30).

넷째, 성령은 구원받은 우리를 성화시키기 위해 오셨다. 하나님이 우리를 예정, 선택하신 목적은 자녀 된 성도들이 예수님의 형상을 닮게 하시는 것입니다. 우리가 그리스도를 믿음으로 칭의를 받았어도 천국에 들어가기 전까지 육체 가운데 사는 동안에는 마음속에 끊임없이 육체의 욕심과 성령의 소원이 부딪혀서 갈등이 일어납니다(갈5:16-17). 그 가운데 성령을 적극 의지하면 선한 소원을 이루어가면서 인격의 변화와 함께 성령의 9가지 열매(갈5:22-23)를 맺게 되는데 이것이 예수님의 성품 그대로 입니다. 초대교회 당시 무서운 박해 상황 속에서도 성령이 임하시니까 한 마음과 한 뜻이 되었고 욕심이 없는 예수님의 성품을 닮아갔습니다. 그 중에 바나바라는 사람이 있었는데 그의 본명은 요셉이었습니다.

그런데 정말 아름다운 모습으로 사람들을 위로하며 섬기는 변화된 모습을 보고 감동받은 사도들이 그의 이름을 바나바(위로의 아들)로 바꾸어주었습니다(행4:36-37). 성령으로 세례를 받으면 예수님의 성품을 닮는 그리스도인으로 성장합니다. 성령께서 지배하고 장악하시면서 옛 성품을 버리도록 역사하시기 때문입니다.

다섯째, 성령님은 그리스도에게 속한 성도들을 인도하시기 위해서 오셨다. "너희가 육신대로 살면 반드시 죽을 것이로되 영으로써 몸의 행실을 죽이면 살리니, 무릇 하나님의 영으로 인도함을 받는 사람은 곧 하나님의 아들이라"(롬 8:13-14). 성령의 인도를 받아야 하나님의 아들이 되는 것입니다. 성령께서 인도하시면서 예수님의 형상을 닮아가도록 역사하십니다. 예수를 믿고 성령으로 거듭난 성도들은 전적으로 성령의 인도하심에 순종해야 합니다.

"그러나 진리의 성령이 오시면 그가 너희를 모든 진리 가운데로 인도하시리니 그가 스스로 말하지 않고 오직 들은 것을 말하며 장래 일을 너희에게 알리시리라"(요16:13). 성령은 진리를 깨닫게 하시면서 인도하십니다.

"그 안에서 너희도 진리의 말씀 곧 너희의 구원의 복음을 듣고 그 안에서 또한 믿어 약속의 성령으로 인치심을 받았으니 이는 우리의 기업에 보증이 되사 그 얻으신 것을 구속하시고 그의 영광을 찬미하게 하려 하심이라."(엡1:13).

예수를 믿은 후에는 약속의 성령으로 인치심을 받아야 합니다. 성령의 인침을 받지 못한 사람은 가짜 그리스도인입니다. "이르시되 너는 예루살렘 성읍 중에 순행하여 그 가운데서 행하는 모든 가증한 일로 인하여 탄식하며 우는 자의 이마에 표하라 하시고"(겔9:4). 성령님은 자신의 죄를 깨닫고 통회하는 사람에게 인치십니다. "우리를 너희와 함께 그리스도 안에서 굳건하게 하시고 우리에게 기름을 부으신 이는 하나님이시니 그가 또한 우리에게 인치시고 보증으로 우리 마음에 성령를 주셨느니라."(고후1:21-22). 성령 받은 증거로 인을 쳐 주십니다. 성령 받지 못한 자는 아직 인침을 받지 못한 사람입니다. 새 생명을 보증으로 받지 못한 신자입니다. 성령님은 구원의 날까지, 영원한 천국에 들어갈 때까지 인도하십니다.

여섯째, 성령님은 믿음을 가르치고 하나님의 말씀을 상기시키고 증거하시려고 오셨다. "보혜사 곧 아버지께서 내 이름으로 보내실 성령 그가 너희에게 모든 것을 가르치고 내가 너희에게 말한 모든 것을 생각나게 하리라"(요14:26). 하나님께서 왜 성령을 보내주시느냐는 것입니다. 하나님께서 왜 거저, 무료로, 공짜로 성령을 보내주시느냐는 것입니다. 즉 성령의 역할은 무엇이냐는 것입니다. 예수님께서 성령의 역할이 무엇이라고 말씀하시고 계십니까? "그가 너희에게 모든 것을 가르치고 내가 너희에게 말한 모든 것을 생각나게 하리라"(요14:26)라고 말씀하시고 계십니다. 하나님께서 하나님을 가르치고, 하나님의 말씀을 기억나게 하도록 하기 위해 성령을 보내시는 것입니다. 성령님은 하나님을 바르게 알게 하시고, 예수님을 알게 하시고 진리를 깨닫게 하면서 인도하십니다.

일곱째, 성령은 구원받은 우리가 기도의 능력을 얻게 하시려고 오셨다. 예수님은 이 땅에 오셔서 기도의 본을 보여 주셨습니다. 예수님은 공생에 시작하시기 전, 12제자 선택, 새벽, 밤, 낮 그리고 십자가 지시기 전 겟세마네 동산에서 기도 하셨습니다. 우리가 사는 세상은 너무 약해서 기도하지 않고는 살 수가 없기에 예수께서 제자들에게 기도의 중요성과 기도 방법을 가르쳐주시며 시험에 들지 않게 기도하라고 말씀하셨습니다(요14:13-14). 그러나 제자들은 기도하지 못했고, 예수님의 십자가 앞에서 무력한 자가 되고 말았습니다. 그러나 성령이 오신 후 성령이 제자들에게 임하시자 기도의 불이 붙었습니다. 성령은 하나님 뜻대로 기도하게 하십니다.

여덟째, 성령님은 성도에게 권능으로 역사하시기 위하여 오셨다. "오직 성령이 너희에게 임하시면 너희가 권능을 받고 예루살렘과 온 유대와 사마리아와 땅 끝까지 이르러 내 증인이 되리라 하시니라."(행1:8). 성령을 받으면 권능을 받고 하나님의 복음의 일꾼으로 능력 있게 일하게 됩니다. "볼지어다. 내가 내 아버지의 약속하신 것을 너희에게 보내리니 너희는 위로부터 능력을 입히울 때까지 이성에 유하라 하시니라."(눅24:19). 성령으로 불세례 받으면 초자연적인 능력을 입혀 주시기 때문에 초인적인 마귀가 꼼짝하지 못하고 믿는 자의 표적이 나타나는 능력이 있고 내적 증거가 외적 증거로 나타나기도 하며 성령의 열매가 맺히게 됩니다.

아홉째, 믿는 자에게 성령의 은사를 나타나게 하심으로 하나님의 살아계심을 증명하게 하기 위하여 오셨다. "은사는 여러가지나 성령은 같고 직분은 여러가지나 주는 같으며 또 사역은 여러가지나 모든 것을 모든 사람 가운데서 이루시는 하나님은 같으니 각 사람에게 성령을 나타내심은 유익하게 하려 하심이라 어떤 사람에게는 성령으로 말미암아 지혜의 말씀을, 어떤 사람에게는 같은 성령을 따라 지식의 말씀을, 다른 사람에게는 같은 성령으로 믿음을, 어떤 사람에게는 한 성령으로 병 고치는 은사를, 어떤 사람에게는 능력행함을, 어떤 사람에게는 예언함을, 어떤 사람에게는 영들 분별함을, 다른 사람에게는 각종 방언말함을, 어떤 사람에게는 방언들 통역함을 주시나니 이 모든 일은 같은 한 성령이 행하사 그의 뜻대로 각 사람에게 나누어 주시는 것이니라."(고전12:4-11)

"우리 각 사람에게 그리스도의 선물의 분량대로 은혜를 주셨나니 그러므로 이르기를 그가 위로 올라가실 때에 사로잡혔던 자들을 사로잡으시고 사람들에게 선물을 주셨다 하였도다 올라가셨다 하였은즉 땅 아래 낮은 곳으로 내리셨던 것이 아니면 무엇이냐 내리셨던 그가 곧 모든 하늘 위에 오르신 자니 이는 만물을 충만하게 하려 하심이라 그가 어떤 사람은 사도로, 어떤 사람은 선지자로, 어떤 사람은 복음 전하는 자로, 어떤 사람은 목사와 교사로 삼으셨으니."(엡4:7-14).

성령께서 각종 은사로 나타나면 신앙에 큰 힘이 되고 담대하여집니다. 믿음의 열매를 많이 맺으면서 하나님께 크게 영광을 돌리게 되고 주의 일을 열심히 하게 됩니다. 성령의 나타나심을 따라 하나님의 살아계심을 증명하면서 복음전도를 하게 하십니다.

열째, 성령님은 성도에게 하나님의 계시를 깨닫게 하기 위하여 오셨다. "그 후에 내가 내 영을 만민에게 부어 주리니 너희 자녀들이 장래 일을 말할 것이며 너희 늙은이는 꿈을 꾸며 너희 젊은이는 이상을 볼 것이며 그때에 내가 또 내 영을 남종과 여종에게 부어 줄 것이며"(욜2:28-29). "그러나 진리의 성령이 오시면 그가 너희를 모든 진리 가운데로 인도하시리니 그가 스스로 말하지 않고 오직 들은 것을 말하며 장래 일을 너희에게 알리시리라."(요16:13)

하나님의 계시는 성령의 감동의 역사가 이루어질 때에 나타나며 깨달아지게 됩니다. 모든 성경도 역시 성령에 감동을 받은 사람들이 영으로 받아 기록한 것과 같이 오늘 날에도 레마의 말씀으로 성령의 감동으로 믿음의 사람에게 계시를 주십니다. 성령의 지배와 장악으로 영적인 훈련이 잘되고 기도를 많이 한 사람들은 이러한 성령의 계시를 정확하게 잘 알게 되는 것입니다. 이상의 10가지 목적으로 성령께서 이 세상에 오신 것입니다. 성령의 세례를 받고 인침을 받기 위해서는 마음과 뜻을 다해야 기도해야 합니다.

2장 성령을 알아야 불세례 받는다.

(요 16:7)"그러나 내가 너희에게 실상을 말하노니 내가 떠나가는 것이 너희에게 유익이라 내가 떠나가지 아니하면 보혜사가 너희에게로 오시지 아니할 것이요 가면 내가 그를 너희에게로 보내리니"

하나님은 예수를 믿는 성도가 성령을 알고 성령으로 세례를 받고 성령과 인격적인 관계를 맺으면서 살아가기를 소원하고 계십니다. 무지하기만 하던 필자도 성령을 알고 성령으로 세례를 받고 성령과 인격적인 관계를 맺으면서 많은 영적인 변화를 체험하고 기쁜 마음으로 목회를 하고 있습니다. 성령께서는 우리를 인도하실 때 밤같이 어둡고 캄캄한 시련을 당할 때면 낙심과 절망으로 얼어붙은 마음을 녹여주시고 훈훈하게 해 주셔서 믿음과 용기를 우리 마음속에 부어주시고 앞길을 안내하시는 것입니다.

또 우리를 보호하시고 밝은 길로 인도하시며 대낮의 삶의 생존 경쟁에서 힘들고 지칠 때, 낙심할 때 우리를 위로해 주시고 상쾌하게 해주시고 쉬게 해주시고 기쁨과 소망을 주심으로 이 광야 같은 세상을 우리들이 승리로 살아가게 만들어 주시는 것입니다. 이스라엘 백성이 낮에는 구름기둥, 밤에는 불기둥이 없이는 절대로 광야를 통과할 수 없습니다. 그들은 광야에서 다 희생되고 죽었을 것입니다. 그처럼 오늘 우리가 예수 믿고 이 삭막한 세상에서 신앙생활 해나가려고 할 때 우리 속에 와 계신 성령이 구름기둥과 불기둥처럼 우리에게 희망과 용기와 능력과 위로와 평안을 주시지 아니하신다면 우리의 신앙생활은 결코 성공할 수가 없습니다.

성령님은 어떠한 분이신지, 어떻게 역사하시는지, 바르게 알아야 성령으로 세례를 받고, 성령으로 충만 받으면 성령의 불세례를 받으면서 권능있는 믿음생활을 할 수가 있습니다. 성령께서 세상에 오신 것을 바르게 알고 받아 누리려고 해야 할 것입니다.

첫째, 처음에는 하늘에서 성령이 강림하셨다. 예수님은 요한복음 14장 16절로 18절에서 "내가 아버지께 구하겠으니 그가 또 다른 보혜사를 너희에게 주사 영원토록 너희와 함께 있게 하리니 (17) 그는 진리의 영이라 세상은 능히 그를 받지 못하나니 이는 그를 보지도 못하고 알지도 못함이라 그러나 너희는 그를 아나니 그는 너희와 함께 거하심이요 또 너희 속에 계시겠음이라 (18) 내가 너희를 고아와 같이 버려두지 아니하고 너희에게로 오리라."

예수님께서 십자가에서 해 받으시고 부활하시고 승천하셨습니다. 이제는 그들은 고아와 같이 되었습니다. 내동댕이 쳐버리고 버림받은 처지에서 올 때 갈 때 없는 상황에서 성령오시기를 기다리는 것입니다. 예수님께서 "볼지어다 내가 내 아버지께서 약속하신 것을 너희에게 보내리니 너희는 위로부터 능력으로 입혀질 때까지 이 성에 머물라 하시니라."(눅 24:49). 하셨기 때문입니다. 예수님이 부활하사 40일 동안 여러 모습으로 나타나셔서 낙심한 제자들을 다 모으셔서 감람산에 오게 하시고 그곳에서 최대의 명령을 내리시고 그들이 보는 앞에서 하늘로 승천해 올라가셨습니다.

사도행전 1장 4~8절에 "사도와 같이 모이사 저희에게 분부하여 가라사대 예수살렘을 떠나지 말고 내게 들은 바 아버지의 약속하신 것을 기다리라 요한은 물로 세례를 베풀었으나 너희는 몇 날이 못되어 성령으로 세례를 받으리라 하셨느니라. 저희가 모였을 때에 예수께 묻자와 가로되 주께서 이스라엘 나라를 회복하심이 이때니이까 하니 가라사대 때와 기한은 아버지께서 자기의 권한에 두셨으니 너희의 알 바 아니요 오직 성령이 너희에게 임하시면 너희가 권능을 받고 예루살렘과 온 유대와 사마리아와 땅 끝까지 이르러 내 증인이 되리라 하시니라"고 주님께서 말씀을 하셨습니다. 이 말씀을 듣고 제자들은 예루살렘 마가 요한의 다락방에 모여서 120여명의 남-여 성도들이 열심히 한 열흘 동안 성령이 오시기를 간절히 기도하였습니다. 그러자 오순절 날이 이르자 갑자기 하늘로서 강한 바람 같은 소리가 나며, 그들 방에 가득하더니 불의 혀 같이 갈라지는 것이 각 사람 머리 위에 하나씩 임하였습니다. 그들이 곧 성령의 충만함을 받고 성령의 말하게 하심을 따라 다른 방언으로 말하기 시작했습니다. 그것이 바로 하나님의 성령께서 이 땅에 강림하신 날인 것입니다. 예수께서 부활하사 아버지 보좌 우편에 앉으시매 아버지께로부터 성령을 선물로 받아 제자들에게 부어 주신 것입니다.

이래서 그만 성령이 오시고 성령세례를 받자마자 제자들에게 거대한 변화가 다가온 것입니다. 제자들은 갑자기 성령의 비추심을 통해서 예수님의 십자가 죽음과 부활이 인류구원의 하나님의 역사인 것을 깨닫게 된 것입니다. 그들은 예수 그리스도의 죽음이 비참한 실패라고 생각하고 그것이 그리스도 복음의 종말인줄 생각하였는데 성령이 와서 비추어주자 그리스도의 십자가의 죽으심과 부활은 바로 인류를 죄에서 구원하는 하나님의 위대한 계획이요, 하나님의 은사요, 하나님의 승리란 것을 깨닫게 된 것입니다.

그리고 예수님이 몸으로 죽었다가 몸으로 부활한 것을 그들이 보고 깨닫자마자 몸이 다시 살고 영원히 사는 것을 알게 되어서 인간은 죽어서 사라지는 것이 아니라 인간은 죽음으로써 다시 부활해서 영원히 산다는 확신을 얻게 된 것입니다.

그리고 하나님과 예수님의 살아계심을 몸으로 체험하고 뜨겁게 사랑하게 되었습니다. 하나님의 성령이 속에 들어와 계심으로 성령의 역사로 말미암아 야! 하나님은 살아계신다! 부활하신 예수님은 우리와 같이 계시는 것을 이제는 들어서 아는 것이 아니라, 몸으로 체험하고 그들은 뜨겁게 하나님과 예수님을 사랑하게 된 것입니다. 그러자 천국의 소망과 기쁨이 충만하게 되어서 이 세상에서 살아가는 인생의 삶은 일부분 같은 생활이나 주께서 예비한 영원한 영광스러운 천국이 확실한 것을 알게 되고 마음의 기쁨이 넘쳐흐른 것입니다. 그리고 겁과 두려움이 사라지고 강하고 담대한 믿음이 생겼습니다. 성령의 이끌림을 받는 성도가 되었습니다.

살면 전도요! 죽으면 천국이다! 두려울 것이 뭐냐? 강하고 담대한 마음이 생겼습니다. 그리고 전도의 열심이 마음을 폭발하여 그들은 일어나서 온 예루살렘을 복음으로 채우고 유대와 사마리아와 땅 끝까지 물밀듯이 그리스도의 복음으로 밀고 나가게 된 것입니다. 그리고 그들의 말과 행동에 하나님의 초자연적인 권능이 나타나서 귀신이 쫓겨나가고 병든 자가 고침을 받고, 하나님의 기적적인 역사가 나타난 것입니다. 당시 사회의 낮은 계층의 소수의 사람들이 일어나 인류와 세계 역사를 뒤바꾸어 놓는 위대한 역사를 베풀게 된 것입니다. 이것이 바로 성령께서 오셔서 그들 생애 속에 일어난 거대한 변화를 말하는 것입니다.

하나님의 성령께서 오늘 우리 가운데 와 계시는데 우리가 이 성령님을 인정하고 환영하고 모셔드리고 충만하면 우리 예수 믿는 성도들의 생활 속에 옛날에 사도들이 체험한 이 거대한 변화가 우리에게 다가오게 되는 것입니다. 이렇기 때문에 잠자는 교회가 깨어 일어나고 잠자는 성도가 새로운 신앙의 불길을 얻기 위해서는 이와 같은 성령과의 만남, 성령의 체험이 반드시 있어야 되는 것입니다. 오늘날은 주님께서 새삼스럽게 성령을 하늘에서 부어 주실 필요가 없습니다. 성령은 오순절 날 이후 2000년 동안 성령세례 받은 우리 가운데 와 계신 것입니다. 우리가 예수님을 믿고 회개하고 깨닫기만 하면 성령은 바람같이 불같이 생수같이 우리에게 임하여서 역사해 주시는 것입니다. 이와같이 성령님은 오순절날까지 사모하고 순종하는 사람들에게 하늘에서 임재하셨습니다. 그 다음부터는 이때에 성령 세례받은 사람들을 통해 나타내셨습니다.

둘째, 다음에는 성령의 불세례를 받은 사람을 통해 임하셨다. 처음은 하늘에서 임하셨지만 그 다음 부터는 성령 세례받은 사람들을 통하여 나타내셨습니다. 사도행전 10장에는 고넬료 가정에 성령의 불이 임한 사건이 나옵니다. 고넬료는 이탈리아 사람이었습니다. 이탈리아의 육군대위였었습니다. 그는 유대인이 아니었습니다. 그럼에도 불구하고 그는 구제를 많이 하고 하나님께 기도를 많이 했는데 오후 3시에 간절히 기도하니까 갑자기 천사가 그 앞에 나타났었습니다. '고넬료야!, 고넬료야!' 하매 깜짝 놀라서 소스라쳐 쳐다보니까 '네 구제와 기도가 하늘에 상달되었다. 욥바에 사람을 보내서 베드로라는 사람을 청하라. 그가 구원에 대한 말을 해줄 것이다.' 원래 교넬료는 그 식구들과 함께 기도를 많이 했었습니다.

그래서 고넬료는 베드로가 오기 전까지 온 친지들을 모아 놓고 간절히 기도하고 있는데 베드로가 와서 하나님의 말씀을 증거 합니다. 모세의 율법으로도 의롭다 함을 받지 못한 사람이 예수를 믿으면 그 피로 말미암아 죄 사함을 받고 의롭게 된다는 설교를 하자. 그 말씀을 듣고 그것을 믿자마자 성령이 임하신 것입니다. 그래서 고넬료와 그 가족들이 다 성령의 세례를 받고 하나님을 높이며 방언을 말하고 역사가 일어났었습니다.

그러므로 지금 성령이 역사하는 교회 시대는 성령을 받은 사람에게 찾아가 말씀을 듣고 안수 받을 때 성령을 받을 수 있습니다. 지금은 혼자 기도할 때 하늘에서 성령의 불이 임하지 않습니다. 성령세례를 받은 충만한 사람에게 말씀을 듣고 안수를 받을 때 성령의 불이 임합니다. 다시 말해서 혼자 기도해서는 성령의 세례를 받을 수 없다는 것입니다. 처음은 성령세례와 성령의 불세례를 받은 사람을 통하여 성령의 불을 받을 수가 있다는 말입니다.

그러나 계속 다른 사람을 통해서 성령의 불을 받으면 안 된다는 것입니다. 자꾸 다른 사람을 의지하여 성령의 불을 받으려고 하면 영적자립을 할 수 없는 성도가 되기 때문입니다. 다른 사람을 통하여 성령의 불을 받은 성도는 이제 자기 안에 있는 성령의 불을 밖으로 나오게 해야 합니다. 자기 안의 성령의 불이 나올 때 불세례가 나타나는 것입니다.

셋째, 성령이 우리를 도와주시는 일들

1) 성령은 지혜의 영이신 것입니다. 이사야11장 2절로 말한 것처럼 "여호와의 신 곧 지혜와 총명의 신이요 모략과 재능의 신이요 지식과 여호와를 경외하는 신이 그 위에 강림하시리니"라고 말한 것처럼 우리 속에 와 계신 성령은 지혜의 영이신 것입니다. 지혜란 뭡니까? 지혜란 하나님만 아시는 문제 해결 방법입니다. 문제에 부딪쳤을 때 그 문제를 해결할 수 있는 능력을 말한 것입니다. 그렇기 때문에 이 세상의 생존경쟁은 바로 지혜의 경쟁입니다. 문제를 해결하고 해결하는 사람은 점점 앞으로 나아가고 문제에 부딪쳐서 전진하지 못하고 주저앉으면 이 사람은 패배하는 것입니다. 이런데 하나님의 성령께서는 지혜의 영으로 우리 속에 와 계십니다.

성경은 말하기를 너희가 누구든지 지혜가 부족하거든 꾸짖지 아니하시고 후히 주시는 하나님께 구하라 그리하면 주시리라고 말씀한 것입니다. 주님이 나를 믿는 백성은 머리가 되고 꼬리 되지 않고 위에 있고 아래 되지 않고, 남에게 꿔줄지라도 꾸지 않겠다는 것은 주님께서 우리에게 넘치는 지혜를 주시겠다는 것입니다. 이러므로 금을 구하지 말고 은을 구하지 말고 지혜를 구하라고 잠언에 말한 것처럼, 우리 속에 성령이 지혜의 영으로서 임재하여 계심으로 항상 성령님께 지혜를 구하십시오! 문제를 당했을 때 어떻게 문제를 해결할지 지혜를 구하십시오! 성령께서는 지혜의 영이십니다.

2) 성령은 총명의 영이십니다. 총명의 영이란 사물을 깨닫는 능력입니다. 마음이 아둔해서 사물을 깨닫지 못합니다. 무엇이 일어나는지 어떻게 되는지 어떻게 될지 모르고 암담하게 있을 때가 많습니다. 요새는 총명이 없이는 생존경쟁에서 살아나갈 수가 없습니다. 온 세계의 역사를 통해서 또 경쟁을 통해서 무슨 일이 일어나는지 빨리 깨닫고 알아 대처해야 됩니다. 총명이 필요합니다. 이 총명은 바로 성령이 우리 속에 계셔서 총명의 영으로서 우리에게 깨달음을 주십니다. 빨리 사태를 깨닫고 거기에 대처하면 사고도 미연에 방지할 수 있고 또 새로운 세계를 열어갈 수 있는 것입니다. 총명은 얼마나 필요한지 모릅니다. 바로 성령이 총명의 영으로 우리 속에 들어와 계신 것입니다.

3) 성령은 모략의 영입니다. 모략이라고 말하면 사람들은 잘못되게 해석하는데 나쁜 모략이 아니라 모사를 행해 주는 영이라는

것입니다. 성령께서는 일을 성공시키는 가르침을 주는 것이 바로 모략입니다. 어떻게 하면 원만한 가정을 가질 수 있는가? 어떻게 하면 좋은 부부관계를 가질 수 있는가? 어떻게 하면 자녀를 잘 기르는가? 어떻게 하면 사업을 잘 성공시킬 수 있는가? 어떻게 하면 이 일을 무사히 잘 해결할 수 있는가? 어떻게 하면 하나님을 기쁘시게 할 수 있는가? 이런 여러 가지 일에 모사를 주시는 것입니다. 성령은 그 카운슬링을 주십니다. 어려운 문제를 당하면 지혜로운 사람에게 카운슬링을 받으러가지 않습니까? 우리 속에 계신 성령이 바로 모략의 신이신 것입니다. 모사를 베풀어주십니다. 성령께 구하면 성령이 모사를 주십니다. 삶을 살아가다가 당하는 어려움을 성령님과 의논하시기를 바랍니다.

4) 성령은 재능의 영입니다. 여러 가지 재능을 주셔서 능력 있게 인생을 살게 합니다. 사람들 각자를 주님이 택하셔서 여러 사람의 성향에 따라서 특별한 재능을 주시고 특별한 능력을 주셔서 그 재능을 가지고 어떠한 사람은 노래를 잘하고, 어떠한 사람은 가르치기를 잘하고, 어떠한 사람은 설교를 잘하고, 또 어떠한 사람은 기계를 잘 만지고 주님께서 주를 믿는 사람에게 여러 가지 특별한 재능을 주셔서 이를 가지고서 우리 하나님께 봉사하고 인류에 봉사할 수 있도록 만들어 주는 영이신 것입니다.

5) 성령은 지식의 영입니다. 지식이란 하나님만 아시는 문제입니다. 어려움을 당할 때 무슨 문제인가 질문해야 합니다. 성령께서 우리가 모르는 사물에 대한 정보, 하나님의 말씀에 대한 지식을 가르

쳐 주시며 성령께서 여러 가지 지식의 말씀을 얻게 해 주시는 것입니다. 성경을 읽을 때 말씀의 비밀을 깨닫게 해주시고, 사물에 대한 정보를 올바르게 깨닫게 해주시고, 이래서 무식한 자가 되지 않고 모든 것을 알고 깨달아 알 수 있게 도와주는 성령이신 것입니다. 우리가 문제가 있을 때 문제의 원인을 알게 하시는 것이 지식의 영입니다. 나도 모르게 나에게 와있는 문제를 알게 하시는 영입니다. 상담을 할 때 상담의 근본이 되는 문제의 원인을 알게 하여 해결하게 하시는 영입니다. 귀신을 축사할 때 레마로 역사하는 영입니다.

6) 성령은 하나님을 경외케 하는 영입니다. 마음속에 하나님을 두려워하게 되고 모시게 합니다. 항상 성령께서 하나님을 경외하라 하나님을 두려워 모셔라 하나님을 섬겨라 그래서 마음에 늘 경건함을 가지고 죄악을 두려워하고 하나님을 거역하는 것을 두려워하고 경건하게 하나님을 섬길 수 있도록 회개시키는 이런 역사를 베푸는 영이신 것입니다.

7) 성령은 하나님과 예수님을 나타내는 영입니다. 성령은 하나님의 영으로서 하나님과 예수님을 나타내는 영입니다. 성령은 마치 거울과 같아서 우리가 거울을 들여다보면 거울이 보이지 않고 우리 얼굴이 보입니다. 우리가 성령을 들여다보면 성령은 보이지 않고 하나님 아버지와 예수님만 보이게 되는 것입니다. 이 성령께서 계시의 영으로서 우리 속에 들어와서 이런 역할을 하게 되기 때문에 이것을 알고 구하면 이대로 성령께서 역사하여 주는 것입니다.

8) 성령은 외적인 능력을 베풀어주시는 것입니다. 성령은 우리

에게 치유의 은사를 주셔서 병을 고치게 하시고 기적을 행하시는 은사를 주셔서 기적을 나타내시고, 믿음을 주시는 은사를 주시고, 예언의 영은 하나님 안에 있는 말씀의 비밀을 증거 하는 은사를 주시고, 섬기게 하는 은사를 주어서 열심으로 능력 있게 섬기게 해 주시고, 가르치는 은사를 주어서 잘 가르치게 만들어 주시고, 또 권위 즉 위로하는 은사를 주어서 고통당하는 사람에게 가서 말로써 잘 위로할 수 있도록 그렇게 해 주시고, 구제하는 은사를 주어서 특별히 많은 재물을 모아 다른 사람들에게 구제할 수 있는 이런 은사도 주님이 베풀어주시고, 다스리는 은사를 주어서 행정력을 가지고 잘 다스리게 만들어 주시고, 또 긍휼을 베푸는 은사를 주어서 사람들을 불쌍히 여기고 그들을 도와서 고아와 과부를 잘 감싸주는 이러한 은사도 우리에게 주시는 것입니다.

그러므로 로마서12장 6~8절에 "우리에게 주신 은혜대로 받은 은사가 각각 다르니 혹 예언이면 믿음의 분수대로, 혹 섬기는 일이면 섬기는 일로, 혹 가르치는 자면 가르치는 일로, 혹 권위하는 자면 권위하는 일로, 구제하는 자는 성실함으로, 다스리는 자는 부지런함으로, 긍휼을 베푸는 자는 즐거움으로 할 것이니라" 이와 같은 은사를 성령께서 각자에게 나누어주심으로 내게 어떠한 은사가 있는지를 살펴보고 성령의 은사를 받은 대로 열심을 다해서 충성스럽게 하나님을 섬겨야 되는 것입니다.

성령이 와 계신 사람에게는 여러 종류의 은사가 와 계신 것입니다. 자기의 힘으로 하면 안 됩니다. 자기에게 와 있는 그 은사를 사용해야 합니다. 남의 은사를 흉내 내서는 안 됩니다. 성령은 각자에게 적당한 은사를 주셨기 때문에 자기가 받은 은사를 생각하고 주님 성령께 기도해서 그 은사를 통해서 일하면 인간의 힘으로 상상할 수 없는 큰 역사가 일어나게 되는 것입니다.

넷째, 성령님의 지배와 장악된 가운데 성령의 인도를 받으면서 살아야 된다. 성령은 우리를 도우시는 역할을 하고 있기 때문에 인격자인 성령님을 인격자로서 모셔야 됩니다. 인격자는 멸시하고 무시하면 멀어지다가 소멸됩니다. 사람이 이 세상에 살면서 인격적인 무시를 당하면 그건 절대로 살 희망이 없습니다. 무시당하는 아내가 집에서 온전한 아내의 역할을 하지 아니하며 무시당하는 남편이 남편으로서의 역할을 할 수 있습니까? 사회에서도 사람이 사람대접을 받지 못하고 무시당하면 분노하고 대적하는 것입니다.

오늘날, 하나님의 성령이 우리가운데 이처럼 와 계셔도 우리가 성령님을 무시해 버리면 성령님이 소멸 당하게 되는 것입니다. 2000년 동안 성령은 교회에 계시고 우리 속에 계심으로 성령님을 무시하면 안 됩니다. 항상 성령님을 인정하고 환영하고 모셔드리고 의지해야만 되는 것입니다. 아침에 일어날 때 성령님 오늘도 저와 같이 계시오니 성령님을 인정합니다. 환영합니다. 모셔드리고 성령께 의지합니다. 성령님을 인정해야 됩니다. 사람은 자기를 인정해 주는 사람을 위해서 목숨을 버린다는 말이 있는 것입니다. 인정을 받을 때 신바람이 납니다. 그러므로 성령님도 인격자이심으로 성령님을 우리가 인정하고 모셔드릴 때 하나님의 성령은 기쁘게 우리 가운데 역사하사 우리를 도우셔서 예수님의 은혜를 받고 하나님의 사랑을 입도록 이끌어 주는 것입니다.

그리고 성령님과 참으로 친하게 교제해야 되는 것입니다. 왜? 성령님은 우리와 24시간 같이 계시고 성령님은 우리를 돕기 위해서 늘 같이 계십니다. 우리를 인도하시죠? 우리를 깨우치시지요? 우리를 격려하시죠? 위로하시죠? 가르쳐주시지요? 변호해 주시지요? 꾸짖어 주시지요? 정하게 해주시지요? 회개하게 해 주시지요? 영-혼-육체의 질병을 치유해주시지요? 이러므로 성령은 24시간 우리와 같이 계십니다. 그래서 우리를 이끌어서 예수님 품안에 안기게 하시고 하나님 아버지를 섬기도록 성령은 끊임없이 도와주시는 어린아이의 선생과 같이 우리와 같이 계시므로 우리는 항상 성령님을 마음속에 인정하고 환영하고 모셔드리고 의지해야 됩니다.

그리고 성령님께 늘 감사해야 되는 것입니다. 그리고 모든 일에 하나님의 성령과 범사에 의논해야 됩니다. 성령은 우리를 돕는 하나님이시기 때문에 돕는 자랑 의논하지 누구와 의논하는 것입니까? 그러므로 영육의 문제를 강요셉 목사에게 와서 의논하는 것처럼, 일하실 때 성령이여! 이런 일을 해도 됩니까? 성령이여, 이일을 어떻게 해야 되겠습니까? 도와주옵소서, 예수님의 뜻에 맞고 아버지의 사랑을 받을 수 있는 그 길로 이끌어 달라고 성령께 늘 도움을 구해야 되는 것입니다. 성령이 가정교사와 같이 우리와 같이 계시니 늘 어려운 문제가 있으면 성령님의 도우심을 우리가 구해야 되는 것입니다. 그러나 성령님은 절대로 당신 자신을 나타내지 않습니다.

성령님은 내가 성령이다! 나를 경외하라! 그런 말 절대 안합니다. 성령은 온전히 거울과 같습니다. 거울을 들여다보면 내가 거울이다 나를 봐라! 이렇게 말하는 거울은 없습니다. 어떤 거울을 들여다보아도 거울은 언제나 들여다보는 그 사람의 얼굴을 비추이지 자기를 나타내지 않습니다. 성령은 결코 자기를 나타내지 않습니다. 성령은 언제나 아버지 하나님을 나타내고 예수님만 나타내는 것입니다. 사람들 보고 내가 성령이니 내 말을 들어라! 이런 말하지 않습니다. 성령은 언제나 우리 아버지 하나님과 예수 그리스도의 이름으로 말씀하시고 당신 자신은 언제나 감추는 것입니다.

그리고 성령은 예수를 믿자마자 곧장 우리 속에 와서 계십니다. 그때 성령은 바로 구원의 영으로서 우리 안에 와 계십니다. 우리가 믿자마자 우리에게 오시는 성령은 한 집안에 있는 우물물과 같습니다. 집안에 있는 우물물은 우리집안에 있으니 우리가 사용하고 마시는 것이지, 온 동네와 다 나눌 순 없지 않습니까?

그러므로 처음으로 나에게 오신 성령은 처음 받아쓰는 집안에 있는 우물물 같이 나 혼자서 성령과 동행하는 충분한 능력을 우리가 가지고 있습니다만, 성령의 충만함을 받으면, 성령세례 받으면 내 속에서 강물이 넘쳐 나오는 것입니다. 강물은 온 도시와 나누어 마실 수가 있는 것입니다. 그러므로 나 혼자 구원받았으나 성령세례 받으면 강물같이 넘쳐나는 성령의 능력으로 온 도시와, 온 촌락과, 다 나눌 수 있는 것입니다.

요한복음 7장 37절에 "명절 끝 날 곧 큰 날에 예수께서 서서 외쳐 가라사대 누구든지 목마르거든 내게로 와서 마시라 나를 믿는 자는 성경에 이름과 같이 그 배에서 생수의 강이 흘러나리라 하시니"고 말씀하신 것입니다. 우리들이 예수님을 믿자마자 하나님께서 주시는 영이 바로 성령인 것입니다. 그러므로 누구든지 믿는 자는 성령을 이미 받은 사람인 것입니다.

그러나 성령을 받고 난 다음에도 더 간절히 기도해서 나만 성령 모시고 있지 말고 이 성령의 은혜를 온 천하에 나누기 위해서 성령 충만함 받기 위해서 우리 기도해야 되는 것입니다. 성령세례 받기 위해서 기도드리는 것입니다.

그리고 성령은 인격자이기 때문에 성령님과 함께 친하게 지내고 감사하고 함께 손잡고 지내며 모든 일을 성령과 함께 의논하고 성령님의 도우심을 받아서 우리는 아버지 하나님의 사랑과 예수 그리스도의 은혜 속에 들어가게 되는 것입니다. 그러므로 이렇게 하기 위해서는 우리가 굉장히 애를 쓰고 힘을 쓰고 노력을 해야 되는 것입니다. 예수님께서 친히 말씀하기를 내가 너희를 고아와 같이 버려놓지 않고 너희에게 오리라고 말씀하셨는데 이제 오늘날 성령 없이는 모두 다 고아와 같이 되어 버리고 마는 것입니다. 보혜사 없이는 고아가 됩니다. 처음 보혜사인 예수님 없이 구원받을 수 없는 것처럼 두 번째 오신 보혜사 성령 없이는 우리가 이 세상에서 성공적인 신앙생활을 할 수 없습니다.

3장 성령의 불세례를 바르게 알자.

> (마 3:11)"나는 너희로 회개하게 하기 위하여 물로 세례를 베풀거니와 내 뒤에 오시는 이는 나보다 능력이 많으시니 나는 그의 신을 들기도 감당하지 못하겠노라 그는 성령과 불로 너희에게 세례를 베푸실 것이요."

성령으로 불세례를 받아야 된다고 강조를 많이 합니다. 능력을 받으려고 해도 성령의 불세례를 받아야 한다고 합니다. 질병이나 마음의 상처나 귀신역사의 치유를 받으려고 해도 성령의 불세례를 받아야 한다고 합니다. 성령의 은사를 받아서 하나님의 일을 하려고 해도 성령의 불세례를 받아야 한다고 합니다. 과연 성령의 불세례는 무엇일까요? 막연하게 뜨거운 불을 받아야 합니까?

성령의 불세례를 무엇이라고 이해하고 계신가요? 물로 세례 받거나 세례 받는 다는 것은 알겠는데 좀 이해하고 믿기 어려우십니까? 성령의 불로 세례를 받는다? 뜨거운 감정을 느낀다는 것일까요? 알 수 없는 하늘의 언어, 방언을 하는 것일까요? 등에 식은땀과 열이 많이 나는 것이 불세례일까요? 성경에서 말한 성령에 불세례! 그 의미는 무엇일까요? 성령의 불세례를 받는 다는 것은 무엇일까요? "나는 너희로 회개하게 하기 위하여 물로 세례를 베풀거니와 내 뒤에 오시는 이는 나보다 능력이 많으시니 나는 그의 신을 들기도 감당하지 못하겠노라 그는 성령과 불로 너희에게 세례를 베푸실 것이요."(마3:11). 예수님은 "성령과 불로 세례를 주실 것이다." 라고 말합니다. 예수님의 사역을 성령과 불의 세례로 상징해서 말한 세례요한의 말은 이렇습니다. 세례요한은 자신의 사역은 물로 세례를 준다고 했습니다. 물의 세례는 겉을 물로 씻는 것입니다. 물의 세례는 지정된 사람에 의해 행해집니다. 물로 몸의 때를 씻듯이 물의 세례는 겉을 씻는 것을 의미합니다.

성령의 불세례는 영이신 성령님이 직접 성령의 불세례를 사모하고 기도하는 사람의 전인격을 완전하게 지배하고 태우는 것을 말합니다. 성령의 불은 어디에서 나오는 것입니까? 하늘에서 예수님께서 입으로 불을 불어주시면서 역사하시는 것입니까? 그것을 밝히 깨달아 이해하려면 예수님이 지금 어디에 계시는지부터 이해해야 합니다. 예수님은 예수님을 믿는 사람 안에 주인으로 계십니다. "그 날에는 내가 아버지 안에, 너희가 내 안에, 내가 너희 안에 있는 것을 너희가 알리라"(요 14:20). 그러니까, 성령의 불은 자신 안에 주인으로 계시는 예수님으로부터 나오는 것입니다. 성령의 불세례를 자신 안에 계신 예수님으로부터 받아야 합니다. 그래서 하나님은 믿는 자들에게 이렇게 말씀하십니다. "너희는 너희가 하나님의 성전인 것과 하나님의 성령이 너희 안에 계시는 것을 알지 못하느냐"(고전 3:16). 여기서 말하는 성전은 예수를 믿어 예배드리고 기도하다가 성령의 세례를 받은 사람을 말하는 것입니다. 고전 3장 16절에서 말하는 성전에는 삼위일체 하나님께서 계시는 곳입니다. 그곳은 성령으로 세례를 받은 성도의 마음 안 지성소를 말하는 것입니다.

여기에 대하여 설명해야 할 부분이 많습니다. 성급해서 한꺼번에 깨달으려고 하시지 말고 이 책을 한 장 한 장 읽어가노라면 의문이 모두 풀리게 될 것입니다. 필자는 20년 이상 성령께서 깨달아 알게 하신 복음으로 성도들을 변화시키고 성령의 역사를 일으키고 성도들을 성령의 불세례 받게 하면서 마음을 치유하는 사역을 했습니다. 이 책을 끝까지 읽으면 성령에 대한 궁금증이 완전하게 풀리고 성령의 불로 세례를 받으려면 어떻게 해야 하는지를 밝히 깨닫게 될 것입니다.

현대 시대의 성령의 불세례는 성령의 불세례를 받아 성령하나님께서 주인으로 계시는 사람을 통해 나타내는 것입니다. 지금은 성령의 불세례를 받아 날마다 성령으로 충만하게 지내는 사람을 통하여 전이되는 것입니다. 그러니까, 성령의 불세례를 받으려면 성령으로 세례 받아 날마다 성령의 충만함을 받는 성령님이 주인된 사람에게 찾아가야 성령의 불세례를 받아 자신 안에서 예수님으로부터 성령의 불세례가 나타나는 성도가 될 수가 있는 것입니다. 하늘에서 성령의 불세례가 임하지 않습니다. 이제 성령의 불세례를 받아 성령으로 충만한 사람을 통하여 성령의 불세례가 전이 되는 것입니다. 베드로를 통하여 고넬료 가정이 성령세례 받았습니다(행10장).

그럼 성령의 불은 무엇일까요? 불은 태우는 것입니다. 이번에 호주에 산불이 나서 피해를 많이 보았다고 합니다. 이 호주의 산불을 생각하고 읽으시면 쉽게 깨닫게 될 것입니다. 불의 특징을 생각하자면, 불의 특징을 알아보면 이렇습니다.

첫째로 뜨겁습니다. 불에 손을 대면 굉장히 뜨겁다는 것을 알 수 있습니다. 성령체험을 하시는 분들의 이야기를 들어보면 누구나 할 것 없이 뜨거움을 느꼈다고 합니다. 계시록에 보면 말세교회에 대해 책망하는 말씀이 나옵니다. "내가 네 행위를 아노니 네가 차지도 아니하고 뜨겁지도 아니하도다 네가 차든지 뜨겁든지 하기를 원하노라 (16) 네가 이같이 미지근하여 뜨겁지도 아니하고 차지도 아니하니 내 입에서 너를 토하여 버리리라"(계3:15-16)

"여호와여 내게 응답하옵소서 내게 응답하옵소서 이 백성으로 주 여호와는 하나님이신 것과 주는 저희의 마음으로 돌이키게 하시는 것을 알게 하옵소서 하매 (38) 이에 여호와의 불이 내려서 번제물과 나무와 돌과 흙을 태우고 또 도랑의 물을 핥은지라 (39) 모든 백성이 보고 엎드려 말하되 여호와 그는 하나님이시로다 여호와 그는 하나님이시로다 하니"(왕상18:37-39). "솔로몬이 기도를 마치매 불이 하늘에서부터 내려와서 그 번제물과 제물들을 사르고 여호와의 영광이 그 전에 가득하니"(대하7:1)

말세교회는 두 가지 특성이 있는데, 하나는 '썰렁한 교회'요, 또 다른 하나는 성령의 불의 역사로 '뜨끈뜨끈한 후끈후끈한 교회'입니다. 우리 충만한 교회는 어떤 교회가 되었으면 좋겠습니까? 성령 불을 받고 성령으로 충만 받아야 한다고 하면 샤머니즘이니 이단이니 하고 모든 성령의 역사를 도매 값으로 넘기는 사람들이 많지만, 우리는 올바른 성령에 대한 이해를 가져서 성령 충만한 교회, 성령 충만한 성도들이 되어야겠습니다. 사람의 말을 의식하면 날마다 자신 안에 주인으로 계시는 삼위일체 하나님으로부터 불세례를 받을 수가 없습니다.

영국의 '요한 웨슬레' 라는 사람은 말씀의 지식만 가지고 미국에 선교사로 갔습니다. 그런데 그가 아무리 전도하고 외쳐도, 도무지 듣는 이들에게 감동 감화도, 그들의 마음을 녹이지도 못했습니다. 그는 실망한 나머지 낙심하여 본국으로 돌아왔는데, 어떤 자그마한 모라비안 교회의 집회에 참석하여 성령의 불을 받고, 생명을 내건 기도로 능력을 받아 19세기에 전 영국을 변화시켰을 뿐만 아니라, 후에 감리교회 창시자가 되었습니다.

따라서 예수 믿는 자라면 반드시 성령의 불로 뜨거움을 경험하고 태워지는 것이 필요합니다. 사람의 피도 뜨거워야 힘이 솟고, 뜨거워야 비행기도 기차도 자동차도 움직이며, 밥을 해도 한번은 반드시 뜨겁게 끓어야만, 밥이 되듯이 우리의 신앙도 한번은 뜨겁게 불이 붙어야 만이 성숙한 그리스도인으로서 참다운 신앙생활을 할 수가 있는 것입니다. "내가 다시는 여호와를 선포하지 아니하며 그 이름으로 말하지 아니하리라 하면 나의 중심이 불붙는 것 같아서 골수에 사무치니 답답하면 견딜 수 없나이다"(렘20:9).

주님의 몸 된 성전 교회에 대해 마음이 뜨겁지 않으십니까? 예레미야는 뜨거워서 견딜 수 없다고 하였습니다. 우리 충만한 교회는 성령의 불이 붙어서 전열기가 없어도 옆 사람을 훈기로 녹이는 교회가 됩시다. 즉 찬송의 열, 기도의 열로 인해 항상 성령의 불의 역사로 후끈후끈 해야 합니다.

둘째로 불은 무쇠 덩어리를 녹입니다. 아무리 단단한 쇠 덩어리라 할지라도 일단 용광로에 들어가기만 하면 형체도 없이 녹아져 버립니다. 그리고 쇠 덩어리는 녹아져야만 좋은 제품을 만들 수가 있습니다. 마찬가지로 우리도 성령의 불을 받아야, 우리 교만도 녹아지고, 고집도, 꺾이고, 완고함도 없어집니다.

예수님의 제자 가운데 우뢰의 아들인 야고보와 요한이 있는데 이들은 사마리아 사람들이 예수님을 거부하니 "예수님 저들을 가만둡니까? 당장 벼락을 내려 죽여 버리시옵소서!"라고 분노하였습니다. 그런 그들이지만 예수님이 승천하신 후 마가의 다락방에서 성령의 불을 받고 주님께 최고로 사랑 받는 종이 되었습니다.

모세의 완고함과 교만함과 성격이 급한 것도 호렙산에서 성령의 불을 보고 녹아져서 이스라엘의 위대한 영도자가 되었습니다. 그런데 이상한 것은 내가 먼저 녹아져야만 상대방도 더불어 녹아진다는 것입니다.

셋째로 불은 태웁니다. 녹지 않은 것은 불 받으면 태워지기 마련입니다. "네 하나님 여호와는 소멸하는 불이시오 질투하는 하나님이시니라"(신4:24). "우리 하나님은 소멸하는 불이심이니라"(히12:29). 지금까지 인류에게 알려진 가장 완전한 소독법은 불로 태우는 것입니다. 이와 같이 성령은 우리 심령에 임재하여 우리 속에 있는 가지각색의 더러운 것을 태우는 역사를 하십니다. 물이 겉만 깨끗하게 하는 역할을 한다면, 불은 아예 형체까지 소멸시켜 버리는 역할을 합니다. 우리가 성령의 불세례를 받으면, 우리가 노력해도 버리기 힘든 성격, 습관, 생활을 없앨 수 있습니다.

세계 제1차 대전 때 독일군과 연합군이 폴란드의 육십 고지라는 작은 산에서 언덕 하나를 두고 싸우는데 도대체 승부가 나지 않았습니다. 그러는 과정에서 사람들은 죽어서 시체가 산더미같이 쌓이고, 밀고 밀치는 사이에 이 육십 고지는 황무지가 되었습니다. 한번은 연합군이 고지를 탈환하여 버티다가 도저히 계속 지키기가 어려워 굴을 팠는데 그곳에다가 와이즈만 박사가 발명한 신 폭탄을 스위치만 눌리면 폭발하도록 설치하였답니다.

그들은 독일군에게 싸움을 건 후에 일제히 후퇴하는 척하며 내려왔는데 그것도 모르고 독일군들은 일제히 함성을 지르며 육십 고지로 올라오지 않겠습니까? 그것을 보고 연합군들은 스위치를 눌렀는데 독일군대가 모두 전멸하여 연합군이 전쟁에서 승리했다는 이야기가 있습니다.

오늘날도 우리 믿음이 생활가운데는 육십 고지가 있습니다. 부자 청년처럼 한 가지 부족한 것 때문에 내 신앙에 치명타를 주는 그것이 '육십 고지'입니다. 항상 이것이 나에게 핸디캡(handicap)입니다. 우리는 이 육십 고지 산 하나를 두고 마귀와 엎치락뒤치락합니다. 귀하는 어떤 것이 육십 고지입니까?

어떤 분은 권위가 육십 고지 일 수 있습니다.

어떤 분은 외고집이 육십 고지 일 수 있습니다.

어떤 분은 자아가 육십 고지 일 수 있습니다.

어떤 분은 지식이 육십 고지 일 수 있습니다.

어떤 분은 돈이 육십 고지 일 수 있습니다.

어떤 분은 교만과 혈기가 육십 고지 일 수 있습니다.

어떤 분은 술과 담배와 도박이 육십 고지 일 수 있습니다.

어떤 분은 이성이 육십 고지 일 수 있습니다.

우리는 하도 많이 엎치락뒤치락 하기 때문에 우리 마음의 밭은 황무지가 되었습니다. 이것을 어떻게 하면 되겠습니까? 인간의 힘이나 결심이나 도덕이나 교육으로도 안 됩니다. 오직 성령의 불을 우리 심령에 가득 채워 터뜨려야 되겠습니다. 성령의 불세례가 나타나야 육십 고지가 점령되는 것입니다.

넷째로 불은 빛이 있습니다. 불은 어두움을 몰아내고 세상을 밝게 밝히고 있습니다. 성령의 불이 활활 타오르는 자는 온 사방의 어두움을 몰아내는 세상의 빛 된 삶을 삽니다. 성령의 불을 받은 사람은 말과 행동이 밝아지고 정직하게 정정당당하게 말과 행동이 일치하며 대의명분이 뚜렷하며 의롭다 함을 받으면서 살아갑니다.

데살로니가 전서 5장 5절 "너희는 다 빛의 아들이요 낮의 아들이라 우리가 밤이나 어두움에 속하지 아니하나니 그러므로 우리는 다른 이들과 같이 자지 말고 오직 깨어 근신할지라" 어두움의 세계는 불의의 세계요 죄악의 세계요 악마의 세계입니다. 요한 1서 1장 5절 "우리가 저에게서 듣고 너희에게 전하는 소식이 이것이니 곧 하나님은 빛이시라 그에게는 어두움이 조금도 없으시니라"

하나님은 빛이시기 때문에 어두움이 하나도 없으십니다. 그럼으로 빛의 자녀 된 우리도 역시 어두움을 물리치면서 사는 빛의 아들입니다. 우리가 하나님의 아들이라 하면서 어두움의 일을 하면 마귀의 자녀이고 거짓말을 하는 사람입니다.

요한1서 1장 6절-10절에 "만일 우리가 하나님과 사귐이 있다 하고 어두운 가운데 행하면 거짓말을 하고 진리를 행치 아니함이거니와 저가 빛 가운데 계신 것같이 우리도 빛 가운데 행하면 우리가 서로 사귐이 있고 그 아들 예수의 피가 우리를 모든 죄에서 깨끗하게 하실 것이요 만일 우리가 죄 없다 하면 스스로 속이고 또 진리가 우리 속에 있지 아니할 것이요 만일 우리가 우리 죄를 자백하면 저는 미쁘시고 의로우사 우리 죄를 사하시며 모든 불의에서 우리를 깨끗케 하실 것이요 만일 우리가 범죄 하지 아니하였다 하면 하나님을 거짓말하는 자로 만드는 것이니 또한 그의 말씀이 우리 속에 있지 아니하니라"

우리가 성령을 받는 것은 빛을 받은 것이나 다름이 없는 것입니다. 세상의 빛으로 어두움을 물리치면서 악에 동참하지 않으면서 살아가는 우리가 되어야 할 것입니다. 마귀의 자녀인가 빛의 자녀인가는 어두움에 거하는 가 빛 가운데 거하는 가로 쉽게 구별이 됩니다. 성령의 빛으로 자신 안에 있는 세상을 몰아내야 합니다.

다섯째, 불은 힘이 있습니다. 오늘날 우리는 불의 세계에서 살고 있습니다. 기관차도 제트기의 힘도 바로 불의 위력으로 움직이듯이 성도들도 성령의 불을 체험할 때에야 비로소 기도에 힘이 있고 찬송에 힘이 있으며, 교역자들도 설교에 힘이 있습니다. 성령의 불의 역사로 귀신들이 떠나갑니다.

여섯째, 불은 순식간에 퍼집니다. 불이란 속성은 한 곳에 붙었으면 그냥 있는 것이 아니라, 옆으로 앞으로 뒤로 퍼집니다. 그러기에 요원의 불이라고도 하는 것입니다. '요원(燎原)'은 불타는 벌판이라는 뜻입니다. 즉, 무서운 기세로 퍼져간다는 말입니다. 작은 불꽃 하나가 온 산을 태우는 산불로 번지듯 예루살렘에서 시작된 성령의 불길이 온 세계에 번지고 있습니다.

이 성령의 불을 받은 사람들이 선교사로, 복음 전도자로 온 세상을 향하여 사역을 하고 있습니다. 불은 또 힘을 냅니다. 자동차도 기차도 군함이나 상선도 비행기도 모두 불을 이용하여 힘을 얻어 날고, 다니고 있습니다. 불은 전진력이 있듯이 성령의 불은 추진력과 힘이 무한하게 나타납니다. 기독교는 2,000년의 모진 박해와 방해와 말살 정책이 있었지만 성령의 힘으로 오대양 육대주에 더욱 크게 번져 가고 있습니다.

불을 받은 초대교회를 기억하십니까? 처음에는 12명이었는데 120명으로까지 퍼졌습니다. 처음에는 예루살렘으로 시작되어 사마리아로, 고린도로, 안디옥으로 데살로니가로 번져 나가더니 온 세상에 주의 복음이 전해졌습니다. 이와 같이 거룩한 불을 체험한 교회는 1년 혹은 2년, 5년이 되면 제자리에 정체되는 것이 아니라 계속 인간의 상상력의 한계를 넘어서 퍼져 나가는 것입니다.

그래서 성경에 복음을 전염병(행24:5)이라 했습니다. 전염병이란 퍼지고 전염되어 가는 병입니다. 우리가 속한 교회가 성장이 없다면 불이 없어서 냉냉하기도 하고, 아예 거룩한 불이 꺼진 탓입니다. 마귀는 이 불이 번지지 못하도록 가지각색으로 역사합니다.

교회 안에는 여러 종류 여러 층의 사람이 있습니다. 어떤이는 불쏘시개 성도로 장작을 때거나 숯불을 피울 때 불을 옮겨 붙이기 위해 먼저 쓰여진 나무처럼 그런 역할을 하는가 하는 성도들이 있습니다. 하지만, 불만 붙여 놓기만 하면 앵앵거리며 끄고 다니는 소방서 교인이 있습니다. 교회에 이런 성도가 많으면 불이 붙었다가도 속히 꺼지고 맙니다.

성도들 가운데서도 소방수 같은 사람이 많으면 불이 붙기도 전에 꺼져 버립니다. 우리들은 성령의 불을 번지게 하지는 못할지언정 철저하게 끄고 다니는 마귀 소방수는 되지 말아야겠습니다.

일곱째, 불꽃은 위로 올라갑니다. 불이란 땅속으로 들어가지 않고 언제든지 위로 솟아 올라가게 되어 있습니다. 이처럼 우리도 불받으면 우리의 믿음의 경중에 관계치 않고 날로 날로 위로 올라갑니다. 그래서 땅의 것보다 하늘의 것을 사모하게 되고 위를 바라보고 사는 사람들로 체질이 변화되게 됩니다.

"오직 여호와를 앙망하는 자는 새 힘을 얻으리니 독수리의 날개

치며 올라감 같을 것이요, 달음박질하여도 곤비치 아니하겠고 걸어가도 피곤치 아니히리로다"(사40:31)

"그러므로 너희가 그리스도와 함께 다시 살리심을 받았으면 위엣 것을 찾으라 거기는 그리스도께서 하나님 우편에 앉아 계시느니라 위엣 것을 생각하고 땅에 것을 생각지 말라"(골3:1~2).

한번은 돼지가 감나무에서 떨어진 홍시감을 하나 주어먹고 땅에서 맛있는 감이 나오는 줄 알고, 땅만 파다가 콧대가 상하여 죽었다 합니다. 신앙생활도 땅에 것에만 너무 집착하게 되면 자신의 믿음이 떨어지고 결국에는 완전히 소멸되어 버립니다. 위엣 것을 찾고 위엣 것을 구하는 우리들이 되시기를 바랍니다.

나이아가라 폭포에 빠져 죽은 독수리가 있는데, 그 독수리는 높은 하늘을 날고 있다가 나이아가라 폭포수에 짐승 한 마리가 떠내려가는 것을 보고 신속히 내려가서 힘차게 발톱으로 뜯어먹다가 그냥 죽었습니다. 왜냐하면 이 독수리는 "나는 새 중의 왕이다. 이 폭포수는 과거에도 수차례 왕래했기 때문에 폭포수에 떨어지더라도 날면 되겠지?" 했더랍니다. 그런데 폭포수에 떨어졌는데 고기에 독수리의 발톱이 박혀, 아무리 발버둥을 쳐도 발톱이 빠지지 않아 날지 못함으로 수천 길 되는 폭포수에 떨어져 죽었다는 이야기가 있습니다.

우리도 눈앞에 있는 이익만을 추구하여 위엣 것을 경시하는 경우가 많은데, 이제는 이런 것보다는 저 높은 곳을 향해 위로 위로, 높이 높이 올라가는 모두가 되시기를 바랍니다. 예수님의 마음처럼 넓고 깊은 성도가 되시기를 바랍니다. 유행가에「불꺼진 창」이라는 곡이 있는데, 이 불꺼진 창을 가장 좋아하는 영물이 바로 마귀요, 사단입니다. 마귀는 오늘도 두루 다니며 불꺼진 심령, 불꺼진 가정, 불꺼진 교회를 찾아다니고 있습니다.

불로 태우면 ① 모든 것이 드러나고, ② 찌꺼기와 불순물을 태우고, ③ 태워지는 물질의 안을 깨끗하게 합니다. 한 마디로 내적으로 정결케 합니다. 불은 겉만 아니라 속 까지 태워서 태우는 물질을 변형시킵니다.

불의 특징과 같이 불의 성령의 역사는 우리 속에 있는 죄를 태우는 역사, 우리 속을 변형시키는 역사, 우리 속에 있는 찌꺼기와 불순물을 태우는 역사, 우리의 안에 숨겨진 죄 된 것들을 드러내게 하고, 내적으로 정결케 하는 것이 불의 세례의 역사입니다.

우리 과거의 죄를 용서하시는 은혜를 물로 씻는 것으로 표상했다면 성령의 불세례는 우리 속에 있는 죄를 태워 다시는 그런 죄를 짓지 않도록 아예 없애버리는 능력의 역사를 말하는 것입니다. 성령의 불의 세례는 우리를 바꿔 주시고 우리 속에 있는 죄의 능력들을 녹여내어 죄를 찾아내어 깨닫게 하시고 회개케 하시고 태워 없애버리는 역사입니다.

귀하는 성령의 불의 세례를 받으셨나요? 성령의 불, 불의 세례는 감정적으로만, 몸이 뜨거워지고 흥분되는 역사가 아닙니다. 성경은 하나님의 임재를 "불"로 상징했습니다. 우리 하나님은 소멸하는 불이심이라(히12:29). 성령의 불 즉, 하나님의 임재가 임하면 우리의 죄를 소멸하는 역사가 일어나게 됩니다. "시온에 남아 있는 자, 예루살렘에 머물러 있는 자 곧 예루살렘 안에 생존한 자 중 기록된 모든 사람은 거룩하다 칭함을 얻으리니 (4) 이는 주께서 심판하는 영과 소멸하는 영으로 시온의 딸들의 더러움을 씻기시며 예루살렘의 피를 그 중에서 청결하게 하실 때가 됨이라"(사4:3-4)

이 소멸하는 분으로 표현된 하나님은 무섭고 공포의 이미지가 아니라 성결하신 하나님을 나태내줍니다. 소멸하시고 심판하시는 영이신 하나님은 죄와 함께 있지를 못하십니다. 그 분은 성결하고 거룩하기에 죄와 함께 있다면, 그 죄가 하나님의 임재에 타 없어져 버립니다.

성경말씀 여러 군데에서는 하나님의 임재를 불로 나태내고 있습니다. 아담과 하와가 쫓겨났을 때 스스로 도는 화염검으로 상징된 하나님, 아브라함과의 언약 시에 불로 제단 사이를 지나간 하나님, 모세가 본 불에 타고 있던 가시 떨기나무, 시내산 위 십계명 받을 때의 광경, 광야에서 이스라엘 백성들을 인도한 불기둥, 성소에 지성소 안에 있는 불, 엘리야 갈멜산 불, 이사야 계시 가운데 불, 엘리야 승천 할 때 그를 인도한 불 병거, 오순절날 각 사람들에게 내린 성령의 불 등 모두 하나님의 임재를 나타냅니다.

하나님께서는 불과 같이 우리의 죄를 태우십니다. 우리의 죄를 용서하시고 소멸하셔서 다시는 그 죄를 짓지 않도록 태우시는 것입니다. 진실로 용서받은 상태 그 죄를 승리하는 상태는 (물론 실수하고 연약하여 넘어질 수 있으나) 죄를 지으려는 마음과 동기를 가지고 있지 않은 것, 죄를 미워하는 마음이 있는 것입니다. 우리는 불의 세례, 죄를 태워버리는 성령의 경험이 있어야 합니다. "가마가 빈 후에는 숯불위에 놓아 뜨겁게 하며 그 가마의 놋을 달궈서 그 속에 더러운 것을 녹게 하며 녹이 소멸하게 하라"(에스겔 24:11). "내가 그 삼분지 일을 불 가운데 던져 은 같이 연단하며 금 같이 시험할 것이라 그들이 내 이름을 부르리니 내가 들을 것이며 나는 말하기를 이는 내 백성이라 할 것이요 그들은 말하기를 여호와는 내 하나님이시라 하리라."(스가랴13:9).

우리의 죄를 소멸하는 성령의 불! 우리의 죄를 미워하게 하는, 정결케 하는 성령의 불의 세례! 그 성령의 불의 세례는, 성령의 불은 방언과 치유의 은사와 뜨거운 감정들이 아닌 십자가의 희생과 예수 그리스도의 사랑을 바라봄으로 얻는 회개의 영과 그로 인해 새 사람이 되는, "전인격의 정결"을 성령의 불의 세례라고 합니다.

성령의 불의 세례가 무엇인지 이해가 되셨나요? 혹시 성령의 불세례에 대하여 떠돌아다니는 풍문으로 체험이 없는 인간적인 지식적인 상식적인 가르침을 믿고, 유전되고 있는 대로 믿고 성령의 불세례를 이해하셨다면, 이 책을 정독하시고 오늘부터 성령의 불세례에 대하여 바르게 깨달아 성령의 불세례가 날마다 시마다 자신 안에 주인으로 계시는 삼위일체 하나님으로부터 타오르시기를 바랍니다. 그리하여 모세와 같이 마음을 정결하고 온유함이 지상에 뛰어난 성도가 되기 위하여 진실한 마음으로 기도하기를 바랍니다.

우리가 다 예수를 믿는다고 하지만 때로는 교만과 시기와 욕심과 정욕과 같은 것으로 충만케 될 때가 있습니다. 이런 것들이 넘쳐흘러 교회에 덕을 세우지 못하는 때도 없잖아 있습니다. 그리스도인은 그리스도의 영으로 충만해야 합니다. 그리스도의 영은 성령이십니다. 그래야 그리스도가 넘치게 됩니다. 그래야 전도도 하고 찬송도 옳게 부르고 감사도 바로 드릴 줄 아는 그리스도인이 되는 것입니다. 오순절 날 성령의 충만한 그들은 곧 하나님의 사랑으로 넘쳐흘렀습니다. 그래서 저들은 유무상통했고 자진해 사도의 발 앞에 재산을 바치기도 했습니다.

예레미야선지는 예레미야 20:9 "내가 다시는 여호와를 선포하지 아니하며 그 이름으로 말하지 아니하리라하면 나의 중심이 불붙는 것 같아서 골수에 사무치니 답답하여 견딜 수 없나이다."고 그의 심령 속에 불이 있었고, 바울은 고린도전서 9:16 下 "만일 복음을 전하지 아니하면 내게 화가 있을 것임이로다"라고 그의 심령 속에 성령의 불이 있었습니다. 영국의 유명한 휫 휠드 목사는 기도하기를 "주여! 나로 하여금 하나님의 불길이 되게 하소서"라고 기도했고, 감리교 창설자 요한 웨슬레는 올더스 게이트란 작은 집회소에서 가슴이 뜨거워지는 체험을 했던 것을 잘 알고 있습니다. 성령의 불 없는 성도에겐 열도 없습니다. 열심히 없고 책임을 맡았으나 감당치 못합니다. 또한 성령의 불 없는 성도는 깨끗지 못합니다. 사라질 것이 사라지지 않고 그냥 있습니다. 더럽습니다. 그런 심령 안에 성령 하나님의 불이 임해야 합니다. 성령과 불의 세례를 받아야 참 된 하나님의 자녀가 됩니다. 성령의 불세례로 충만하시기를 바랍니다.

4장 성령의 불세례를 받으면 바뀐다.

(행 11:15-16)"내가 말을 시작할 때에 성령이 저희에게 임하시기를 우리에게 하신 것과 같이 하는지라. 내가 주의 말씀에 요한은 물로 세례를 주었으나 너희는 성령으로 세례를 받으리라 하신 것이 생각났노라"

성령세례에 대한 여러 견해가 많아서 성도들이 혼동하는 경우가 있습니다. 그러나 하나님은 성령으로 세례를 받으리라(행1:5). 말씀하십니다. 사도행전 2장 1-4절에 보면 "오순절 날이 이미 이르매 그들이 다 같이 한 곳에 모였더니, 홀연히 하늘로부터 급하고 강한 바람 같은 소리가 있어 그들이 앉은 온 집에 가득하며, 마치 불의 혀처럼 갈라지는 것들이 그들에게 보여 각 사람 위에 하나씩 임하여 있더니, 그들이 다 성령의 충만함을 받고 성령이 말하게 하심을 따라 다른 언어들로 말하기를 시작하니라." 했습니다. 성령으로 세례를 받으니 성령의 충만함을 받고 다른 언어(하늘의 언어)로 말을 했습니다. 성령으로 세례를 받으니 하늘의 사람으로 변하여 하늘언어를 했다는 것입니다.

저는 20년이 넘도록 성령치유 사역을 했습니다. 성령치유 사역을 하다가 보니 성령의 세례를 받으면 그때부터 치유가 이루어지기 시작 했습니다. 저는 성령의 세례를 이렇게 표현하기도 합니다. 성령의 세례는 예수를 영접할 때 내주하신 성령께서 순간 폭발하여 전인격을 사로잡는 것이라고 하기도 합니다. 예수를 믿으면 성령이 내주하십니다. 즉시로 죽었던 영은 살아납니다.

그러나 육체는 성령으로 장악당하지 않은 상태입니다. 육체는 구습을 따르는 옛 사람이 그대로 있다는 말입니다. 그러므로 옛 사람에게 역사하던 세상신이 여전히 주인노릇을 하고 있다는 뜻도 됩니다. 하지만 성령으로 세례를 받으면 성령께서 전인격을 사로잡으므로 옛 사람에게 역사하던 세상신이 떠나가기 시작을 하는 것입니다.

그래서 하나님은 성도들이 성령으로 세례를 받아 영적으로 변하기를 소원하십니다. 성령으로 세례를 받아야 전인격이 하나님을 따를 수 있기 때문입니다. 목회자나 성도나 할 것 없이 성령의 불 받기를 사모합니다. 그러나 성령의 세례를 받아야 성령의 불로 세례를 체험할 수가 있습니다. 저의 개인적인 견해로는 성령의 세례가 없이 성령의 불세례를 받을 수가 없습니다. 성령의 불세례를 받으려면 먼저 성령의 세례를 체험해야 합니다. 성령의 세례를 받으려면 세례를 받을 수 있는 영육의 상태가 되어야 합니다.

성령의 세례를 받으려면 먼저 마음을 열어야 합니다. 성령은 사람의 영 안에서 역사하십니다. 영은 사람의 마음 안에 있습니다. 그래서 마음을 열어야 영 안에 계신 성령이 역사하는 것입니다. 성령이 역사해야 사람이 영적인 상태가 되는 것입니다. 영적인 상태가 되어야 하나님과 교통할 수가 있는 것입니다. 그러므로 우리는 회개의 세례인 물세례로 만족하지 않고 다음은 성령의 세례를 받아야 합니다.

　세례요한은 "나는 너희로 회개하게 하기 위하여 물로 세례를 베풀거니와 내 뒤에 오시는 이는 나보다 능력이 많으시니 나는 그의 신을 들기도 감당하지 못하겠노라 그는 성령과 불로 너희에게 세례를 베푸실 것이요"(마 3:11)라고 말씀한대로 물세례를 받기 이전이든지 이후든지 성령의 세례를 반드시 받아야 합니다.

　어떤 성도들은 성령의 세례 받으면 물세례를 안 받아도 되느냐 묻는 사람이 있는데 그것은 잘못된 것입니다. 예수님께서도 세례요한에게 직접 물세례를 받았습니다. "이때에 예수께서 갈릴리로부터 요단강에 이르러 요한에게 세례를 받으려 하시니, 요한이 말려 이르되 내가 당신에게서 세례를 받아야 할 터인데 당신이 내게로 오시나이까, 예수께서 대답하여 이르시되 이제 허락하라 우리가 이와 같이 하여 모든 의를 이루는 것이 합당하니라 하시니 이에 요한이 허락하는지라"(마 3:13-15)고 했습니다.

　세례를 행하므로 하나님께 의를 이루는 것임으로 성도는 물세례를 받아야 합니다. 그렇지만 물세례로 만족하지 말고 성령의 세례를 사모해야 합니다. 사모해야 성령으로 세례를 받을 수가 있습니다. 물세례는 예수를 믿고, 구원 받은 사람 즉 중생한 사람의 표로 받는 것이라면 성령의 세례는 구원받은 사람이 하나님의 사역을 위해 권능을 받는 것입니다. 순간 하나님의 권능으로 장악되는 것입니다. 그래서 "성령이 너희에게 임하시면 권능을 받고 예루살렘과 유대와 사마리아 땅끝까지 이르러 내 증인이 되리라"(행 1:18)

고 말씀하셨습니다.

우리는 전도의 사명이 있는데 전도하는데 필수적인 도구는 성령의 세례를 받는 것입니다. 성령의 권능으로 전도하는 것입니다. 성령의 권능 없이 전도할 수가 없습니다. 세상은 마귀에게 처해 있기 때문입니다. 마귀의 종 되어 있는 세상 사람을 전도 하는 것은 인간의 힘만으로는 한계가 있습니다. 반드시 성령의 권능으로 전도를 해야 합니다.

사도 베드로께서는 예루살렘에 올라갔을 때, 고넬료가 믿게 된 사실을 말씀하면서 "내가 말을 시작할 때에 성령이 저희에게 임하시기를 우리에게 하신 것과 같이 하는지라. 내가 주의 말씀에 요한은 물로 세례를 주었으나 너희는 성령으로 세례를 받으리라 하신 것이 생각났노라"(행 11:15,16)고 하셨습니다. 이것은 자신이나 고넬료에게 있어서 성령의 세례가 최초성을 가지고 있음을 설명한 것이었습니다.

사도 바울께서 "주의 이름을 불러 세례를 받고 너의 죄를 씻으라"(행 22:16)고 하신 말씀과 "주 예수 그리스도의 이름과 우리 하나님의 성령 안에서 씻음과 거룩함과 의롭다 하심을 얻었느니라"(고전 6:11)고 하신 말씀을 비교해 보면, 우리는 성령의 세례에 정결성이 있음을 봅니다. 또 사도 바울께서는 고전 12:13에서 "다 한 성령으로 세례를 받아 한 몸이 되었고, 또 다 한 성령을 마시게 하셨다"고 하심으로서, 성령 세례의 보편성에 대해 말씀했습니다. 우리는 성경에 성령의 세례는 받으라는 명령이 없는 사실과, 한 번 성령의 세례를 받았던 사람이 다시 받았던 예도 없었던 사실을 통해, 성령의 세례가 하나님의 주권성과 단회성을 가지고 있음을 알게 됩니다.

성령께서 하시는 사역 중에서 이러한 특성들을 가지고 있는 것은 오직 회심과 중생뿐입니다. 그러므로 우리는 성령의 세례란, 죄인을 회심시켜 중생케 하시는 성령의 사역을 의미한다고 보아야 합니다. 그래서 성령의 세례를 내가 지금까지 성령사역을 하면서 체험한 바를 요약해서 설명하면 이렇습니다. 물세례는 목사님들이 예수님의 위임을 받아 베풀고 있습니다. 그러나 성령의 세례는 그러한 인간 제도를 통해 주어지는 세례가 아닙니다. 성령의 세례는 영적인 세례입니다.

눈에 보이지 않는 신령한 질서를 따라 주어지는 은총의 세례입니다. 이 성령의 불세례는 인간 집례 자가 베풀 수 없습니다. 오직 하늘에 계신 예수님이 베풀어 주십니다. 살아계신 성령 하나님이 자신을 장악하여 죄악을 씻어내고 새사람으로 거듭나게 합니다. 그렇기 때문에 성령의 세례는 모든 성도에게 베풀어지지 않는 것입니다. 그러나 우리 예수님은 우리 모든 성도들이 이 성령의 세례를 받아 성령이 충만하여 기쁨이 넘치는 승리의 삶을 살길 원하십니다.

성령세례의 의미에 대해서는 교단마다 또 교회마다 또 개인에 따라서 달라지기 때문에 이것이 성령세례입니다 하고 말씀드리기는 조금 어려운 단어입니다. 일반적으로 성령세례는 두 가지 의미로 쓰인다고 봅니다.

첫째가 성령의 내주하심입니다. 우리가 예수님을 믿게 되면 성령께서 우리 안에 들어오셔서 우리와 함께 동행하시게 되는데 이것을 성령이 내주하심이라고 합니다. 또한 이것은 성령 세례라고 하기도 합니다. 바로 우리가 예수님을 믿고 하나님의 자녀가 됨으로 말미암아 성령과 연합되는 것입니다. 성령으로 거듭난다는 뜻이 바로 우리가 예수님을 믿음으로 하나님의 자녀가 되는 사건을 의미하는 것입니다. 이런 경우 성령세례란 우리의 일생에 딱 한번 있는 단회적인 사건이 되는 것입니다.

두 번째가 우리가 예수님을 믿고 나서 특별한 경험을 하는 경우입니다. 성령의 특별한 역사로 말미암아 뼛속까지 회개하는 경험도 하게 됩니다. 방언을 받게 되는 경우도 있고 성령과 친밀한 교제를 하게 되는 경우도 있습니다. 하늘의 권능을 받는 것입니다. 권능 있는 삶을 살아가는 계기가 됩니다. 자신은 없어지고 성령님이 주인 된 삶을 살아가게 됩니다. 이런 경험을 성령세례라고 칭하는 경우도 있습니다. 이런 경우 성령세례란 우리의 일생에 한번 체험할 수 있는 사건이 될 수 있습니다. 성령의 세례를 체험하고 나면 성령에 강하게 사로잡힐 때마다 성령의 역사를 체험하게 된다는 뜻입니다.

바울 사도가 한 번은 에베소 교회를 방문했습니다. 교인들에게 바울이 "너희가 믿을 때에 성령을 받았느냐 가로되 아니라 우리는 성령이 있음도 듣지 못하였노라 그러면 너희가 무슨 세례를 받았느냐 대답하되 요한의 세례로라"(행 19:2-3)고 했습니다. 이때에 "바울이 그들을 안수하매 성령이 그들에게 임하시므로 방언하고 예언도 하니 모두 열 두 사람쯤 되니라"(행 19:6)라고 해서 성령세례가 성령세례 받은 사람을 통하여 전이 된다는 사실과 성령 세례의 필요성을 알게 된 것입니다.

하나님은 성령의 세례를 체험하게 하고 단련하여 하나님 마음에 합한 자를 하나님의 일에 사용하십니다. 베드로의 경우를 예로 들어봅니다. 고기를 잡는 어부였던 베드로가 예수님의 부르심으로 그물을 버리고 주님을 따랐습니다. 주님을 따라 다니면서 문둥이를 치유하고, 죽은 자를 살리고, 오병 이어의 기적을 일으키고, 귀신을 쫓아내는 이적과 기적을 보면서 3년 동안 주님을 따랐습니다. 베드로가 이렇게 주님의 능력을 인정하고 주님을 따르면서 3년 동안 훈련을 받았지만 믿었던 주님이 십자가에 죽게 되자 세 번씩이나 주님을 모른다고 부인한 겁쟁이입니다. 왜 그렇습니까? 성령으로 세례를 받지 못해서 그런 것 아니겠습니까? 성령의 세례를 체험하지 못하고 인도받지 못하니 아직 육신적인 믿음의 수준을 넘지 못한 증거입니다.

그러던 베드로가 마가의 다락방에서 120 문도와 함께 기도하다가 성령으로 세례를 받고 완전히 사람이 변했습니다. 육신적인 사람이 초자연적인 사람으로 변화되었습니다. 성령이 베드로를 장악한 것입니다. 그러자 성령의 언어를 합니다. 어떻게 변화되었습니까? 초자연적인 성령의 사람이 됩니다. 베드로는 오순절 마가의 다락방에서 완전히 변화되어 성령 충만한 사도로 능력의 삶을 보여주기 시작하였습니다. 귀신이 떠나가고, 병자가 고쳐지고, 죽은자가 살아났습니다. 베드로가 전하는 말씀에 감동 받아 하루에 3천 명이 예수님 믿고 구원받는 역사가 나타났던 것입니다. 놀라운 일이 아닐 수 없습니다. 우리도 성령의 세례를 받고 성령의 인도 하에 하나님의 훈련을 순종하므로 받으면 우리에게도 베드로와 같은 역사가 나타날 수 있다고 확신합니다. 성령의 세례를 받으시기를 바랍니다. 그리고 성령의 불세례도 나타내시기를 바랍니다. 먼저 성령의 세례를 받으려면 이렇게 하시기를 바랍니다.

성령으로 세례를 받음은 하나님의 영으로 사로잡히는 것입니다. 성령의 세례는 성도의 마음을 그리스도에 대한 이해와 사랑과 신뢰로 가득 차게 하며, 성령이 삶의 주관자가 되게 하며, 하나님의 자녀로서 하나님의 부름에 적합하도록 능력을 부여합니다. 거듭나는 것과 성령으로 세례 받은 것과는 다른 별개의 사건입니다. "누구든지 그리스도의 영이 없으면 그리스도의 사람이 아니라." (롬 8:9). 성령의 세례를 받음으로 성령의 이끌림을 받게 됩니다.

그리스도인은 성령에 의해 태어난 사람으로 성령은 그 사람 안에서 중생의 사역을 이루십니다. 그리스도인이란 그 안에 성령이 내주 하는 사람을 지칭하며 성령세례 받은 자를 의미하는 것은 아닙니다. 거듭남으로 구원을 받게 됩니다. 즉 성령으로 거듭나서 하나님의 자녀가 되는 것입니다. 그러나 사람이 성령에 의해 거듭났지만, 성령으로 세례 받지 못한 경우도 있습니다. 그러므로 중생과 성령세례는 동의어가 아니라는 뜻입니다.

그러므로 성령으로 세례를 받으시기를 바랍니다. 성령의 세례를 받음으로 비로소 성령의 인도를 받을 수가 있습니다. 그리하여 성령으로 깊은 영의 기도를 할 수 있게 되는 것입니다. 성령으로 깊은 영의기도를 하므로 성령의 불이 임하고, 심령에서 성령의 불이 올라오는 영의 기도를 할 수 있는 것입니다. 성령의 세례는 성령의 불로 사로잡히는 것이기 때문입니다.

우리가 성령의 세례를 받으려면 성령을 바르게 알고 사모해야 합니다. 하나님은 사모하는 영혼에게 만족함을 주십니다. 성령의 세례도 사모해야 받는 것입니다. 사모하고 뜨겁게 기도하면서 성령의 세례가 올 때까지 구하면서 기다려야 합니다.

성령으로 세례를 받아야 그때부터 성도가 영적으로 변하기 시작합니다. 왜냐하면 성령의 세례를 받으면 비로소 육이 초자연적인 성령의 지배를 받기 시작하기 때문입니다. 육이 영의 지배를 받아야 비로소 영적인 사람으로 변하기 시작하는 것입니다. 성령으로 세례를 받지 않으면 육은 여전히 세상신이 장악하고 있으므로 예수를 삼십 년을 믿어도 여전히 육의 지배를 받는 것입니다.

하나님의 말씀을 들어도 비밀을 깨닫지를 못하는 고로 육의 사람의 특성인 합리를 가지고 받아들이니 기적을 체험하지 못하는 것입니다. 왜냐하면 영의 능력은 약하고 육의 능력은 강하기 때문입니다. 고로 예수를 믿는 순간 영의 사람이 되지못합니다.

저는 성도라면 모두가 예수를 영접하고 성령으로 세례를 받아야 한다고 강조합니다. 제가 말하는 성령의 세례는 성령의 내주하심이 아니라, 성령이 전인격을 장악하는 성령 폭발을 말하는 것입니다. 내주하신 성령이 폭발하여 성도의 전인격을 장악해야 육이 치유되어 영의 지배를 받는 영의 사람으로 변하는 것입니다. 성령이 전인격을 장악해야 비로소 육체에 역사하던 세상신이 떠나가기 시작하기 때문입니다. 성령은 초자연적인 권능이 있으시고, 세상신은 권위면에서 한단계 하위인 초인적인 존재들이기 때문입니다.

이는 성도에 따라 성령께서 장악하는데 시간이 다르게 걸립니다. 그래서 하나님은 "항상 기뻐하라! 쉬지 말고 기도하라! 범사에 감사하라! 이것이 그리스도 예수 안에서 너희를 향하신 하나님의 뜻이니라"(살전5:16-18). 하시는 것입니다. 전폭적으로 성령의 인도를 받으며 맡기는 성도는 빨리 변화가 되고, 그렇지 못한 성도는 변화되는데 시간이 더 걸릴 것입니다.

성도가 성령으로 빨리 장악이 되면 그 만큼 연단의 기간도 짧아지는 것입니다. 하나님은 성도가 성령으로 전인격이 장악 되어 하나님이 원하시는 수준이 되어야 성도에게 배당된 하나님의 복을 풀어주시는 것입니다. 그러므로 성도는 부단하게 성령으로 세례를 받고 전인격이 성령의 지배를 받으려고 의지적인 노력을 해야 합니다. 자신의 생각이나 의지를 내려놓고 전폭적으로 성령의 인도하심을 따르면 좀 더 빨리 하나님이 원하시는 영적인 수준에 도달할 수가 있는 것입니다.

성령의 세례는 성도에게 와 있는 영육간의 문제를 치유하는데도 지대한 영향을 미치게 됩니다. 성령으로 세례를 받지 않으면 치유가 되지 않습니다. 육체에 역사하는 세상신의 힘이 강하기 때문에 좀처럼 치유가 되지 않습니다. 그러다가 성령으로 세례를 받고 뜨겁게 기도하기 시작을 하면 육체가 성령의 지배를 받게 됨으로 치유가 되기 시작 하는 것입니다.

그러므로 성도가 당하는 영육의 문제를 치유 받으려면 최우선으로 체험해야하는 것이 성령의 세례입니다. 성령의 세례가 없이는 아무리 능력이 강한 사역자라도 치유할 수가 없습니다. 치유는 성령께서 하시기 때문입니다.

하나님은 영이십니다. 영육의 문제는 영이신 하나님이 치유하시는 것입니다. 하나님이 치유하시게 하려면 영적인 상태가 되어야 하는 것입니다. 영적인 상태가 되려니 성령으로 세례를 받고 성령의 깊은 임재에 들어가야 합니다. 그러면 하나님의 치유의 손길이 역사하기 시작을 합니다.

하나님의 음성을 들으려고 해도 성령으로 세례를 받아야 합니다. 상처를 치유 받으려고 해도 성령으로 세례를 받아야 합니다. 귀신을 쫓아내려고 해도 성령으로 세례를 받아야 합니다. 질병을 치유 받으려고 해도 성령으로 세례를 받아야 합니다. 혈통에 흐르는 영-혼-육의 문제를 치유 받으려고 해도 성령으로 세례를 받아야 합니다. 재정의 문제를 해결하려고 해도 성령으로 세례를 받아야 합니다. 성령의 세례가 없이는 아무것도 이루어지지 않습니다. 그러므로 성령의 세례는 모든 성도가 꼭 받아야 합니다.

한번 성령으로 세례를 받았다고 다 되는 것이 아닙니다. 지속적으로 영과 진리로 예배를 드리고, 성령으로 기도하며 성령의 불세례를 나타내면서 성령 충만해야 합니다. 많은 성도들이 성령으로 세례를 받고, 방언으로 기도하면 항상 성령 충만한 줄로 생각을 합니다. 그러나 잘못된 생각입니다. 항상 성령으로 충만 하려고 의지적인 노력을 해야 합니다. 사람은 육을 가지고 있기 때문입니다.

여기서 우리가 더 알아야 할 것이 있습니다. 첫째, 성령의 세례를 이론으로 알고 스스로 성령으로 세례를 받았다고 자처하는 성도들입니다. 이런 분들이 영육으로 문제가 생겨서 치유를 받으러 옵니다. 와서 본인이 기도를 하고, 안수를 해주어도 성령의 역사가 일어나지 않습니다. 몇 주를 다니면 그때에야 반응이 있기 시작합니다. 왜냐하면 자기만의 자아가 있어서 영적인 말씀이 귀에 들리지 않기 때문입니다.

두 번째는 몇 년 전에 성령을 체험했다고 자랑하는 성도들입니다. 얼마 전에 여 집사가 2년 전에 성령을 체험했다고 하면서 치유와 능력을 받으러 왔습니다. 2일을 기도하고 안수를 하니까, 성령의 역사가 일어나 몸이 뒤틀리고 괴성을 지르는 것입니다. 한참을 안수하니 성령이 장악을 했습니다. 귀신들이 소리를 지르면서 떠나갔습니다. 지금 교회에는 몇 년 전에 성령을 체험했다고 안심하고 지내는 성도들이 있습니다.

이런 분들이 열심히 믿음 생활을 하면서도 여러 가지 문제로 고통을 당합니다. 왜냐하면 자기에게 역사하는 상처와 악한 영의 역사로 일어나는 것입니다. 그러므로 한번 성령 체험했다고 다 된 것이 아니라, 지속적으로 성령을 체험하며 깊은 영의기도를 하여 심령을 정화시켜야 합니다. 그래야 깊은 영성이 되어 하나님과 교통하는 기도를 할 수가 있습니다. 한번 성령을 체험했다고 자랑삼아 말하는 분들은 자기 관리에 신경을 써야 할 것입니다. 우리가 육체가 있기 때문에 영성에 꾸준하게 관심을 가져야 합니다. 한번 체험했다고 멈추면 얼마 있지 않아 육으로 돌아갑니다.

그래서 성도는 주일날이 중요합니다. 주일날 성령 충만을 받고 뜨겁게 성령으로 기도하며 안수 받아 깊은 영성을 유지할 수 있기 때문입니다. 저는 교회를 개척할 당시부터 주일 예배를 성령 충만한 예배로 드리고 있습니다. 오전에 40분기도, 오후 예배에 50분 기도하여 심령을 성령으로 정화하고 성령 충만을 받습니다.

이 기도 시간에 제가 일일이 안수하여 성령이 충만하고 기도가 깊어지도록 지도합니다. 왜냐하면 세상에서 먹고 살아가다가 보니 주일 하루 밖에 교회에 오지 못하는 분들이 많기 때문입니다.

5장 성령충만이란 어떤 상태인가?

(행 4:31-37)"빌기를 다하매 모인 곳이 진동하더니 무리가 다 성령이 충만하여 담대히 하나님의 말씀을 전하니라 (32) 믿는 무리가 한마음과 한 뜻이 되어 모든 물건을 서로 통용하고 자기 재물을 조금이라도 자기 것이라 하는 이가 하나도 없더라 (33) 사도들이 큰 권능으로 주 예수의 부활을 증언하니 무리가 큰 은혜를 받아 (34) 그 중에 가난한 사람이 없으니 이는 밭과 집 있는 자는 팔아 그 판 것의 값을 가져다가 (35) 사도들의 발 앞에 두매 그들이 각 사람의 필요를 따라 나누어 줌이라 (36) 구브로에서 난 레위족 사람이 있으니 이름은 요셉이라 사도들이 일컬어 바나바라(번역하면 위로의 아들이라) 하니 (37) 그가 밭이 있으매 팔아 그 값을 가지고 사도들의 발 앞에 두니라."

성령이 충만한 상태는 어떠한 상태를 말하는 것일까? '성령 충만'이란 성령의 지배를 말합니다. 충만 이란 어떤 대상을 향하여 마음이 몰두하고 사로잡히는 것을 말합니다. 성령 충만이란 성령님이 한 사람을 지배하고 장악하여 마음대로 하시는 상태라고 설명할 수가 있습니다.

성령으로 충만하다고 하는 의미는 성령에 사로잡히고, 스며들고, 지배를 받는 것을 의미합니다. 물에 흠뻑 젖은 수건처럼 수건을 짜면 물이 흐르듯이 성령 충만은 성령으로 사로잡히고 스며들고 지배를 받는 것을 의미합니다. 그리고 왜 우리가 성령 충만을 받아야 하는가?

이 질문에 우리는 두 가지로 요약할 수 있습니다. 첫째는 성령 충만이 모든 신자에 대한 하나님의 명령입니다(엡 5:18). 둘째는 하나님은 이 방법을 통하여 모든 신자에게 권능을 주시기 때문입니다(행 1:8).

성령 충만의 생활은 일생을 통한 도전입니다. 성령으로 전도하는 것은 매일 매일 심지어 매 시간 매 시간 헌신하지 않으면 안 되는 일입니다. 그리스인들은 자신의 느낌과 관계없이 항상 성령께 의지해야 합니다.

사람은 하나님의 성령이 아니면, 그와 반대 되는 세력에 의해 지배를 받게 됩니다. 그래서 하나님은 성도들에게 성령으로 충만함을 받으라고 명령하시는 것입니다. 사울은 여호와의 영과 함께했던 사람입니다. 그것도 크게 임했었습니다. "네게는 여호와의 영이 크게 임하리니"(삼상 10:6). 삼상 11:6에는 "사울이 이 말을 들을 때에 하나님의 영에게 크게 감동되매"라는 말씀을 볼 때 하나님의 영에 크게 감동된 사실도 알 수 있습니다.

그러나 여호와의 영이 그에게서 떠나자 악령이 들어와 그를 지배하기 시작하였습니다. "여호와의 영이 사울에게서 떠나고 여호와께서 부리시는 악령이 그를 번뇌하게 한지라"(삼상 16:14). 여호와의 영이 사울에게서 떠난 것으로 끝난 것이 아니라 악령이 그것도 힘 있게 내려 그를 지배하기 시작했습니다. "하나님께서 부리시는 악령이 사울에게 힘 있게 내리매"(삼상 18:10).

오늘 본문에는 성령에 취하지 아니하면 그와 반대가 되는 술에 취하게 된다는 사실을 말씀하고 있습니다. "술 취하지 말라 이는 방탕한 것이니 오직 성령으로 충만함을 받으라"(엡5:18).

성령이라고 할 때의 '영'은 영어로 'spirit'이라고 합니다. 이 단어 앞에 Holy를 붙이면 '성령'의 뜻이 됩니다. 그리고 이 단어에는 '술'이라는 뜻도 있습니다. 그러기에 바울은 지금 '술'이라는 'spirit'에 취하지 말고, "하나님의 거룩한 영"이신 성령에 취하라는 메시지를 전하는 것입니다.

바울이 술과 성령을 비교한 것은 유사한 점이 많기 때문입니다. 술에 취한다고 할 때의 '취한다.'는 것은 '영향을 받는다.', '지배를 받는다.'의 뜻입니다. 그래서 술에 취한 사람은 술의 영향을 받는다, 술의 지배를 받는다는 의미가 됩니다. 마찬가지로 성령에 취한 사람은 성령의 영향을 받는다, 성령의 지배를 받는다는 뜻이 됩니다.

이렇듯 사람은 성령의 지배를 받든지 아니면 술의 지배를 받게 되는데, 성령의 지배에서 벗어나게 될 때 그와 반대의 세력인 근심, 걱정, 불안, 우울, 돈 걱정, 장래 대한 걱정, 심지어 자살을 하는 것도 다 성령의 지배에서 벗어난 반대 세력의 영향의 결과에서 비롯된 것입니다.

가정에서 부부나 부자관계에도 성령 충만이 필요합니다(엡 5:18-6:4). 직장생활에도 교회 안에서 모든 봉사도 성령 충만이

전제되어야 합니다. 하나님께 합당한 영광과 예배를 위해서도 성도들 간의 화목하고 사랑하는 일에도 영혼들에게 복음의 빛을 발하고 전도하는 일에도 성령 충만이 전제되어야 합니다. 사도행전의 '성령 충만'이란 단어가 일곱 번 나옵니다(행2:4, 4:8/31, 6:3, 7:55, 11:24, 13:9).

세상에는 세 종류의 사람으로 나눌 수 있습니다. 첫째는, 생리학적 인간으로 자기본능과 욕정에 끌려 다니는 사람입니다. 본능의 욕구충족만을 위해 돈을 버는 사람입니다. 둘째로, 철학적 인간이 있습니다. 이성과 양심과 도덕과 윤리를 중시하고 모든 것을 합리적으로 처리하는 사람입니다. 음식을 먹어도 무작정 먹지 않고 내 몸에 이로운가를 따져 먹습니다. 또한 자기에게나 다른 사람에게 이익이 되는 삶으로 지성과 양심의 충실한 사람입니다.

셋째로, 성령의 이끌림을 받는 영적인 인간이 있습니다. 성령과 더불어 성령으로 거듭난, 성령으로 다시태어난 사람입니다. 성령이 이끄는 대로 하나님의 목적이 이끄는 대로 사는 사람입니다. 우리 이성과 욕망과 양심이 성령의 지배아래 놓인 사람입니다. 초대 성도들은 하나님께 간절히 기도함의 결과로 성령 충만하게 됩니다. 그들은 성령이 충만하게 되자 어떠한 결과가 나타나는가?

첫째, 담대히 하나님의 말씀을 증거 하였다. 성부하나님께서 구약에 역사의 주도적으로 나타나셨습니다. 창조, 이스라엘 역사 속에 자기 백성과 함께 동행하며 말씀하시고 인도하시고 기적을 나타내셨습니다. 그리고 성자 하나님은 공생애동안에 많은 기적과 말씀을 하시고 죽은 자 가운데 부활하셨습니다. 기독교는 하나님 께서 인간을 위해서 무엇인가 행하는 것입니다. 기독교는 말이나 이론이 아니고 실제로 나타나는 것입니다.

이것이 역사적 사실입니다. 체험은 이것을 믿고 마음을 여는 자에게 나타나는 것입니다. 그렇기 때문에 체험은 다음입니다. 기독교 비평가들은 체험을 인간의 심리적으로나 감정적으로 일 어나는 일종의 종교적 현상으로 규정해버립니다. 그러나 기독교 는 객관적 진리가 되신 하나님께서 역사 속에 사건을 일으키신 일입니다. 기독교는 먼저 주관적 체험이 앞서지 않습니다. 이제 성부성자하나님께서 역사 속에 일하시고 그것을 기초로 해서 성 령하나님께서 우리 개인 안에서 주관적으로 역사하시는 것을 보 여주고 있습니다.

성령 충만은 그것을 말합니다. 성령님이 주인으로 역사하시는 것입니다. 복음안의 역사는 인간의 이성으로 다 이해하거나 설명 할 수 없습니다. 그것이 이해나 설명이 가능하면 철학이 되어버립 니다. 하나님의 기적과 초자연적인 것을 이해할 수 없습니다. 인간 은 자신조차도 다 이해할 수 없습니다. 초대 성도들의 기도의 특징 은 자신을 위해서 기도하지 않았습니다. 하나님께서 역사적으로 계시한 복음진리를 전하는 일을 위해서 기도합니다. 그들은 세상 적으로 유능하거나 뛰어난 사람들이 아니었습니다.

거대한 종교정치권력에 맞서 오직 성령의 충만을 위해서 기도합니다. 성령이 충만하자, 모든 두려움이 사라지고 담대함으로 하나님말씀을 전합니다. 복음을 전하는 자신도 성령의 충만이 필요하고, 말씀을 듣는 청중도 성령의 역사가 필요합니다. 베드로나 스데반이 성령 충만하여 복음을 전하였지만 베드로의 설교를 들은 청중은 삼천명이 회심하여 구원받았고(행2), 반대로 성령충만한 스데반의 설교를 들은 청중들은 인간의 악함이 드러나니 복음을 거부하고, 이를 갈고 스데반을 돌로 쳐서 죽여 버렸습니다(행7:57-58).

① 성령이 복음을 전하는 과정에 어떤 일들을 하실까요?(요16:7~11) 첫째로, 성령은 죄에 대하여 책망하십니다. 책망한다는 말은 '설복하다, 죄를 입증하다'라는 말입니다. 법정에서 죄인이 끝까지 무죄를 주장하고 죄를 완강히 부인하다 죄를 입증할 증거나 증인이 서게 됨으로 유죄가 판결되고 마침내 죄를 자백하게 됩니다. 성령은 먼저 율법의 말씀을 통하여 우리 안에 스스로 죄인인 것을 깨닫도록 죄를 입증하는 일을 합니다.

둘째로, 성령은 의에 대하여 책망하십니다. 모든 사람은 죄인이지만 하나님은 거룩하고 의로우시고 주님은 의인이셨고 의로운 삶을 사셨습니다. 그 주님께서 죄인들을 위하여 십자가에 죽으심으로 죄를 다 짊어지고 가셨고 부활하심으로 의로운 길을 열어놓으셨습니다. 우리 죄는 하나님의 거룩 앞에 공의로운 심판 앞에 설 수가 없습니다. 우리 인간은 거룩하고 의롭게 살 수가 없습니다. 이러한 우리를 위해서 주님께서 죄를 담당해주시고 의롭게 되는 길을 열어주셨습니다. 이것이 복음의 핵심입니다(롬3:24~25, 고

후21, 빌3:8~9).

셋째로, 성령은 심판을 말씀하십니다. 이 세상의 신인 사단이 이미 심판받았음을 드러내십니다. 마귀는 주님의 십자가와 부활로 패배하였습니다. 그리하여 주님은 십자가로 승리하셨습니다. 마귀가 사람을 죄와 율법을 가지고 끌고 다녔습니다. 주님은 율법의 요구인 죄를 다 짊어지고 가심으로 마귀가 공격할 근거를 제거해버리셨습니다. 그래서 마귀는 정죄하고 송사할 빌미가 사라진 것입니다(요12:31, 골2:15). 다만 불신자들에게는 이 복음이 아직 가리어져 있습니다. 이 세상신이 사람들의 마음을 혼미케 하여 복음의 광채가 비치치 못하게 합니다(고후4:3~4). 성령은 복음을 통하여 흑암의 권세에서 사랑의 나라로 옮기고 어둠에서 빛으로 사단의 권세로 하나님께로 돌아오게 합니다(골1:12~13, 행26:16~18).

주님은 그리스도인들을 이 세상에 빛으로 증인으로 부르셨습니다. 그 복음의 광채를 말과 삶으로 잘 드러내기 위해서 부름에 순종한 사람들은 성령으로 기도한 것입니다(행1:8, 벧전2:9).

② 행4:33절에서 사도들은 큰 권능으로 주 예수의 부활을 증언합니다. 초대교회가 전한 복음의 내용과 핵심은 예수님의 십자가와 부활이었습니다. 세상의 모든 종교는 인간의 구원과 부활에 대한 언급이 없습니다. 실제 인간의 문제를 두 가지로 요약하면 죄와 죽음입니다. 죄로부터 인간의 모든 고통과 환란과 전쟁이 있게 되고 죄의 결과로 죽음이 오게 되었습니다.

사람들은 죽음이라고 하는 무서운 정체를 두려워하며 살게 됩니다(히2:15). 또한 이것은 모든 사람의 존재의 깊은 곳으로부터 일어나는 갈망은 사랑받고자하는 욕망입니다. 사람들이 돈을 벌고 학문을 쌓고 성공과 출세에 목말라하는 것도 그것 때문입니다. 사람은 필요한 것만을 위한 것이 아니라 더 많은 돈, 지식, 권력을 얻으려고 합니다.

그것을 통해서 자기의 존재감과 자기를 더 드러내고 싶기 때문입니다. 그래야 사람들의 칭찬, 인정, 존경, 사랑을 받기 때문입니다. 하나님은 인간을 진흙으로 만드시고 그 속에 하나님의 존귀한 형상을 넣으셨습니다. 그래서 사람은 한없이 존귀한 것을 추구하면서 또 한없이 무가치한 자신을 보며 좌절합니다. 사람이 가장 두려워하는 것은 자기가 거부당하고 관심을 받지 못하는 것입니다. 자아상은 풍선과 같아서 존경과 사랑을 받으면 풍성해지고 모욕과 무시를 당해서 바늘로 찌르면 바람이 빠지는 것처럼 됩니다. 나는 가치 있고 쓸모 있는 존재인가? 이런 것에 실패할 때 술로 자신을 잊어보려고 하고 때로 치장도 하기도 합니다. 인생의 최대의 적은 성공이나 인기가 아니라 자기거부감입니다.

사랑받지 못하는 것입니다. 그런데 내 진정한 가치는 어디서 올까요? 사람이나 세상으로부터 오지 않는 것입니다. 내 진정한 가치와 자존감은 예수그리스도의 십자가의 죽음에서 찾을 수 있습니다. 십자가는 하나님께서 우리 인간을 얼마만큼 어떻게 사랑하셨는가를 보여주는 것입니다.

우리 인간의 죄 문제를 해결하기 위해서 하나님이 어떤 희생의 값을 치르셨는가를 보면 우리는 하나님의 사랑 앞에 무너져 내립니다. 거기에 진정한 자기의 가치를 발견하는 것입니다. 또 한 가지 인생은 좀 더 오래 살고자 하는 깊은 갈망이 있습니다. 그러나 역대 영웅호걸 중에 그 어떤 사람과 죽음 앞에 정복당하였습니다. 많은 사람들이 좀 더 오래 살아보려고 발버둥을 치게 됩니다.

병과 건강과 싸우고 음식과 싸웁니다. 인생에게 죽음의 문제, 영생의 문제가 해결되지 않으면 늘 불안하고 두려움에 사로잡히게 됩니다. 사람은 죽음 앞에 설 때 비로소 참된 가치가 무엇인가, 무엇을 위해서 살아야 할까를 생각합니다. 기독교 복음에는 죽음의 문제를 해결하고 영생하는 길이 있습니다. 부활은 죽음 외에 분명한 세계에 대한 확신을 하게 됩니다.

그것의 근거는 그리스도의 부활에 있습니다. 초대의 성도들은 부활에 대한 확신 때문에 삶을 다르게 살았습니다. 우리 주변에 사랑하는 가족을 잃을 때 몸이 잘리는 아픔을 겪게 됩니다. 지금은 과학기술의 발달로 많은 병이 치유되고 편리한 시대입니다. 시간과 공간을 자유롭게 살아가는 통신, 교통이 발달되었지만 아직도 세상은 죽음의 문제를 해결하지 못했습니다.

죽음의 원인과 결과를 모르기 때문입니다. 인간의 죽음은 죄가 원인이요, 죄의 결과가 사망입니다. 그런데 예수님께서는 죽음의 원인인 죄와 그 결과인 죽음의 문제를 십자가에서 죽으시고 부활하심으로 해결해주셨습니다. 그래서 기독교는 사망을 향해서 담대하게 외칠 수 있는 것입니다. 사망이 쏘는 것은 죄입니다. 모든 인류는 죄의 독침과 병균에 감염되어 있습니다. 그래서 모든 사람은 죽음을 향해 달려가고 있습니다. 그러나 주님께서 죄를 짊어지고 죽으셨고 부활하심으로 사망을 이기셨습니다(고전15:53~57).

둘째, 성도들 간의 한 마음과 한 뜻이 되었다(행4:32). 그들의 공통점은 예수 그리스도와 그분이 하신 일을 믿는 자들입니다. 그들은 머리가 바뀐 자들입니다. 자기가 인생의 주인이 아니고 예수님이 주인 된 자들입니다. 그들의 마음의 보좌에 성령을 모신 자들입니다. 그러나 성도들 간에는 다른 점이 너무나 많습니다. 성장배경, 성격, 정서, 문화배경, 식성, 정치성향, 취미, 생김새, 개성과 기질 등이 다 다릅니다. 이들이 하나 되는 것은 거의 불가능한 일입니다. 우리가 두 사람이 모여도 하나 되는 것은 쉽지 않습니다. 공동의 이익을 위해서 악한 일이나 선한 일에 하나 되는 경우는 있습니다. 부부가 한 마음이 되는 것도 쉽지 않습니다.

서로 사랑하고 신뢰하지만 갈등은 계속됩니다. 간혹 나 혼자 안에도 하나 되지 못하여 갈등합니다. 음식점에 들어가면 무엇을 먹을까 갈등할 때가 많습니다. 그러나 초대성도들은 성령이 복음으로 하나 되게 하셨습니다. 아버지가 하나요, 주님이 하나요, 성령이 하나입니다.

몸이 하나 되는 것은 머리의 통제를 받기 때문입니다. 또한 모든 지체는 서로 사랑하므로 하나 되어 있습니다. 그래서 교회도 성령님이 주인된 머리의 통제를 받으면 하나 되고 우리가 한 피로 구원

받은 한 형제요 가족임을 인식할 때 우리는 하나 됩니다. 초대교회는 성령 충만함으로 하나 됨의 결과를 나타냅니다.

셋째, 그들은 물질에 대한 태도가 완전히 달라졌다. 그들이 복음으로 말미암아 성령 충만 하게 되자 그들은 소유욕에서 자유로워졌습니다. 그들이 주님을 주인으로 모실 때 내 몸, 내 재능과 은사, 물질, 가족, 직업 모든 것에 주인이 주님이시고 소유자가 주님이 되십니다. 우리는 관리자요, 청지기가 되는 것입니다.

그래서 이 모든 것을 주님의 영광을 위해서 사용하게 됩니다. 또한 그들은 이 세상이 전부가 아님을 알게 됩니다. 그래서 그리스도인들은 종말론적 신앙을 가지게 되는 것입니다. 내세지향적 삶을 살게 됩니다. 종말이란 끝이라는 말입니다. 세상가치가 끝나고 영원하고 본질적인 가치를 추구한다는 말입니다. 영원하고 진정한 가치인 진리와 생명을 준비하는 것을 목표로 하는 삶입니다.

종말이란 또 다른 의미는 주님의 초림과 재림사이에 놓여있다는 말입니다. 초림이 끝이 아니라 재림이 완성입니다. 롬8:15~17절에 우리는 하나님의 자녀로 영원한 기업을 상속받을 후사입니다. 그 나라를 위해 준비하는 삶을 사는 자들입니다. 영원한 하늘나라의 소망을 가지고 삽니다. 이것이 종말론적 삶의 성격입니다.

그래서 교회가 무엇을 목표로 하는 것과 그 목표를 향해 지금 어떻게 달려가는지가 다른가를 보여줍니다. 이 세상을 목표로 하지 않고 오는 세상을 바라보고 기뻐하고 그것을 목표로 원리로 사는 삶입니다. 그 삶을 위해서 이 땅은 학습장이요, 훈련장입니다. 이 땅에 훈련의 대표적인 것은 물질에 대한 태도에서 나타납니다. 돈은 이 세상의 가치의 중심에 있습니다. 세상 사람들은 돈이 주인이요, 돈을 목표로 하고 돈을 사랑함으로 살아갑니다. 성도들은 하나님의 영광을 위하여 돈을 사용하며 살아가게 됩니다.

넷째, 날마다 오직 성령으로 충만하려면 어떻게 해야 합니까?

성령을 새롭게 받으려고 하지 말고 성령님이 내 속에 계심을 믿으시기 바랍니다. 고린도전서 12장 3절에서 "그러므로 내가 너희에게 알리노니 하나님의 영으로 말하는 자는 누구든지 '예수를 저주할 자라' 하지 아니하고 또 성령으로 아니하고는 누구든지 '예수를 주시라' 할 수 없느니라." 라고 했습니다. 성령님이 내 안에 들어오셔서 예수님을 믿게 하셨습니다. 예수님을 믿는 사람은 하나님의 영이신 성령이 함께하는 사람입니다. 이제 성령의 이끌림에 순종하며 살아야 합니다. 내 안에 성령님이 주안으로 계심을 믿으시기 바랍니다. 그리고 성령으로 세례받고 성령 충만을 구하시기 바랍니다. 충만이라는 말은 컵에 물을 부어서 넘치는 상태를 충만이라고 합니다. 성령 충만이라고 함은 성령이 내 속에서 가득한 상태를 말합니다. 성령의 지배와 장악을 받는 상태를 말합니다.

성령으로 충만하기를 구하시기 바랍니다. 누가복음 11장 13절에 "너희가 악할지라도 좋은 것을 자식에게 줄 줄 알거든 하물며 너희 하늘 아버지께서 구하는 자에게 성령을 주시지 않겠느냐 하시니라"(눅 11:13)고 했습니다. 성령 충만을 구하면 주십니다. 성령충만을 위하여 기도해야 합니다.

성령님이 깨닫게 하시는 대로 회개해야 합니다. 사도행전 2:38 베드로가 대답하였습니다. "회개하십시오. 그리고 여러분 각 사람은 예수 그리스도의 이름으로 세례를 받고, 죄 용서를 받으십시오. 그리하면 성령을 선물로 받을 것입니다."

오직 성령으로 충만한 사람이 되라는 말씀은 내 속에 예수님이 충만한 사람입니다. 성령으로 충만한 것은 우리들의 중심에 예수님이 충만한 상태입니다. 그리고 성령으로 충만한 것은 하나님의 말씀으로 충만한 것입니다. 성경 말씀이 우리 중심에 충만하기 바랍니다. 하나님의 말씀인 성경을 읽고 듣고 입과 몸으로 하나님의 말씀을 나타내는 것이 성령으로 충만한 것입니다. 성령충만은 성령으로 기도하고 성령으로 말씀을 깨닫는 것입니다.

또한, 성령으로 충만한 것은 삶이 깨끗한 삶을 살아갑니다. 성령님이 주인되어 지배하고 인도하시기 때문입니다. 사람은 다 죄인이기에 죄와 허물이 있습니다. 용서받은 그리스도인이라 할지라도 죄성이 남아 있어서 나도 모르는 사이에 죄를 짓습니다. 그렇지만 오직 성령으로 충만한 사람은 깨끗하게 살려고 힘을 씁니다.

결론입니다. 성령체험이란 성령하나님을 맛보기로 체험하는 것을 말합니다. 성령체험을 했어도 성령님이 자신에게 온전하게 영향력을 발휘하지 못합니다. 성령세례는 자신 안에 주인으로 오신 삼위일체 하나님께서 순간 자신을 지배하는 것을 말합니다. 성령으로 충만하다고 하는 의미는 성령에 사로잡히고, 스며들고, 지배를 받는 것을 의미합니다. 물에 흠뻑 젖은 수건처럼 수건을 짜면 물이 흐르듯이 성령 충만은 성령으로 사로잡히고 스며들고 지배를 받는 것을 의미합니다. 성령 충만을 요약하면 삼위일체 하나님께서 주인 된 성도 안에서 끊임없이 살아계신 성령의 역사가 끊임없이 흘러나오는 상태를 말하는 것입니다. 성령님이 자신을 지배하여 주인이 되는 것입니다.

성령의 불세례입니다. 성령의 불세례를 밝히 깨달아 이해하려면 예수님이 지금 어디에 계시는지부터 이해해야 합니다. 예수님은 예수님을 믿는 사람 안에 주인으로 계십니다. "그 날에는 내가 아버지 안에, 너희가 내 안에, 내가 너희 안에 있는 것을 너희가 알리라"(요 14:20). 그러니까, 성령의 불은 자신 안에 주인으로 계시는 예수님으로부터 나오는 것입니다. 성령의 불세례를 자신 안에 계신 예수님으로부터 받아야 합니다. 성령의 불세례는 자신 안에 주인으로 오신 삼위일체 하나님으로부터 성령의 불이 끊임없이 흘러나오는 상태를 말하는 것입니다. 고로 성령의 충만=성령의 불세례=성령의 기름부으심을 같은 것이라고 말할 수가 있습니다.

성령으로 충만한 그리스도인이 되시기 바랍니다. 우리 모두 성령으로 충만한 생활로 기쁜 마음으로 찬양을 부르며, 범사에 감사하면서, 겸손한 모습으로 주님의 형상을 닮아가는 성도가 됩시다. 그래야 개인과 가족이 하나님의 축복 속에서 살아갈 수가 있습니다.

6장 성령세례 불세례 성령의 충만이란

(마 3:11) "나는 너희로 회개하게 하기 위하여 물로 세례를 베풀거니와 내 뒤에 오시는 이는 나보다 능력이 많으시니 나는 그의 신을 들기도 감당하지 못하겠노라 그는 성령과 불로 너희에게 세례를 베푸실 것이요"

많은 목회자와 성도들이 '성령체험과 '성령 세례'와 '성령 충만'을 혼용해서 사용하고 있습니다. 이러한 혼동은 바르지 못한 구원관에서 비롯되었다고 생각합니다. 그러므로 이 장에서 성령체험과 성령 세례와 성령 충만이 무엇인지 분명히 제시하고자 합니다.

첫째, 성령체험이란 무엇인가? 성령체험이란 성령하나님을 맛보기로 체험하는 것을 말합니다. 성령님은 보이지 않지만 살아계신 분이시구나, 성령을 체험하니 몸과 마음에 실제로 느낄 수가 있구나, 하나님은 보이지는 않지만 살아서 역사하는 분이시구나 체험적으로 깨달아 아는 것입니다. 성령체험은 성령님에 대하여 맛만 보는 것입니다. 성령 체험했다고 다되었다고 생각하면 체험적인 신앙생활이 되지 못합니다. 성령체험은 그저 몸으로 성령하나님을 느끼는 정도이기 때문입니다. 그래서 성령체험을 했어도 성령님이 온전하게 영향력을 발휘하지 못하십니다. 성령의 세례와 성령의 불세례, 성령의 충만으로 이어지는 신앙생활이 되어야 성령의 지배를 받는 것입니다. 성령께서 영-혼-육의 질병을 예방하도록 역사하시기 때문입니다.

둘째, '성령 세례'란 무엇인가? 성령세례는 성령의 역사를 몸과 마음으로 느끼고 체험하는 실제적인 역사입니다. 필자는 성령세례는 자신 안에 주인으로 오신 성령께서 폭발하여 자신의 전인격이 느끼고 체험하게 하시는 사건이라는 것입니다. 많은 사람들이 단지 예수님을 주인으로 영접하는 신앙을 고백한다는 사실 하나만으로 이미 성령을 받은 것이라고 자신 있게 주장합니다. 그러나 이러한 주장에는 성경적인 근거가 전혀 없습니다. 진실한 믿음이 없어도 얼마든지 신앙을 고백을 할 수 있습니다. 마음의 진실은 오직 하나님만이 정확하게 판단하실 수 있으십니다.

첫째로 성령의 세례를 받아야 '거룩한 구원'을 받을 수 있다. 세례요한은 일찍이 예수님을 가리켜서 성령과 불로 '세례(洗:씻을 세, 禮:법식례)'를 주시는 분이라고 증거를 한 바 있습니다. 물세례(洗禮)를 준다는 것은 '물로 씻는다.'라는 뜻입니다. 모든 부정하고 더러운 것에서 깨끗하게 씻어준다는 의미입니다. 물세례는 사람에게 받습니다. 그러므로 물세례로는 자신이 바뀌지 못합니다. 고로 자신에게 역사하던 세상신이 물러가지 않는 것입니다. 성령세례는 성령께서 마음이 열고 받아들이는 성도의 전인격을 성령의 불로 지배하고 장악하기 시작한다는 것으로 이해하면 됩니다.

그러므로 성령의 세례를 받으면 무엇보다도 영혼과 양심이 정결하게 됩니다. 성령님이 지배하고 장악하기 때문입니다. 성령의 세례를 받았다 하면서 여전히 죄와 욕심 가운데 행하고 있다면, 그 사람은 거짓말을 하고 있거나 심각한 착각 속에서 살고 있는 것입니다. 성령 세례란 영광의 성령께서 구원해주시는 영으로서 한 영혼에게 '최초로 찾아오시는 사건'을 가리킵니다. 성령의 세례를 받아야 그때부터 영혼이 온전히 거듭나고 구원받게 됩니다. 성령의 세례를 받지 못하면 하나님 나라에 들어갈 수 없습니다.

이때에 예루살렘과 온 유대와 요단 강 사방에서 다 그에게 나아와 자기들의 죄를 자복하고 요단강에서 그에게 세례를 받더니 요한이 많은 바리새인과 사두개인이 세례 베푸는 데 오는 것을 보고 이르되 "독사의 자식들아, 누가 너희를 가르쳐 임박한 진노를 피하라 하더냐? 그러므로 회개에 합당한 열매를 맺고 속으로 아브라함이 우리 조상이라고 생각지 말라. 내가 너희에게 이르노니 하나님이 능히 이 돌들로도 아브라함의 자손이 되게 하시리라. 이미 도끼가 나무뿌리에 놓였으니 좋은 열매 맺지 아니하는 나무마다 찍어 불에 던지우리라."(마3:5~10)

"나는 너희로 회개케 하기 위하여 물로 세례를 주거니와 내 뒤에 오시는 이는 나보다 능력이 많으시니 나는 그의 신을 들기도 감당치 못하겠노라 그는 성령과 불로 너희에게 세례를 주실 것이요, 손에 키를 들고 자기의 타작마당을 정하게 하사 알곡은 모아 곡간에 들이고 쭉정이는 꺼지지 않는 불에 태우시리라."(마3:11-12).

세례요한이 성령의 세례를 증거 할 때의 상황을 유심히 살펴보기 바랍니다. 세례요한은 '회개를 이루기 위하여' 물로 세례를 주지만, 예수님께서는 성령과 불로 세례를 주신다고 증거 하였습니다. 세례요한은 '세례의 목적'을 분명히 제시한 것입니다.

물세례 가지고는 이러한 목적을 온전히 성취할 수 없었습니다. 물세례는 지정된 사람이 집례 하는 것입니다. 물세례는 사람의 것만 씻는 것이기 때문입니다. 반대로 성령세례는 예수를 영적할 때 임재하신 예수님이 주시는 세례입니다. 그렇기 때문에 물세례와 성령세례는 전적으로 비교되지 않는 영적인 역사입니다. 예수님께서 성령으로 세례를 주실 때 하나님의 사람으로 거듭나는 다시 태어나는 것입니다.

둘째로 성령의 세례를 받아야 주님의 몸 된 교회의 참된 지체가 될 수 있다. 성령의 세례를 받아야만 죄와 마귀로부터 구원을 받을 수 있고 참된 하나님의 자녀가 될 수 있습니다. 마귀가 떠나가야 하나님의 사람으로 다시 태어나는 것입니다. 성령의 역사가 일어나야 자신 안에 역사하는 세상신이 물러가기 시작하는 것입니다. 하나님께서 영이시며 초자연적으로 역사하시기 때문입니다. 성령세례를 받음으로 영이신 하나님을 깨달아 알아가는 것입니다. 그렇다면 과연 누가 예수 그리스도의 몸 된 교회의 참된 일원이라 할 수 있겠습니까? 성령을 받은 사람만이 교회의 참된 지체가 될 수 있습니다. "우리가 유대인이나 헬라인이나 종이나 자유자나 다 한 성령으로 세례를 받아 한 몸이 되었고 또 다 한 성령을 마시게 하셨느니라."(고전12:13).

교회란 어떤 곳입니까? 교회는 그리스도의 몸이요, 그리스도는 몸 된 교회의 머리가 되십니다. 그리고 성도(聖徒) 한 사람 한 사람은 그리스도의 몸이며 교회의 각 지체(肢體)들입니다.

그러므로 성도 한 사람 한 사람은 머리되신 그리스도의 뜻을 즐거이 순종하는 사람들이어야 합니다. 다시 말하면, 성도 한 사람 한 사람은 그리스도의 성품과 긴밀하게 일체화된 사람이 되어야 한다는 뜻입니다. 성도는 그리스도의 성품 속으로 일체화되어 들어 온 사람입니다. 이것이 가능할 수 있게 해주는 것이 무엇입니까? 그것이 바로 영이신 예수님이 행하시는 성령의 세례입니다.

성령의 세례를 받을 때에 진정으로 하나님의 뜻을 즐거워할 수 있게 되고, 하나님의 뜻을 실제로 온전히 이루는 삶을 살 수 있게 됩니다. 성령의 세례를 받을 때에 하나님 아버지의 본질(本質, 本性, Nature) 속으로 들어오게 되는 것입니다. 한 성령을 마신 성도들이 모인 교회야말로 참된 교회라 할 수 있는 것입니다.

셋째로 성령 세례는 신약의 성도에게 약속해주신 하나님의 가장 크고 놀라운 선물이다. 예수께서 대답하여 가라사대 "이 물을 먹는 자마다 다시 목마르려니와 내가 주는 물을 먹는 자는 영원히 목마르지 아니하리니 나의 주는 물은 '그 속에서 영생하도록 솟아나는 샘물'이 되리라."(요4:13-14).

명절 끝 날 곧 큰 날에 예수께서 서서 외쳐 가라사대 "누구든지 목마르거든 내게로 와서 마시라! 나를 믿는 자는 성경에 이름과 같이 그 배에서 '생수의 강'이 흘러나리라!"하시니 이는 그를 믿는 자의 받을 성령을 가리켜 말씀하신 것이라. (요7:37~39)

성령의 세례를 받아야 내면에서 성화(거룩함)가 일어나고 성령의 내주(內住)가 시작되고 인(印)침이 이루어집니다. 즉 지금까지 자신을 주장하던 세상신이 떠나가기 시작하는 것입니다. 성령의 세례를 받음이 없이 그리스도와 연합할 수도 없으며 성령의 보증을 얻을 수도 없습니다. 예수님의 인격으로 변화될 수도 없는 것입니다. 마음의 상처나 질병이나 정신적인 문제가 성령세례를 받음과 동시에 치유되기 시작하는 것입니다. 성령의 역사는 마음의 상처나 질병이나 정신적인 문제보다 한 차원 강한 역사이기 때문입니다.

성령의 세례를 이렇게 깨달을 수가 있습니다. 성령의 세례는 요한복음 4장 14절에서 예수님께서 말씀하신 "내가 주는 물을 마시는 자는 영원히 목마르지 아니하리니 내가 주는 물은 그 속에서 영생하도록 솟아나는 샘물이 되리라."가 실제적으로 체험적으로 이루어지는 체험입니다. 성령의 세례로 전인격이 성령의 지배로 예수님의 살아계심을 체험하는 것입니다. 자신 안에서 주인으로 살아계심을 체험하는 것입니다. 성령님께서 영-혼-육체에 주인으로 역사하심으로 하나님의 나라가 이루어지기 시작하는 것입니다.

신약 시대 최대의 선물이 되시는 성령께서는 구약 시대와 같이 특별한 사람에게만 약속되어진 것이 아닙니다. 오히려 '신약의 모든 보편적인 성도들을 위하여' 약속된 하나님의 가장 크고 놀라운 선물이십니다. 예수님께서는 '신약의 모든 성도에게' 이 귀하신 하나님의 선물을 받게 하시려고 십자가에서 피 흘려 죽으신 것입니다. 이 선물이 최초로 임하는 때가 언제입니까? 예수님을 믿고 예배하며 기도하다가 성령의 세례가 부어지는 때입니다.

성령의 세례를 받으면, 그 후로는 성령께서 '성도의 내면(內面)'에 주인으로 거하십니다. 이것은 놀라운 은혜가 아닐 수 없습니다. 천지를 창조하신 하나님께서 피조물인 인간 안에 친히 거처(居處)를 정하십니다. 성령님께서는 성도의 영혼 안에서 친히 영원하신 생명과 거룩의 원리로서 그 영혼을 인격적으로 장악하십니다.

우주보다 크신 하나님께서 우주 안의 티끌보다 더 작은 한 인간의 영혼 안에 거룩한 불을 불태우시면서 친히 영원한 거처를 삼으시다니요. 이것은 구약 시대에는 감히 상상하거나 생각해보지도 못했던 놀라운 하나님의 은혜입니다

성령의 세례를 받으면 성령께서 택자의 내면에 좌정하시고 그 시간 이후로 거처를 영원히 떠나지 않으십니다. 그는 그의 안에 계신 성령으로 말미암아 하나님의 도우심과 보호하심을 입어서 끝까지 믿음과 주님을 향한 정절을 지키게 됩니다.

신약 시대는 성령을 아주 풍성하게 부어주시는 '은혜의 때'입니다. 성령의 세례란 그저 손으로 물을 조금 묻혀서 부어주는 정도가 아니라 큰 은혜의 하수(河水)가 밀려들어옴 같이 자신 안에서 성령이 부어지는 것을 의미합니다. 예수님은 요한복음 7장 37-39절에서 "명절 끝날 곧 큰 날에 예수께서 서서 외쳐 이르시되 누구든지 목마르거든 내게로 와서 마시라 (38) 나를 믿는 자는 성경에 이름과 같이 그 배에서 생수의 강이 흘러나오리라 하시니 (39) 이는 그를 믿는 자들이 받을 성령을 가리켜 말씀하신 것이라."

예수님은 이렇게 말씀을 하셨습니다. "그러므로 너희는 가서 모든 민족을 제자로 삼아 아버지와 아들과 성령의 이름으로 세례를 베풀고 (20) 내가 너희에게 분부한 모든 것을 가르쳐 지키게 하라 볼지어다 내가 세상 끝날까지 너희와 항상 함께 있으리라 하시니라"(마 28:19-20).

예수님은 다시 당부하셨습니다. "사도와 함께 모이사 그들에게 분부하여 이르시되 예루살렘을 떠나지 말고 내게서 들은 바 아버지께서 약속하신 것을 기다리라 (5) 요한은 물로 세례를 베풀었으나 너희는 몇 날이 못되어 성령으로 세례를 받으리라 하셨느니라."(행 1:4-5). 이 말씀을 듣고 순종한 성도들이 성령세례를 받습니다. "홀연히 하늘로부터 급하고 강한 바람 같은 소리가 있어 그들이 앉은 온 집에 가득하며 (3) 마치 불의 혀처럼 갈라지는 것들이 그들에게 보여 각 사람 위에 하나씩 임하여 있더니 (4) 그들이 다 성령의 충만함을 받고 성령이 말하게 하심을 따라 다른 언어들로 말하기를 시작하니라."(행 2:2-4). 예루살렘을 떠나지 않고 일심으로 순종하며 기도하는 사람들에게 예수님께서 약속하신 대로 성령의 세례가 임합니다. 순종하는 사람만 성령세례를 받았습니다. 우리가 성령의 세례를 사모할 때에 이와 같이 풍성하고도 흡족히 부어주시는 은혜를 구해야 할 것입니다. 하지만 성령세례로 만족하지 말고 예수님으로부터 성령의 불세례를 받아야 합니다.

셋째, 성령의 불세례. 성령의 불세례란 자신의 지성소에 주인으로 계시는 예수님으로부터 성령의 불이 끊임없이 타오르는 것을 말합니다. 예수님을 믿는 사람이라면 누구나 한번쯤은 '성령의 불'에 대한 관심을 가져 봤을 것입니다. '성령의 불'에 대해서 한 번도 들은 적도 없고 관심도 갖지 않은 분이라면 이 책에 관심도 없으실 것입니다. 하나님을 믿는 사람들에게 있어서 성령의 불을 받는다는 것은 신비적인 체험과도 같습니다. 성령의 불세례를 받는다는 것을 다른 말로 표현하면 '성령충만'입니다. 그것은 또한 '성령의 기름부으심'으로 표현되기도 합니다.

요즘에 성령충만이란 말이 하도 많이 남용되어서 "성령충만 합시다"라고 말하면 그저 성령과 더불어 살아가는 정도로 생각합니다. 하지만 성령을 충만이 받게 되면 성령님이 자신의 주인이 되시며 성령님께서 소유하고 있는 권능을 사용할 수 있게 됩니다. 이것은 사도행전 1장 8절의 말씀이기도 합니다. "오직 성령이 너희에게 임하시면 너희가 권능을 받고 예루살렘과 온 유대와 사마리아와 땅끝까지 이르러 내 증인이 되리라 하시니라"(행 1:8)

한 가지 짚고 넘어가야 할 것은, 윗 구절에서 언급된 성령은 성령세례가 아니라 성령의 기름부으심을 말합니다. 그것은 곧 불세례를 말합니다. 자신 안에 주인이신 예수님으로부터 성령의 불세례,성령의 기름부으심을 받을 때 하늘의 권능을 받게 됩니다.

물론 성령세례를 받을 때에도 역사가 일어납니다. 하지만 성령의 불세례에 성령의 기름부으심에는 더 큰 권능이 있습니다. 예수님께서 제자들에게 이 구절을 말씀하셨을 대는 단순한 성령세례가 아니라 성령 충만(성령의 불세례)이었음을 알아야 합니다. 세례요한은 우리로 하여금 성령세례와 성령의 불세례에 대한 보다 명확한 이해를 돕기 위해 다음과 같은 말을 남겼습니다. "나는 너희로 회개케 하기 위하여 물로 세례를 주거니와 내 뒤에 오시는 이는 나보다 능력이 많으시니 나는 그의 신을 들기도 감당치 못하겠노라 그는 성령과 불로 너희에게 세례를 주실 것이요"(마 3:11)

이 구절에 대해서 성경학자들마다 다른 의견을 가지고 있습니다. 하지만 저는 이 구절의 의미를 확실하게 알고 있습니다. 세례요한은 물세례를 베풀었습니다. 고로 물세례는 위임된 사람이 베푸는 것입니다. 하지만 영이신 예수님께서는 성령과 불로 세례를 주십니다. 이미 우리는 성령세례가 무엇인지 알고 있습니다. 이제 남은 것은 성령의 불세례입니다. 이것은 성령의 기름부으심을 말하며 또한 성령의 불세례를 가리키는 것이기도 합니다.

세례요한은 성령과 불에 대한 충분한 이해가 있었던 사람이었습니다. 그는 예수님께서 우리를 성령과 불로 세례를 줄 것임을 알았습니다. 성령세례가 물세례보다 더 중요하듯이 불세례는 성령세례보다 더 중요합니다. 성령세례와 불세례는 많은 차이가 있습니다. 물세례와 성령세례가 다르듯이 성령세례와 성령의 불세례는 다른 것입니다. 같은 것이 아니라는 말씀입니다. 성령세례도 중요하지만 성령의 불세례는 더 중요한 것입니다. 성령세례만으로도 하나님의 은혜가 있고 삶의 변화가 있고 영적 능력이 있는 것은 사실입니다. 하지만 성령의 불세례에는 더 큰 은혜와 영광과 능력이 있습니다.

이러한 성령의 불세례는 성령의 불로 표현할 수 있습니다. 성령의 불세례는 성령세례와는 다른 것입니다. 물세례를 이해한다면 성령세례 또한 이해할 것입니다. 물세례는 사람에게 물로 받는 세례이고 성령세례는 예수님으로부터 성령으로 받는 세례입니다. 물세례가 육체적인 것이라면 성령세례는 영적인 것입니다. 하지만 성령의 불세례는 물세례도 아니고 성령세례도 아닙니다. 오히려 그 이상의 것입니다. 성령의 불세례를 받아야 합니다.

　성막의 구조상으로 볼 때 번제단은 성막의 뜰에 놓여져 있습니다. 성막의 뜰은 예배를 준비하는 곳이지 예배를 드리는 곳이 아닙니다. 성막의 뜰은 참경배자가 되기 위한 준비 장소이기 때문입니다. 성령세례는 성막의 뜰을 지나 성소에서 행해지는 것입니다. 그러나 성령의 불세례는 성소를 지나 지성소에 계시는 예수님으로부터 행해지는 것입니다. 지성소에서 끊임없이 흘러나오는 것입니다.

　물세례와 성령세례 없이 갑자기 성령의 불세례를 받을 수는 없습니다. 장성한 자가 되기 위해선 반드시 어린아이의 시절을 거쳐야 하듯이 성령의 불세례를 받기 위해선 물세례와 성령세례가 먼저 행해져야 합니다. 성령세례를 받은 후에 불세례가 나오는 것입니다.

　성령세례가 성소에서 얻어지는 것이라면 성령의 불세례는 마음 안 지성소에서 얻어지는 것입니다. 자신의 마음 안 지성소에 주인으로 계시는 예수님이 주시는 것입니다. 물세례가 물로 행해지는 것이고 성령세례가 성령으로 행해지는 것이라면 성령의 불세례는 성령의 기름부음으로 행해집니다.

성령세례에도 강력한 능력이 나타납니다. 성령세례를 통해 어떤 이는 방언을 하며 또 어떤 이는 예언도 합니다. 하지만 성령의 불세례를 받은 사람에겐 그 이상의 신령하고 초자연적인 역사가 일어납니다. 어떤 사람은 병을 치유하는 능력을 드러냅니다. 또 다른 사람은 하나님의 음성을 직접 듣기도 합니다. 신유의 은사에도 여러 가지입니다. 어떤 사람은 다리의 길이가 다른 것을 똑 같은 길이로 길어지게 하는 치유만을 가지고 있는가 하면 또 다른 사람은 소경의 눈을 뜨게 해 주는 치유역사를 가지고 있습니다.

성령의 불세례에는 초자연적인 큰 능력이 있습니다. 그래서 사도 바울은 자신의 복음 전함의 근원이 능력과 성령과 큰 확신으로 되었다고 고백을 했던 것입니다. "이는 우리 복음이 말로만 너희에게 이른 것이 아니라 오직 능력과 성령과 큰 확신으로 된 것이니 우리가 너희 가운데서 너희를 위하여 어떠한 사람이 된 것은 너희 아는 바와 같으니라"(살전 1:5). 믿으십시오. 성령의 불세례에는 엄청난 권능과 능력이 있습니다. 그리고 그 성령은 성령세례와 함께 성령의 불세례 성령 충만 함이 있음도 믿으시기 바랍니다.

넷째, 성령 충만이란? '성령 세례'는 택한자가 거듭날 때 최초로 한 번 받는 것입니다. 그러나 '성령 충만'은 성령의 세례를 이미 받은 성도가 그의 남은 일생동안 계속적으로 사모하면서 받아야 할 은혜입니다. 사도행전 2장을 보면 예수님 부활 후 첫 오순절에 제자들이 최초로 성령의 세례를 받는 장면이 나옵니다.

그리고 그 이후에 수많은 반대와 핍박에도 불구하고 담대히 복음을 전하고 기도하다가 성령의 충만을 받는 장면을 발견할 수 있습니다(행 4:23~31). 사도행전을 보면 제자들이 주로 기도와 찬송 중에 성령의 충만을 받는 모습을 발견할 수 있습니다(행 4:23~31)

성령세례를 받는 일이 없었는데도 불구하고 감히 성령 충만하다고 함부로 말하는 사람들을 (타 교회에서) 종종 볼 수 있었습니다. 이것보고 관념적인 신앙생활을 하는 것이라고 할 수가 있습니다. 알기만 하는데 실제 체험이 없다는 것입니다. 단순히 기분이 좋다는 표현을 성령 충만하다는 식으로 농담으로 표현하는 사람도 있었습니다. 성령님은 삼위일체의 제3위가 되시는 하나님이십니다. 하나님의 거룩하신 이름이 들어가는 단어를 진지하고 신중하게 사용해야 합니다.

성령 충만하다는 것은 '그리스도의 영으로 충만해진 상태'를 말하는 것입니다. 그리스도의 거룩하심과 뜨거운 사랑으로 충만해지는 것입니다. 주님의 거룩하신 성품과 사랑과 말씀과 지혜와 능력으로 충만해지는 것을 말합니다. 성령 충만한 사람은 이기적 욕심이 완전히 죽고 성령님께서 인도하시는 이타적 삶으로 인도함을 받게 되어있습니다. 세상이 줄 수도 없고 알 수도 없는 평안과 기쁨이 충만합니다. 세상의 염려와 걱정을 하나님께 내어 맡기고 담대히 자신이 짊어져야 할 '십자가의 사명 (하나님께서 주신 이타적 사명)'을 지고 즐거이 주님을 따르는 삶을 살게 됩니다. 성도라고 한다면 예수님으로부터 성령의 불세례를 받아 성령이 차고넘치는 충만함으로 성령의 기름부으심으로 살아야 합니다.

다섯째, 결론입니다. 지금은 은혜의 때입니다. 믿음을 가지고 하나님께서 우리를 위하여 예비해두신 최대의 선물을 구하면 몇 날이 못 되어 반드시 성령의 세례를 받게 될 것입니다. "요한은 물로 세례를 베풀었으나 너희는 '몇 날이 못 되어' 성령으로 세례를 받으리라 하셨느니라."(행1:5).

중요한 것은 "우리가 얼마나 성령의 불세례 받기를 사모하느냐"에 달려 있습니다. 하나님은 원하는 자에게 주십니다. 구하고 간절히 찾고 두드리는 자에게 주십니다. 잠언에는 지혜를 사모하라는 교훈의 말씀이 많이 나옵니다. 지혜를 의인화 시켜서 '나'라고 표현합니다. 그리고 다음과 같이 외치십니다.

"'나'를 사랑하는 자들이 나의 사랑을 입으며 나를 간절히 찾는 자가 나를 만날 것이니라."(잠8:17). 성도에게 있어서 참된 지혜는 어디에 있습니까? "너희는 하나님께로부터 나서 그리스도 예수 안에 있고, 예수는 하나님께로서 나와서 우리에게 '지혜'와 의로움과 거룩함과 구속함이 되셨으니 기록된바 '자랑하는 자는 주 안에서 자랑하라'함과 같게 하려 함이니라."(고전1:30-31). 예수 그리스도는 우리의 참된 지혜가 되십니다. 고로 우리의 참된 지혜가 되시는 주님을 간절히 찾는 자만이 주님을 만날 수 있게 될 것입니다.

성령의 세례로 만족하시지 말고 성령의 불세례를 받으시기를 바랍니다. 그래야 초자연적이고 권능 있는 성도가 되는 것입니다. 성령의 불세례=성령충만=성령의 기름부음은 같은 것입니다.

7장 성령의 인치심이란 무엇일까?

(엡 4:30-32)"하나님의 성령을 근심하게 하지 말라 그 안에서 너희가 구원의 날까지 인치심을 받았느니라 (31) 너희는 모든 악독과 노함과 분냄과 떠드는 것과 비방하는 것을 모든 악의와 함께 버리고 (32) 서로 친절하게 하며 불쌍히 여기며 서로 용서하기를 하나님이 그리스도 안에서 너희를 용서하심과 같이 하라."

땅이나 집을 사고 팔 때 사람들은 문서에 인감도장을 찍습니다. 중요한 약조를 맺거나 계약을 할 때 인감도장을 찍습니다. 인감도장을 찍음으로 소유권이 이전되는 것입니다. 남녀가 결혼하면 혼인신고를 합니다. 그때 서로 도장을 찍음으로 둘이 부부가 되었다는 혼인신고가 이뤄집니다. 도장을 찍음으로 서로 결혼해 부부가 되었음을 법적으로 표시하게 됩니다. 그것은 부부가 되었음을 보증하는 것입니다. 우리는 도장 찍는 것을 인을 친다고 합니다.

우리가 믿는 하나님은 인을 치시는 하나님이십니다. 도장을 찍으시는 분이십니다. 하나님은 자기 자신의 '소유'에 대해서 인치십니다. 값주고 사신 소유에 대해서 도장을 찍으십니다. 하나님께서 나를 그의 소유로 인치심으로 말미암아 나는 마귀에게서 하나님께로, 죄에서 의로, 흑암에서 영광으로, 이 세상에서 하나님의 나라로 옮겨졌습니다.

"너희는 값으로 사신 것이니"(고전 7: 23).

"그들에게 이르시되 땅의 풀이나 푸른 것이나 각종 수목은 해하지 말고 오직 이마에 하나님의 인침을 받지 아니한 사람들만 해하라 하시더라."(계 9:4).

"……일찍이 죽임을 당하사 각 족속과 방언과 백성과 나라 가운데에서 사람들을 피로 사서 하나님께 드리시고 (10) 그들로 우리 하나님 앞에서 나라와 제사장들을 삼으셨으니 그들이 땅에서 왕 노릇 하리로다 하더라."(계 5:9-10)

"값주고 산 하나님의 소유"를 "속량함을 받은 사람"이라고 합니다. 그럼 '속량'이란 무엇일까요? 역사적으로 그리스 로마시대에는 몸값을 받고 노예를 풀어주어 해방시켜 주었습니다. 어떤 사람이 노예가 속해있는 주인에게 몸값을 지불하고 그를 사서 노예나 종의 신분에서 해방시켜 주면 그는 그 순간부터 '자유인'이 되었습니다.

조선 후기 몸값을 받고 노비를 풀어주어 '양인(良人)'이 되게 하던 일이 있었습니다. 여기서 몸값을 지불하고 노비를 사서 종이나 노비의 신분에서 '양인'이 되게 하고 '자유인'이 되게 하는 것을 '속량(贖良)'이라고 합니다. 속량은 속죄할 속(贖)자와 어질 량(良)자로 이뤄져 있습니다. 좀 더 쉬운 말로 '속죄'와 동의어로 쓰입니다.

"그가 우리를 흑암의 권세에서 건져내사 그의 사랑의 아들의 나라로 옮기셨으니 (14) 그 아들 안에서 우리가 속량 곧 죄 사함을 얻

었도다.”(골 1:13-14)

"우리는 그리스도 안에서 그의 은혜의 풍성함을 따라 그의 피로 말미암아 속량 곧 죄 사함을 받았느니라.”(엡 1:7)

"그들에게 이르시되 땅의 풀이나 푸른 것이나 각종 수목은 해하지 말고 오직 이마에 하나님의 인침을 받지 아니한 사람들만 해하라 하시더라.”(계 9:4).

우리 인간은 본래 죄인입니다. 죄인으로서 죄에 매여 있고 죄의 종, 마귀의 종으로 지냈습니다. 인간 스스로 죄에서, 마귀에게서, 흑암의 권세에서 벗어날 수 없는 것입니다. 예수님은 죄의 빚으로 허덕이는 사람들을 찾아오셨습니다. 구세주이신 예수께서 말입니다. 예수께서는 십자가에서 피흘려 우리 죄의 빚을 갚아 주셨습니다. 즉 속죄하셨습니다.

하나님은 갈 2:20에서 "내가 그리스도와 함께 십자가에 못 박혔나니 그런즉 이제는 내가 사는 것이 아니요 오직 내 안에 그리스도께서 사시는 것이라 이제 내가 육체 가운데 사는 것은 나를 사랑하사 나를 위하여 자기 자신을 버리신 하나님의 아들을 믿는 믿음 안에서 사는 것이라.” 믿음 안에서 하나님의 영광을 위하여 살아야 합니다. "예수께서 우리를 위하여 죽으사 우리로 하여금 깨어 있든지 자든지 자기와 함께 살게 하려 하셨느니라.”(살전 5:10). 예수님을 주인으로 모시고 예수와 함께 영원하게 살아야 합니다.

우리는 예수의 보혈로 속량함을 받았습니다. 하나님은 우리가 예수의 보혈로 속량 곧 죄사함을 받았다는 사실을 표시하고, 보증하기 위해서 성령을 보내주셨습니다. 그리고 약속의 성령으로 인을 치셨습니다.

"그 안에서 너희도 진리의 말씀 곧 너희의 구원의 복음을 듣고 그 안에서 또한 믿어 약속의 성령으로 인치심을 받았으니 (14) 이는 우리 기업의 보증이 되사 그 얻으신 것을 속량하시고 그의 영광을 찬송하게 하려 하심이라."(엡 1:13-14).

이제 우리는 예수의 보혈로 말미암아 속량을 받아 죄사함 받고 하나님의 소유가 되었습니다. 그럼 약속의 성령으로 인치심을 받아 하나님의 소유가 된 우리는 이 세상에서 어떻게 살아야 할까요?

"그러나 백성 가운데 또한 거짓 선지자들이 일어났었나니 이와 같이 너희 중에도 거짓 선생들이 있으리라 그들은 멸망하게 할 이단을 가만히 끌어들여 자기들을 사신 주를 부인하고 임박한 멸망을 스스로 취하는 자들이라 (2) 여럿이 그들의 호색하는 것을 따르리니 이로 말미암아 진리의 도가 비방을 받을 것이요 (3) 그들이 탐심으로써 지어낸 말을 가지고 너희로 이득을 삼으니 그들의 심판은 옛적부터 지체하지 아니하며 그들의 멸망은 잠들지 아니하느니라."(벧후 2:1-3)

성경의 말씀대로 오늘날 교회 안에 거짓 선생들과 거짓 교인들이 있다는 것입니다. 그들은 예수께서 피로 값주고 사신 사실을 부인하고 스스로 멸망을 자초합니다. 겉으로 믿는 척 하면서 속으로는 자신들의 탐심으로 이득을 일삼습니다. 그리고 여러 사람들이 그들의 잘못된 행실을 본받게 됩니다. 그들은 사람들을 파멸의 길로 이끕니다. 결국엔 그들의 이중성과 잘못된 언어 행실로 진리의 도가 비방을 받게 됩니다.

"음행을 피하라 사람이 범하는 죄마다 몸 밖에 있거니와 음행하는 자는 자기 몸에 죄를 범하느니라 (19) 너희 몸은 너희가 하나님께로부터 받은바 너희 가운데 계신 성령의 전인 줄을 알지 못하느냐 너희는 너희 자신의 것이 아니라 (20) 값으로 산 것이 되었으니 그런즉 너희 몸으로 하나님께 영광을 돌리라."(고전 6:18-20).

성경은 우리가 하나님의 성령이 거하시는 '성령의 전'이라고 합니다. "너희는 너희가 하나님의 성전인 것과 하나님의 성령이 너희 안에 계시는 것을 알지 못하느냐"(고전 3:16). 그리고 우리는 '값으로 산 것' 즉 속량 받았다고 합니다. 우리는 예수의 피로 값주고 산 즉 속량 받은 하나님의 소유가 되었습니다. "값으로 산 것이 되었으니 그런즉 너희 몸으로 하나님께 영광을 돌리라"(고전 6:20). 따라서 하나님의 소유가 된 우리는 우리 몸과 영으로 하나님께 영광을 돌리며 살아가야 할 것입니다.

"하나님의 성령을 근심하게 하지 말라. 그 안에서 너희가 구원의 날까지 인치심을 받았느니라"(엡 4: 30). 우리는 예수 안에서 마지막 날, 구원의 날, 예수께서 재림하시고 우리가 부활하여 온전히 구원받는 그 날까지 성령으로 인치심을 받았습니다. 그러므로 우리는 성령을 근심시키거나 슬프게 하지 말아야 합니다. 이제 우리는 하나님의 소유가 된 하나님의 자녀요 제사장들로서 하나님을 사랑하고 그분께 순종하여 그를 기쁘시게 하십시다.

요컨대 하나님은 우리를 구원하시고 우리가 하나님의 자녀, 하나님의 거룩한 제사장이 된 것을 보증하기 위해 믿는자들에게 성령을 보내주셨습니다. 그리고 그의 거룩한 성령으로 인치셨습니다. 이제 예수를 믿는 우리들은 약속의 성령으로 구원의 날까지 인치심을 받아 하나님의 소유가 되었으니 하나님의 것인 우리 몸과 영으로 하나님께 영광을 돌리며 살아가야 할 것입니다.

성령으로 인침 받은 우리가 얼마나 귀한 존재가 되었는지 아셨을 것입니다. "그 안에서 너희도 진리의 말씀 곧 너희의 구원의 복음을 듣고 그 안에서 또한 믿어 약속의 성령으로 인치심을 받았으니."(엡1:13).

바울은 우리를 가리켜서 "성령으로 인 치심을 받은 자"라고 했습니다. 그러니까 우리에게는 하나님의 사인이 들어있습니다. 그렇습니다. 우리는 성령으로 인 치심을 받은 자들입니다. 값으로 환산할 수 없을 만큼 엄청나게 소중하고 귀중한 존재들입니다.

마치 중요한 계약서에 인감도장을 찍은 것과 같습니다. 등기를 마친 것과 같습니다. 바울은 인치심을 받은 결과에 대해 이렇게 설명합니다. "이는 우리 기업의 보증이 되사 그 얻으신 것을 속량하시고 그의 영광을 찬송하게 하려 하심이라."(엡 1:14). 기업은 '하나님의 자녀'로서 받아 누리게 될 '하나님 나라의 유산'을 뜻합니다. 곧 구원의 보증이 되어 주신다는 말씀입니다.

첫째, 성령의 세례를 받으라. 그러면 누가 성령의 인치심을 받는 것입니까? 당연히 예수 그리스도를 구주로 영접하고, 성령의 세례를 받은 자들이 받는 것입니다. 성령세례는 앞장에서 설명했습니다. 성령이 없으면 그리스도의 사람이 아닙니다.

바울은 롬8:9에서 "만일 너희 속에 하나님의 영이 거하시면 너희가 육신에 있지 아니하고 영에 있나니 누구든지 그리스도의 영이 없으면 그리스도의 사람이 아니라"고 말씀하셨습니다.

"그리스도의 영"은 성령을 의미합니다. 성경에 나타난 성령의 명칭을 살펴보면 (1)거룩한 영 (2)하나님의 영 (3)진리의 영 (4)그리스도의 영 (5)중재자, 위로자, 약속의 영이라고 말하고 있습니다.

어떤 사람이 거리에서 호두과자를 사서 먹었는데, 그 호두과자 속에 호도가 하나도 없었습니다. 그래서 장사꾼에게 따졌더니 그 장사꾼이 하는 말이 걸작입니다. "여보! 붕어빵 속에 붕어 들어 있는 것 봤소?" 그래서 아무 말도 못했답니다. 그렇습니다. 붕어빵 속에 붕어가 없어도 붕어빵이라고 부르고, 호두과자 속에 호도 없어도 호두과자라고 부를 수 있습니다.

그러나 그리스도인 안에 성령이 없으면 그건 절대로 그리스도인이라고 부를 수가 없습니다. 롬8:9절에 "누구든지 그리스도의 영이 없는 사람은 그리스도의 사람이 아니니라"고 했습니다. 누가 그리스도의 사람입니까? 그리스도의 영이 있는 자가 그리스도의 사람입니다. 성령의 인도를 받는 사람이 성도입니다. "무릇 하나님의 영으로 인도함을 받는 사람은 곧 하나님의 아들이라"(롬 8:14).

아무리 윤리적으로 완벽하게 살고 도덕적으로 착하게 산다 할지라도 그 속에 그리스도의 영이 없으면 그는 그리스도의 사람이 아닙니다. 비록 부족하고 연약할지라도 성령께서 우리 마음속에 거하시기 때문에 우리가 바로 그리스도의 사람이라는 것입니다.

사도행전에 보면 예수께서 감람산에서 승천하시기 전에 제자들에게 마지막 유언을 하셨는데, 행1:4,8절 "너희는 예루살렘을 떠나지 말고 내게 들은 바 아버지의 약속하신 것을 기다리라 너희는 몇 날이 못되어 성령으로 세례를 받으리라" 또 "오직 성령이 너희에게 임하시면 너희가 권능을 받고 예루살렘과 온 유대와 사마리아와 땅 끝까지 이르러 내 증인이 되리라"고 유언을 남기셨습니다. 유언은 중요합니다.

행1:14절에 보면 그 유언대로 예수님의 제자들인 120문도가 예루살렘을 떠나지 않고 마가의 다락방에 모여서 마음을 같이하여 기도에 힘썼습니다.

그러자 오순절 날이 이르매 마가의 다락방에서 기도하던 120명의 제자들에게 성령이 임했습니다. 그들은 성령의 충만함을 받고 방언으로 기도하고, 나가서 주의 복음을 전파하기 시작했습니다.

"오순절 날이 이미 이르매 그들이 다 같이 한 곳에 모였더니 (2) 홀연히 하늘로부터 급하고 강한 바람 같은 소리가 있어 그들이 앉은 온 집에 가득하며 (3) 마치 불의 혀처럼 갈라지는 것들이 그들에게 보여 각 사람 위에 하나씩 임하여 있더니 (4) 그들이 다 성령의 충만함을 받고 성령이 말하게 하심을 따라 다른 언어들로 말하기를 시작하니라."(행 2:1-4)

그때에 베드로가 능력 있는 설교를 하니 하루에 삼천 명 오천 명씩 회개하고 주께로 돌아오는 놀라운 일이 있어났습니다. "또 여러 말로 확증하며 권하여 이르되 너희가 이 패역한 세대에서 구원을 받으라 하니 (41) 그 말을 받은 사람들은 세례를 받으매 이 날에 신도의 수가 삼천이나 더하더라."(행 2:40-41)

그때부터 곳곳에 교회가 세워지고, 앉은뱅이가 일어나고, 병든 자가 고침 받고, 죽은 자가 살아나는 기적적인 성령의 역사가 일어났습니다. 이렇게 해서 주의 복음은 유대인뿐만 아니라 이방인들에게까지 전파되었고, 그 당시의 로마제국에도 복음이 전파되고, 유럽과 미국과 우리나라에까지 주의 복음이 전파되었습니다. 이 모든 것이 하나님의 성령의 역사입니다. 이것이 바로 성령의 인치심의 증거입니다.

둘째, 성령의 충만함을 받으라. 그러나 성령의 세례를 받는 것으로 만족하여서는 안 됩니다. 중요한 것은 계속해서 성령의 인도를 받아야 한다는 것입니다. 그래서 필요한 것이 '성령의 충만'입니다. 성령으로 충만하다고 하는 의미는 성령에 사로잡히고, 스며들고, 지배를 받는 것을 의미합니다. 물에 흠뻑 젖은 수건처럼 수건을 짜면 물이 흐르듯이 성령 충만은 성령으로 사로잡히고 스며들고 지배를 받는 것을 의미합니다. 이는 앞 3장에서 자세하게 설명했습니다.

"술 취하지 말라 이는 방탕한 것이니 오직 성령의 충만을 받으라."(엡5:18). 술과 성령은 비슷한 특징이 있습니다. 둘 다 사람을 지배한다는 것입니다. 술이 얼마나 무서운지 모릅니다. 처음에는 사람이 술을 마십니다. 그러나 한 잔 두 잔 마시다보면 자기도 모르게 술이 술을 마시고, 마지막에는 술이 사람을 마시게 됩니다. 사람이 술에 취해서 술의 지배를 받게 됩니다. 이런 상황을 '술 충만, 술에 취했다'고 합니다.

어떤 사람이 간밤에 3차까지 술을 마셨습니다. 먼저 포장마차에서 소주를 마셨습니다. 그러다가 배가 고파서 중국집으로 가서 짬뽕 한 그릇에 고량주를 또 마셨습니다. 집에 가는 길에 또 단란주점에 들러서 맥주를 마셨습니다. 소주는 25도, 고량주는 45도, 맥주는 7도입니다. 그러면 그가 마신 것이 도합 몇 도가 됩니까?

복잡하게 계산하실 필요가 없습니다. 정답은 '졸도'입니다. 독한 술을 그렇듯 짬뽕 했으니까 몸이 견뎌낼 수가 없습니다. 이성을 잃어버리고 정신을 잃어버리고 개처럼 되는 것입니다.

그렇습니다. 술에 취하면 사람이 달라집니다. 담대함을 얻습니다. 평상시 조용하던 사람도 시끄러워지고, 평상시 소심하던 사람이 할 말 안 할 말을 가리지 않고 막 퍼붓습니다. 그래서 사랑을 고백할 때나, 섭섭한 말을 할 때 술을 이용하는 사람들이 많습니다. 온전한 정신이 아닙니다. 말을 횡설수설합니다. 이 말 했다, 저 말 했다. 한 이야기 또 하고 또 합니다. 행동도 정상이 아닙니다. 부끄러움을 모르고 점잖게 옷 입은 사람이 전봇대에 소변을 보기도 합니다.

의인 노아도 술을 먹고 실수를 했습니다. 자식들 앞에서 부끄러운 줄을 모르고 덥다고 옷을 훌렁 다 벗어버리고 드러누워 잠을 잤습니다. 이 사건으로 인해 노아는 자기 아들 함을 저주하는 일이 벌어졌습니다.

성령의 충만함도 반대로 사람을 지배합니다. 깨어있게 합니다. 정신 차리게 합니다. 근신하게 합니다. 죄를 무서워하게 합니다. 양심을 일깨워줍니다. 그리고 세상의 불의 앞에 담대함을 얻습니다. 사단의 무리들을 두려워하지 않습니다. 그럼으로 성령의 인치심을 받은 사람은 날마다 "성령의 충만함을 받아야"합니다.

셋째, 성령을 근심시키지 말라. 오늘 우리는 모두 성령의 인치심을 받은 사람들입니다. 그렇기 때문에 더욱 조심해야 합니다. "…답다."는 말이 있습니다. 굉장히 부담되는 말입니다. '선생님답다.', '형답다.', '목사답다.', '그리스도인답다.' 그러나 이 말을 들을 수 있어야 합니다.

바울은 고전3:16절에서 "너희가 하나님의 성전인 것과 하나님의 성령이 너희 안에 거하시는 것을 알지 못하느뇨?"라고 말씀하셨습니다.

우리 안에 성령님이 거하시기 때문에 우리의 몸이 바로 성전이 되는 것입니다. 그럼으로 우리 성도들은 하나님의 성전다운 삶을 살아야 하는 것입니다.

우리가 성전답지 못한 삶을 살 때 어떤 일이 벌어집니까? "하나님의 성령을 근심하게 하지 말라 그 안에서 너희가 구원의 날까지 인치심을 받았느니라."(엡4:30). 성령을 근심시키는 결과를 초래하는 것입니다.

①죄의 상태로 돌아가는 일이 성령님을 근심하게 만드는 일입니다.

②경건생활의 게으름으로 인하여서 성령님은 근심하십니다.

③마음의 상처와 스트레스에 눌려서 살아갈 때 성령님은 근심하십니다.

④우리의 마음이 세속화가 될 때에 성령님은 근심하시게 됩니다.

⑤돈(물질)을 우상시 할 때, 세속적이고 말초신경적인 오락에 빠지고, 타락한 삶을 살 때에 성령님은 근심하시게 됩니다.

결론적으로 우리 모두는 다 '성령으로 인치심'을 받은 자들입니다. 사도행전에서 사도 바울의 고린도교회와 에베소 교회 사역의 평가는 한마디로 성령의 인침입니다. 불신 세상에서 복음의 말씀을 통해 그리스도께로 회심한 자들에게 성령의 인침이 있었던 것입니다. 성령의 인침은 그들은 하나님의 소유물로 확정하는 역사였습니다. 이제 그 인침 받은 자의 삶에 대해 기록되어 있는 부분이 사도행전18:1-11절입니다. 그 주인공은 아굴라와 브리스길라 부부입니다. 그들에 대해서 로마서16:3-5절에 또한 기록되어 있습니다. 그 말씀 안에서 성령의 인침 받은 삶이 무엇인지 알 수 있습니다.

성령의 인침 받은 자의 삶은 영생 생명의 삶을 사는 것입니다. 그 생명의 삶을 사는 영역이 영적인 인침에만 국한된 것이 아니라, 그것이 삶으로 나타내되 직장생활과 가정으로까지 나타나는 것입니다. 순간을 살지만 영원을 살며 불멸에 이르는 삶을 사는 자들입니다. 그들의 삶을 한마디로 보여주는 게 목숨을 내놓았다는 말씀과 그들의 집에 있는 교회입니다. 지극히 자신의 목숨을 아까워하고 문화에 중독된 시대에 가정을 오픈하고 친교의 장소, 기도의 장소 곧 교회의 역할을 한다는 것은 성령의 인침 받은 자의 삶입니다. 사도 바울과 같은 직업을 가지고 사역을 하는 사람들입니다.

19세기의 미국 전역을 흥분시킨 가구는 퀘이커 교도들의 흔들의자였습니다. 곧 성령의 인침 받은 자들의 삶이 노동의 삶으로 나타나고 그들이 만드는 일이 하나님께서 원하는 삶을 살아내는 것이었습니다. 이것은 성령으로 그 안에서 주시는 마음과 선하심을 통해 주어진 삶 가운데 하나님의 생명으로 살며 표현하는 것입니다. 그것이 그들의 직장에서 나타나고 그들의 가정에서 나타날 때, 직정을 통해 돈을 하늘에 옮기고 가정에 하나님이 주신 행복과 자유와 기쁨을 누릴 수 있는 것입니다. 이것이 성령으로 인침 받은 자들의 삶의 모습입니다.

8장 성령의 지배란 어떤 상태를 말하나.

(롬 8:14)"무릇 하나님의 영으로 인도함을 받는 사람은 곧 하나님의 아들이라."

왜 예수를 믿으면서 여전하게 불안하고 불통의 세월을 사는가? 자신의 전인격이 성령의 지배와 장악에 되지 못하기 때문입니다. 한마디로 세상 것이 섞여있기 때문입니다. 세상 것이 섞여서 방해함으로 하늘나라 천국의 평안을 이끌어내지 못하는 것입니다. 이것은 아주 심각하게 받아드려야 합니다. 그래야 성령의 역사에 관심을 가져서 성령의 지배를 받는 성도가 될 수 있기 때문입니다. 전인격이 성령의 지배를 받지 않고는 살아있을 때 하나님의 나라 (천국)의 평안을 만끽하고 누리면서 살수가 없기 때문입니다.

우리 예수 믿는 사람들의, 삶의 특징이 있다면, 그것이 무엇이라고 생각하십니까? 입으로만 예수를 믿는다고 시인하는 그런 보통의 신앙의 삶이 아니라, 예수를 믿고 난 다음에 변화되어 천국을 누리면서 살아가는 성도들의 특징을 말하는 것입니다. 이러한 성도들의 삶의 특징이 무엇이겠습니까? 그것은, "영-혼-육 전인격이 성령의 지배와 장악을 받는 삶"이라, 그렇게 말 할 수 있습니다.

그러면, 성령의 지배를 받는 삶이란, 또 무엇을 말하는 것입니까? 전인격이 성령께 사로잡혀 사는 것을 말하는 것입니다. 성령을 주인으로 모시고 세상을 살아가는 것입니다. 매사를 성령님과 의논하고 성령의 뜻을 따라 사는 것을 성령의 지배를 받는 삶이라고 말할 수 있습니다. 성령의 인도함을 받아, 성령의 능력에 의해서 살아가는 삶을 말하는 것인 줄로 믿습니다. 성령님이 나를 지배하고 다스리는 삶, 이전에 우리의 삶이, 육체의 본능이 지배하는 삶이었고, 죄가 지배하는 삶이었다면, 이제 예수를 믿고, 변화를 받고 난 다음에 나타나는 삶은, 성령에 의해서 지배와 장악된 삶이 되어야 합니다.

지금 우리의 신분은 어떤 신분입니까? 이제 예수 안에서, 새로운 생명을 소유하고 태어난, 하나님의 자녀들입니다. 그러므로 이제는, 과거의 세상 적이고, 육신적인 삶의 방식은 벗어버리고, 하나님의 나라 자녀로 살아가야 하는 삶의 방식을 따라야 한다는 것입니다. 그 하나님의 방식을 따르는 삶, 이것이 바로 성령의 지배와 장악을 받는 삶이라는 것입니다.

그러나 오늘 우리 성도들의 삶은 어떻습니까? 아직도 우리는 많은 부분이 주님의 방식을 따르지를 못하고 있습니다. 아직도 내 자아가, 내 속에 살아 쉼 쉬고 있고, 아직도 내 뜻이 내 인생의 대부분을 결정하고 있습니다. 어둠의 권세에 속해 있는 죽음의 자리에서 이제는 벗어나, 나의 삶을 주장하시고, 온전히 이끌어 주시기를 원하시는, 빛 되신 예수 그리스도를 향해, 걸어가야 하는데도 불구하고, 우리는 여전히 그 빛을 외면하고, 고개를 어둠의 세상을 향해, 돌리고 있다는 것입니다. 빨리 알아차리고 성령의 지배와 인도를 받아 빛의 영역으로 돌려야 합니다. 그래야 전인적인 건강을 누릴 수가 있습니다. 우리의 삶에 빛이 크게 비춰면, 어두움은 작아지게 되고, 결국에는 그 어둠이 흔적 없이 물러가게 됩니다. 그러나 반대로, 우리의 삶에 어두움이 크면 어떻습니까? 빛이 작게 느껴지게 됩니다. 그리고 이 상태로 계속 있게 되면, 나중에는 그 어두움이, 빛을 완전히 삼켜 버리게 된다는 것입니다. 그래서 예수를 믿어도, 예전과 비교해 별로 변화된 것이 없는 여전히 세상 흑암 속에서 헤매며, 오히려 더 무능력한 가운데, 오히려 더 고통스런 가운데, 삶을 살아가게 된다는 것입니다. 왜냐하면 성령의 역사가 일어나지 않으니 마귀와 귀신들이 자꾸 장악하기 때문입니다. 그래서 오만 가지 문제가 발생하는 것입니다. 빨리 알아차리고 성령의 지배를 받아야 합니다.

가슴에 손을 얹고 생각해 보세요. 주님이 우리에게 요구하시는 삶의 모습이, 과연 이러한 것이겠습니까? 주님이 우리에게 요구하시는 삶은, 결코 이러한 모습의 삶은 아닐 것입니다. 주님은 우리에게, 변화된 삶을 요구하십니다. 그것도 어정쩡한 변화가 아니라, 확실히 변화된 삶을 요구하십니다. "아니 저 사람 예수 믿고 나더니, 완전히 달라졌네!" "천국을 누리며 사는 것이 얼굴에 나타나네!" 이런 평가와 칭찬을 듣는 그러한 삶을 원하신다는 것입니다. 분명하게 하나님의 나라(천국)가 되면 얼굴이 변하고 말소리가 바뀌는 것입니다. 그런데 이렇게 변화되기 위해서는 반드시 성령의 역사가 있어야 가능한 것입니다. 성령의 지배를 받아야 변화되는 것입니다. 예수를 믿으면서도 변화되지 않는 것은 성령의 역사

없이 이론으로 지식으로 전통으로 믿음 생활을 하기 때문입니다. 성령으로 어두운 영역을 밝은 빛의 영역으로 바꾸지 못하기 때문입니다. 반드시 성령으로 세례를 받고 성령의 인도를 받아 어두움을 빛의 영역으로 바꾸려고 관심과 의지를 발휘해야 합니다. 그래서 이런 찬송이 있지요? "내 죄 사함 받고서 예수를 안 뒤, 나의 모든 것 다 변했네. 지금 나의 가는 길 천국 길이요, 주의 피로 내 죄 씻었네." 할렐루야! 예수를 믿고 나서, 자신의 모든 것이 변화되어지는 것, 바로 이러한 놀라운 삶의 변화의 역사를, 하나님은 우리 모두에게 기대하고 계신다는 것입니다.

우리의 신앙의 출발은, 예수님의 권능을 믿는 믿음에서 출발하는 것입니다. "하나님은 나의 모든 것을 아시는 가운데, 나의 모든 것을 주의 권능으로 채워주시며, 온전케 하시는 하나님이시다." 이것은 모두 성령으로 되는 것입니다. 우리가 이것을 믿어야, 하나님을 평생에 주인으로 모시며 따를 수 있는 것입니다. "내가 사망의 음침한 골짜기로 다닐지라도 해를 두려워하지 않을 것은, 주께서 나와 함께 하심이라." 다윗은 담대하게 신앙의 고백을 했습니다. 그리고는 선언하지요. "나의 평생에 선하심과 인자하심이 정녕 나를 따르리니 내가 여호와의 집에 영원히 거하리로다." 세상 사람들이 우리를 향해, 너는 못한다고 말할지라도, 우리 예수 믿는 성도들은 예수 안에서 할 수 있다고, 얼마든지 가능하다고 말하며, 믿음으로 밀고 나가 행해야 기적을 체험하는 것입니다. 삶에 자신감과 담대함이 있어야 한다는 것입니다. 왜입니까? 하나님의 권능이 오늘도 나와 함께 하시기 때문에…. 성령의 역사가 오늘도 나의 삶에 나타나기 때문에…. "너 가는 길을 누가 비웃거든, 확실한 증거를 보여 주어라. 성령이 친히 감화하여 주사, 저들도 참 길을 얻으리…." 지금 우리 모두가, 성령의 다스림 속에서, 성령의 인도함 속에서, 이런 확실히 변화되어 천국을 만끽하며 인생을 살아갈 수 있기를, 주님의 이름으로 축원합니다.

그러면, 오늘 우리가 어떻게 하면 이런 성령의 지배함을 받는 능력 있는 삶을 살아갈 수 있겠는가? 여기에 대한 고민이 있어야 진정한 성도일 것입니다. 그래야 바른 길을 찾아서 성령의 인도를 받으며 성령의 지배를 받는 성도가 될 수 있기 때문입니다. 그런데 이에 대한 해답이 바로 에베소서 5장 18절에 나타나 있다는 것입니다. "술 취하지 말라. 이는 방탕한 것이니, 오직 성령의 충만을 받으라." 했습니다. 우리가 성령의 지배와 장악을 받는 삶을 살아가는 방법, 뭐 다른 게 있겠습니까? 내 속에 성령의 크기를, 내 자아보다 더 크게 만들면 되는 것입니다. 성령님을 주인으로 모시어 성령이 자신을 지배하고 장악이 되도록 마음을 열면 됩니다. 성령님을 주인으로 모시고 살면 되는 것입니다. 성령이 내 속에 끊임없이 임하게 만들어서, 그 성령이 나의 삶을 온전히 주장할 수 있도록, 자신의 신앙을 가꾸어 나가면 되는 것입니다. 그렇잖아요? 그 외에 무슨 방법이 있겠습니까? 성령의 지배와 장악된 삶을 살아가는 것 알고 보면 너무나 쉽습니다. 습관이 되지 않기 때문에 어려운 것입니다.

언제 우리에게 성령이 임하게 되어 집니까? 교회의 예배당에서, 성령이 역사하는 교회에서 우리가 말씀 듣고, 기도하고, 찬송할 때, 성령이 임하고 장악이 되는 것입니다. 그래서 성도들에게 유형교회는 아주 중요합니다. 성령은 반드시 성령의 역사가 일어나는 장소에서 체험할 수가 있기 때문입니다. 성령의 역사가 강하게 일어나는 교회에서 성령으로 장악이 되어 삶의 현장에서 기도할 때 성령의 지배를 받을 수 있습니다. 성령의 역사가 아니고는 각자에게 웅크리고 있는 어두움의 영역을 밝은 빛의 영역으로 바꿀 수가 없습니다. 그러면 자연스럽게 환경에 여러 가지 문제가 발생하는 것입니다.

성경을 성령의 임재가운데 보세요. 초대 교회의 성도들이 언제 성령을 체험하고 받았습니까? 각 가정마다 모여 예배하고 말씀 들을 때, 또 마가의 다락방 같은 곳에 모여, 그들이 기도하고, 찬송할 때, 하늘로부터 급하고 강한 바람 같은 성령이, 홀연히 그들 가운데 임하게 되어졌다는 것입니다. 그렇다고 가정에서만 성경보고, 기도하라는 얘기는 아닙니다. 그때는 그 가정이 곧 교회였습니다. 초대 교회는 곧 가정 교회였습니다. 하나님은 언제나 성도들(성전) 가운데, 좌정하여 계시는 줄 믿습니다. 성전은 교회예배당과 성전된 성도들을 모두 망라하는 것입니다. 그래서 지금도, 언제나 성령의 역사가 일어나는 교회에 모여 성경보고, 말씀 듣고, 기도하고, 찬양할 때, 성령이 임하게 된다는 것입니다. 그런데 홀연히 라는 말이 무슨 말입니까? 갑자기라는 말이지요. 오로지 하나님만을 생각하며 몰입 집중하여 기도할 때 홀연히 성령이 장악하시는 것입니다.

성령이 임하시는 것은 전적으로 성령님의 뜻이지만 분명한 것은 적당히 말씀보고, 적당히 기도하고, 적당히 찬송할 때 임하는 것이 아니라, 마음 중심으로 예배하고, 말씀을 깊이 묵상하고, 전심으로 기도하고, 뜨겁게 찬송할 때, 성령은 우리 가운데 분명 임하게 된다는 사실입니다. 그러므로 내 삶 속에 말씀 보는 시간을 늘리고, 기도하는 시간을 늘리고, 찬송하는 시간을 늘리면, 그 때에 우리도 성령이 충만하게 될 가능성이 더 많아진다는 것입니다.

에베소서 5장 15절-16절 말씀에, "그런즉 너희가 어떻게 행할 것을 자세히 주의하여 지혜 없는 자같이 말고, 오직 지혜 있는 자 같이 하여 세월을 아끼라. 때가 악하니라."했습니다. 무슨 뜻입니까? 세상에 취하여, 하나님의 주신 시간들을 자기 임의로 사용하여, 허송세월을 보내지 말고, 우리의 시간들을 영적인 부분들에 할애해서, 말씀과 기도와 찬양의 시간들을 통하여, 하나님의 뜻을 온전히 분변한 가운데, 그 뜻대로 살아가는 신앙의 모습이, 필요하다는 것입니다. 항상 하나님을 생각하고 집중하는 자세가 중요합니다. 그래서 결과적으로 우리의 삶이, 성령이 원하시는 대로, 성령이 이끄시는 대로, 성령의 지배함을 받아, 살아가게 된다는 것입니다.

우리가 이렇게 성령의 지배를 받게 되면, 우리의 삶에 어떤 역사가 나타나겠습니까? 먼저 우리는 하늘의 신령한 지혜와 강력한 능력을 이끌어낼 수가 있습니다. 그리고 세상에 능력을 행사하게 됩니다. 그래서 세상을 살아가도 힘 있게, 당당하게 살아가게 된다는 것입니다. 사단의 권세가 지배하는 이 세상에서, 사단의 올무에 걸려 허우적거리는 인생을 살아가는 것이 아니라, 하나님의 자녀답게 하나님의 권능을 힘입어, 사단의 권세를 깨뜨리며, 주의 이름으로 날마다 승리하며 살아가는 삶, 이런 역사들이 우리의 삶에 나타나게 된다는 것입니다.

더 나아가 지금 천국을 만끽하며 항상 하나님과 교통하면서 살아갈 수가 있는 것입니다. 성도는 무엇보다도 하나님과 관계를 열어 친밀하게 지내야 합니다. 천국을 누리면서 하나님과 친밀하게 지내려고 성령의 지배를 받는 것입니다. 성령의 지배와 장악을 받게 되니 마귀와 귀신이 감히 넘보지 못하는 성도가 되는 것입니다. 그래서 무시로 하나님을 찾는 것입니다. 항상 성령으로 충만하여 성령의 지배와 장악을 받는 삶을 살기위해서 하나님을 찾는 것입니다. 많은 성도들이 성령이 충만 하면은 교회에 나가서 기도할 때 손을 흔들고 벌벌 떨면서 기도하면 성령으로 충만한 줄로 착각합니다.

그러나 성령으로 충만하다는 것은 항상 하나님을 생각하면서 하나님을 찾는 상태가 성령으로 충만한 상태인 것입니다. 평안한 상태가 성령으로 충만한 상태입니다. 이렇게 될 때 전인격이 성령의 지배와 장악을 받게 되는 것입니다. 성도들은 성령의 권능으로 살아가야 합니다. 성도들에게서 성령의 능력이 빠진 인간의 힘이나,

경험으로는 하나님을 기쁘시게 하지 못합니다. 성령의 도우심이 빠진 인간의 재주나 재능으로 세상을 이길 수가 없습니다. 성령의 지배를 받지 않는 성도는 잎만 무성한 무화과나무로 자라게 만들 뿐이라는 겁니다. 열매가 없이 잎만 무성한 무화과나무, 그 나무는 인간의 눈으로 볼 때는 멋있게 자란 나무이고, 가지도 무성하고, 잎도 너무나도 푸른 나무이지만, 결국 어떻게 되었습니까? 주님의 저주로 인해 말라 죽고 말았다는 것입니다. 이러한 사실을 우리는 유념해야 할 줄로 압니다. 전인격이 성령의 지배와 장악을 받아야 합니다. 성령의 지배와 장악이 되면 이러한 유익함이 있습니다.

첫째, 내면세계가 안정된다. 내면세계에 대한 필자의 견해는 혈통으로 흐르는 영적, 정신적, 감정적, 심리적, 육체적인 숨어있는 요소를 포함해서 내면세계라고 합니다. 그렇기 때문에 내면세계를 안정시키려면 성령의 역사가 일어나야 가능합니다. 성령의 역사 없이 세상방법으로는 내면세계를 안정시키지를 못합니다. 내면세계가 안정되지 못하면 하나님의 나라(천국)를 만끽하지 못합니다. 무엇보다도 내면세계가 안정이 되어야 하나님의 나라(천국)를 누릴 수가 있습니다. 하나님은 "너희는 너희가 하나님의 성전인 것과 하나님의 성령이 너희 안에 계시는 것을 알지 못하느냐"(고전 3:16) 말씀하셨습니다. 자신이 하나님의 성전입니다. 몸과 마음이 성전이 되어야 한다는 말씀입니다.

하나님은 우리 안에 임재 하여 계십니다. 자신의 주인이 자신 안에 계신 것입니다. 그래서 사람은 내면세계가 건강해야 합니다. 성령의 지배와 장악이 되어야 내면세계뿐만 아니라, 몸과 마음이 하나님의 통치가 이루어지는 것입니다. 우리는 실체보다는 상징을 더 숭배하는 사회에 살고 있습니다. 많은 사람들이 내적인 것보다는 외적인 것에 더 이끌립니다. 크리스천들도 내적인 것보다 보이는 외적인 것을 더 추구하는 실정입니다. 그러나 우리는 외적인 것을 너무 좋아하면 안 됩니다. 그러면 뿌리 깊은 나무가 될 수 없습니다. 외적인 것은 재미를 주지만 내적인 것은 깊이를 줍니다.

외적인 화려함이나 인기에 이끌려 발 빠른 존재가 되기보다는 내면을 잘 가꾸고, 내면을 잘 살펴서 어떤 바람에도 흔들리지 않는 뿌리 깊은 나무가 되기를 힘써야 합니다. 그러기 위해서 성령의 지배와 장악이 되어야 합니다. 우리가 "성도답게 산다."는 것은 "하나님께서 주인 된 삶을 중시하면서 산다."는 것입니다. 사실 우리의 외적인 삶을 준비하는 것은 내적인 삶입니다. 그러므로 내면세계가 성령의 지배와 장악으로 건강해야 합니다. 마찬가지로 몸도 성령의 지배와 장악이 되어야 합니다. 삶에서 중요한 것은 "우리에게 어떤 일이 일어나고 있는가?"하는 것이 아니라. "우리 안에 어떤 일이 일어나고 있는가?"하는 것입니다. 그것이 바로 우리들에게 자신의 주인이신 하나님과 홀로 있는 고독과 침묵의 시간이 필요한 이유입니다. 자신 안의 하나님과 홀로 있는 고독과 침묵의 시간은 우리의 내면세계를 건강하게 만듭니다. 덩달아서 몸도 마음도 성령의 지배와 장악이 됩니다.

사람들이 자신의 주인이신 하나님과 홀로 있는 고독과 침묵의 유익을 너무 모르고 있고, 그것들을 싫어합니다. 침묵이 들려주는 소리는 듣기 싫어하고 시끌벅적한 곳에 가야 만족감을 느끼는 분들이 많습니다. 그러나 우리가 보다 깊은 삶을 살려면 자신의 주인이신 하나님과 홀로 있는 고독과 침묵의 세계로 들어갈 수 있어야 합니다. 왜 우리에게 자신의 주인이신 하나님과 홀로 있는 고독과 침묵이 필요합니까? 지금 세상은 우리의 영혼에 도움이 되지 않는 여러 자극적이고 감성적인 소리로 우리를 유혹해서 혼란하게 만들기 때문입니다. 잘못하면 이성적으로 발전하여 하나님관계가 없는 성도가 될 수 있습니다.

둘째, 하나님과 관계가 열린다. 지금 하나님의 나라 천국을 누리려면 자신 안에 주인으로 계시는 하나님과 관계가 무엇보다도 중요합니다. 하나님과 관계를 친밀하게 하는데 관심을 집중해야 합니다. 하나님께서는 하나님과 관계를 여시기 위하여 예수님을 보내주셨습니다. 그리고 믿는 자들에게 성령이 마음 안에 임재 하도록 하셨습니다. 성령을 통하여 하나님과 관계를 열기 위해서 하나님의 깊은 배려입니다. 그만큼 하나님은 자녀들과의 관계를 중요하게 생각을 하십니다. 하나님과 관계가 열려야 축복 속에서 소명을 감당할 수 있을 것입니다. 그런데 안타까운 것은 일부 영적지도자라고 자처하시는 분들이 하나님과 관계를 열려고 하지 않고 무조건 자신의 지혜와 힘으로 열심히 하려고 합니다. 하나님은 육체를 가지고 열심히 하는 것을 달갑게 여기지 않으십니다. 하나님과 관계가 열려서 성령으로 하나님의 뜻을 알고 순종하기를 원하시는 것입니다. 하나님은 영이시기 때문입니다. 영이신 하나님과 말씀과 성령으로 관계가 열리면 모든 것은 하나님이 하십니다. 이것을 깨 달으려니 성령의 지배와 장악이 되어야 가능합니다. 이제 성령의 이끌림을 받아야 합니다.

크리스천들이나 영적인 지도자나 할 것 없이 예수를 믿는 순간 죽었습니다. 그리고 다시 예수로 태어났습니다. 예수를 믿고 성령으로 거듭난 성도가 인생을 살아가면서 일어나는 모든 일은 자신의 일이 아닙니다. 죽은 자는 일을 할 수가 없는 것입니다. 다시 사신 예수님의 일입니다. 예수를 믿을 때, 자신은 죽고, 예수로 다시 태어났기 때문입니다. 이제 자기가 세상을 사는 것은 자신의 주인으로 임재하신 예수님이 사시는 것입니다. 성도는 자신 앞에 있는 문제를 자신의 능력이나 힘으로 하지 말아야 합니다. 예수님의 일이므로 예수님께 문의하여 예수님께서 하라는 대로 순종하면 믿음을 보시고 예수님이 하십니다.

하나님과 밀접해있고, 친밀하고, 하나님께 우선순위를 두고 있는 사람이라면 어떤 진로에의 문제나 선택의 문제에 있어서 하나님께서 반드시 개입하시고 인도하신다고 믿습니다. 주변에 있는 분들을 보아도 어떤 길을 선택했다가도 바로 코앞에서 하나님께서 유턴(U)시키시는 것을 보게 됩니다. 그러므로 진로에의 문제나 어떤 선택에의 기로에 놓였을 때 걱정하고, 고민하고, 생각하기보다 기도 가운데에만 있다면 현재의 하고 있는 일을 열심히 해 나갈 때 하나님께서 하나님의 예비하신 길로, 기뻐하실 길로 어떤 방법으로든지 인도하실 줄 믿습니다.

일부 크리스천들이나 목회자들이 자신 앞에 일어나는 일을 자신의 힘으로 하려고 합니다. 하나님의 일을 인간인 자신의 힘으로 하려고 하니 얼마나 힘이 들겠습니까? 자신의 힘으로 인생을 살아가려니 힘이 들고 버거워서 탈진이 찾아오기도 합니다. 목회자들도 마찬가지입니다. 목회는 예수님의 일인데 자신의 힘으로 하려고 합니다. 그러다가 힘들어서 목회를 포기하기도 합니다. 예수님을 믿고 성령으로 거듭난 크리스천이나 영적지도자나 할 것 없이 하나님과 관계를 열어, 성령의 인도를 받으면서 문제를 해결하는 것입니다. 성령님께 질문하여 지혜를 받아 해결하는 것입니다.

셋째, 하나님의 나라가 된다. 성령의 지배와 장악이 되어 성령의 이끌림을 받는 성도가 되어야 합니다. 성령으로 세례를 받고 성령의 지배와 장악이 되어 몸과 마름이 하나님께서 원하시는 상태가 되면 하나님의 나라(천국)가 됩니다. 하나님께서 원하시는 몸과 마음의 상태를 만들기 위하여 성령의 지배와 장악과 이끌림을 받아야 합니다. 성령의 지배와 장악이 되어 세상 신이 물러가야 하나님의 나라가 되기 때문입니다.

누가복음 11장 20절을 보겠습니다. "그러나 내가 만일 하나님의 손을 힘입어 귀신을 쫓아낸다면 하나님의 나라가 이미 너희에게 임하였느니라." 예수께서 귀신을 쫓아내신 것은 하나님의 손을 힙 입은 것이라는 것입니다. 누가는 '하나님의 손'을 힘입어 귀신을 쫓아내었다고 말하지만 마가(3장)와 마태(12장)는 '성령'으로 기록하고 있습니다. 즉 예수께서 성령으로 귀신을 쫓아내신 것은 곧 이미 하나님의 나라가 임한 징표라는 것입니다.

우리는 예수께서 축사사역을 전혀 새로운 측면으로 말씀하신 것에 주목해야 합니다. 지금까지 우리는 예수께서 귀신을 쫓아내신 것을 보면서 주로 어떤 생각을 합니까? 예수님의 능력에 놀랍다는 반응을 보이고 자신도 그렇게 했으면 좋겠다는 생각을 합니다. 그런데 예수께서는 축사사역에 대해 어떻게 말씀하셨습니까? 예수께서 귀신을 쫓아내신 것은 하나님의 나라가 임한 증표라고 말씀하셨습니다. 당시 바리새인은 이 말씀이 무슨 말인지 몰랐을 것입니다. 왜냐하면 처음으로 듣던 말이기 때문입니다. 그러면 예수께서 귀신을 쫓아내신 것이 하나님의 나라가 임한 것이라는 증표라는 것이 무슨 의미입니까? 귀신이 쫓겨나 곳에 하나님의 통치가 시작된다는 것입니다. 그렇습니다. 우리는 축사사역에 대한 이해를 새롭게 해야 합니다. 그것은 일종의 능력 행함이 아니라, 하나님의 통치가 이뤄지게 하는 것이라는 것입니다. 그렇습니다. 귀신을 쫓아내는 것은 단지 물리적으로 귀신의 세력을 추방하는 것이 아니라 하나님의 통치가 이뤄지게 하는 수단입니다. 성령의 지배와 장악이 되면 귀신이 물러가 하나님의 나라가 이루어진다는 말씀입니다.

9장 성령님의 인도함을 받는 삶이란

(행 11:1-15) "(11) 마침 세 사람이 내가 유숙한 집 앞에 서 있으니 가이사랴에서 내게로 보낸 사람이라 (12) 성령이 내게 명하사 아무 의심 말고 함께 가라 하시매 이 여섯 형제도 나와 함께 가서 그 사람의 집에 들어가니 (13) 그가 우리에게 말하기를 천사가 내 집에 서서 말하되 네가 사람을 욥바에 보내어 베드로라 하는 시몬을 청하라 (14) 그가 너와 네 온 집이 구원 받을 말씀을 네게 이르리라 함을 보았다 하거늘 (15) 내가 말을 시작할 때에 성령이 그들에게 임하시기를 처음 우리에게 하신 것과 같이 하는지라."

하나님은 우리에게 성령의 인도를 받으라고 명령하십니다. 성령의 인도를 받는 성도들이 되시기를 바랍니다. 성령의 인도함이란 자신의 생각이나 다른 사람의 말에 움직이는 것이 아니고, 순수하게 성령으로 충만한 가운데 성령의 지배와 장악된 가운데 성령의 감동이나 성령의 음성이나 성령의 이끌림에 순종하는 것을 말합니다. 순종이 제사보다 낫다. 순종은 하나님의 뜻에 순종하는 것입니다. 성령의 인도함을 받기 위해서는 성령 안에서 기도하고 성령 안에서 찬송하며 성령 안에서 봉사하고 성령 안에서 사는 법을 배워야 합니다.

성령의 인도를 받아야 합니다. 성령님의 인도하심은 한두 가지 결정적인 방법으로 하시는 것이 아니기 때문에 쉽게 이 방법으로 하라 저 방법으로 하라고 말할 수 없기 때문인 것입니다. 여러 가지 방법으로 주님 뜻대로 인도하시는데 그 여러 가지 방법을 한번 알아보고자 하는 것입니다.

사도행전 10장-11장까지 기록된 성령의 인도와 역사입니다. 고넬료는 이탈리아 사람이었습니다. 이탈리아의 육군대위였었습니다. 그는 유대인이 아니었습니다. 그럼에도 불구하고 그는 구제를 많이 하고 하나님께 기도를 많이 했는데 오후 3시에 간절히 기도하니까 갑자기 천사가 그 앞에 나타났었습니다. '고넬료야, 고넬료야' 하매 깜짝 놀라서 소스라쳐 쳐다보니까 '네 구제와 기도가 하늘에 상달되었다. 욥바에 사람을 보내서 베드로라는 사람을 청하라. 그가 구원에 대한 말을 해줄 것이다.' 원래 고넬료는 그 식구들과 함께 기도를 많이 했었습니다.

사도행전 11장 말씀을 보면 베드로가 기도하는 시간이었습니다. 비몽사몽간에 하늘에서 보자기 같은 그릇이 네 귀를 매고 내려오는 것이었습니다. 그리고 가만히 보니까 그 속에는 땅에 네 발 가진 것과 들짐승, 그리고 기는 것과 공중에 나는 새를 보게 되었습니다. 그러나 뜻을 알 수 없었던 베드로는 그것이 무엇인지 궁금하여 기도하고 있는 중이었습니다. 그때 가이사랴에서 로마군의 백부장 고넬료가 보낸 사람들이 욥바에 온 것입니다.

백부장 고넬료가 기도하고 있었습니다. 빛난 옷을 입은 사람이 제 구시 기도시간에 나타나서 말하기를 하나님이 네 기도를 들으시고 네 구제를 기억하셨으니 사람을 보내어 욥바에 있는 베드로를 청하라~! 라고 말씀하신 것입니다. 그래서 욥바에 있는 베드로에게 사람을 보냈던 것입니다.

베드로 역시 이 사람들을 만나는 순간 즉시로 성령의 음성을 들었습니다. 사도행전 11장 11-12절의 말씀을 보면 "마침 세 사람이 내가 유숙한 집 앞에 서 있으니 가이사랴에서 내게로 보낸 사람이라 (12) 성령이 내게 명하사 아무 의심 말고 함께 가라 하시매 이 여섯 형제도 나와 함께 가서 그 사람의 집에 들어가니"라고 말씀하시고 있습니다. 여기에서 우리는 베드로가 왜 위대한 일을 할 수 있었는지를 발견할 수 있습니다. 그것은 바로 성령의 음성을 들을 수 있는 마음의 귀가 열려있었다는 것입니다. 그리고 말씀을 따라서 순종하는 사람이었던 것입니다.

또한 고넬료 역시 하나님의 말씀에 순종하는 사람이라는 사실도 틀림없었습니다. 하나님은 말씀을 순종한 사람들을 통해서 위대한 역사가 시작되게 하신 것입니다. 복음 전파의 새로운 장이 가이사랴의 백부장 고넬료의 집에서 열리게 되었던 것입니다.

그래서 베드로가 오기 전까지 온 친지들을 모아 놓고 간절히 기도하고 있는데 베드로가 와서 하나님의 말씀을 증거 합니다. 모세의 율법으로도 의롭다 함을 받지 못한 사람이 예수를 믿으면 그 피로 말미암아 죄 사함을 받고 의롭게 된다는 설교를 하자 그것을 믿고 그것을 믿자 말자 성령이 하늘에서 임하신 것입니다. 그래서 고넬료와 그 가족들이 다 성령의 충만함을 받고 하나님을 높이며 방언을 말하고 역사가 일어났었습니다.

그 결과 고넬료 같은 이탈리아 사람이 군대 복무를 마치고 로마로 돌아가서 얼마나 열심히 전도했던지 주후 300년 만에 로마가 거꾸려져 예수를 믿고 그 당시 온 구라파가 주 예수께로 돌아오게 된 것입니다. 고넬료와 같은 이러한 군인이 정말 성령의 충만함을 받고 하나님의 능력으로 로마의 고향 땅에 돌아가서 열심히 하나님의 능력을 전도했기 때문에 로마가 온통 예수를 믿고 나온 역사가 일어날 수 있었던 것입니다.

이러므로 아무리 종교를 가졌다고 해도 성령의 능력을 받지 아니하면 종교는 아무런 힘도 없습니다. 의식적인 형식적인 신앙을 아무리 가졌다고 해도 그것이 자신과 다른 사람을 구원할 능력도 없는 것입니다. 이러므로 주께서는 예루살렘을 떠나지 말고 아버지의 약속하신 것을 기다리라. 요한은 물로 세례를 베풀었거니와 너희는 몇 날이 못 되어 성령으로 세례를 받으리라고 말씀하신 것입니다. 그러므로 성령세례 받지 아니한 사람은 성령 받기를 간절히 사모해야 될 것입니다.

사도행전 16장 6-10절에 나오는 바울이 성령의 인도를 받는 실상입니다. "성령이 아시아에서 말씀을 전하지 못하게 하시거늘…" 이 말씀은 바울은 아시아에서 말씀을 전하고 싶어 했는데 성령께서 막으셨다는 말씀입니다. 행 16: 6절에 나오는 부루기아와 갈라디아 땅은, 루스드라에서 소아시아 반도 서북쪽 끝에 있는 무시아에 이르는 도중에 있는 지역입니다. 무시아에 가기전에, 소아시아

반도 북쪽에 동서로 길게 뻗은 지역인 비두니아로 가려했지만, 예수의 영이 역시 허락하지 않으셨습니다.

그래서 무시아를 지나 드로아로 갔습니다. 드로아에서 밤을 지내는 중 바울에게 환상이 나타났는데, 마게도냐 사람이 바울 앞에 서서 간청하는 환상이었습니다. "마게도냐로 건너와서 우리를 도와주십시오" 바울은 그 환상을 본 후에 곧 마게도냐로 건너가려고 했습니다. 왜냐하면 환상의 의미가 마게도냐 사람에게 복음을 전하게 하시려고 하나님께서 부르신 것이라고 확신했기 때문입니다. 여기서 몇 가지 짚고 넘어가야 할 것이 있습니다. 바울은 아시아에서 말씀을 전하려고 했지만 성령께서 막으셨습니다.

사도행전 16장 7절에 보면 "비두니아로 가고자 애쓰되" 예수의 영이 허락하지 않으셨습니다. 바울은 애썼지만 성령께서 허락치를 않으셨습니다. 무슨 말씀입니까? 말씀은 바울이 전하지만, 예수의 복음을 전하는 것은 바울일지라도 그 주체는, 전도의 주체는 바울이 아니라 성령이시라는 말씀입니다. 위대하다고하는 바울도 하나님께서 쓰시는 도구일 뿐 역사하시는 분은 하나님이심을 아셔야합니다. 거듭 말씀드립니다만 바울은 아시아에서 복음을 전하려 했습니다.

그러나 하나님께서 막으셨습니다. 바울의 생각과 하나님의 생각이 달랐습니다. 사람이 보기에 좋은 것과 하나님이 보기에 좋은 것이 다릅니다. "이는 하늘이 땅보다 높음 같이 내 길은 너희의 길보다 높으며 내 생각은 너희의 생각보다 높음이니라"(이사야55:9).

바울 일행은 부루기아와 갈라디아 땅을 지나 무시아 앞에 이르렀습니다. 그들은 비두니아 쪽으로 가려고 애썼습니다. 그런데 성령께서 그 길을 막으셨습니다. 그러므로 신앙생활하면서 하나님의 뜻과 마귀의 역사를 분별해 내는 지혜야 말로 매우 중요한 일입니다. 이 둘을 신중하게 잘 분별해야 합니다. 바울과 같이 성령의 인도를 받으시기를 바랍니다. 하나님은 지금도 성령으로 인도하시면서 말씀(레마)를 주십니다.

귀신만 쫓아내려고 방황하다가 성령님의 인도로 필자를 만나 속전속결로 축사하고 영육의 고통을 치유한 사례입니다. A라는 목사님이 목회하시다가 과로하여 영적이고, 정신적이고, 육체적인 질병이 발생하여 2년여 동안 이곳저곳을 헤매며 치유를 받으려고 했습니다. 심지어 차를 타고 가다가 발작하여 병원에 입원하기도 했다는 것입니다. 공황장애의 증상입니다. 한국에 능력이 있다는 유명한 목사님에게 안수를 받기를 수도 없이 했다는 것입니다. 이 목사님! 저 목사님! 을 통하여 귀신을 축사하고 치유 받겠다고 돌아다닌 세월이 2년이 되었다는 것입니다. 병원에 가서 처방을 받아 약을 먹어도 소용이 없었습니다. 한의원에 가서 침을 맞고 한약을 먹어도 소용이 없었습니다. 결국 치유를 받지 못했습니다.

그러다가 새벽에 기도하는데 성령께서 기독서점에 가서 책을 사서 보라는 감동이 오더랍니다. 시간이 되어 책을 사려고 기독서점에 갔습니다. 신간 책장에 보니까, "대적기도로 문제 해결하는 비밀"이라는 제목의 책이 눈에 들어오더라는 것입니다. 그래서 사서 읽다가 문득 이곳에 가면 자신의 문제를 해결 받을 수 있다는 강한 감동이 오더랍니다. 그래서 프로그램을 확인하니 토요일 날 개별 집중치유가 있어서 예약하고 오셔서 필자하고 상담하고 치유를 받기 시작했습니다.

처음 필자가 목사님을 보니 완전하게 귀신에게 눌려있었습니다. 첫날 치유를 받고 나니 정신이 돌아오고 마음이 가볍고 몸이 홀가분해지더랍니다. 자신의 문제를 완전하게 해결 받을 수 있다는 믿음이 생기더라는 것입니다. 그래서 몇 주 더 다니면서 완전하게 치유 받고 영과 육이 정상적이 되었다는 것입니다. 교회도 전과 같이 회복이 되었다는 것입니다. 2년 동안 치유 받지 못하던 영육의 문제가 3개월 만에 완치가 된 것입니다.

한마디로 속전속결로 영육의 문제가 치유된 것입니다. 이것이 성령의 인도입니다. 속전속결 축사사역의 진수입니다. 이렇게 기도하여 성령의 감동에 순종하면 하나님께서 사람이나 장소나 책이나 약이나 무엇을 통하시든지 하나님의 방법으로 속전속결로 해결하도록 인도하여 주시는 것입니다. 인도하시는 대로 순종하면 속전속결로 해결이 되는 것입니다. 반드시 바른 성령의 역사가 귀신도 축사하고 상처도 치유하시는 것입니다. 성령님의 인도로 바른 전문적인 사역자를 만나야 합니다.

필자가 성령의 인도를 받아 서울로 이전한 이야기입니다. 2003년 7월경으로 생각됩니다. 기도하는데 성령의 감동이 왔습니다. 서울로 교회를 옮겨야 한다는 감동이었습니다. "하나님, 어느 동네입니까?" 하나님은 사당역 부근이라는 감동을 주셨습니다. 그때 당시에는 돈도 없고 아무런 대책도 없는 상황이라 무작정 기도만 할 뿐이었습니다.

2003년, 성령 내적 치유 사역이 활성화되어 서울에서 많은 분들이 다녀갔습니다. 그러면서 교회를 정하지 못한 성도(방황하는 성도)들 대다수가 등록은 하지 않은 채 시화에 위치한 우리 교회에 와서 주일 예배를 드렸습니다. 그들은 물질적인 능력도 있는 사람들로, 지금 생각하면 하나님이 서울로 이전하게 하시려고 보내 주신 것 같습니다. 결국 그 성도들의 도움으로 서울로 이전하게 되었습니다. 하나님의 역사는 아무도 모르는 것입니다.

2003년 11월경, 기도를 하는데 성령께서 서울에 가서 현장을 답하라고 감동하시는 것입니다. 첫날은 거부하였습니다. 그날이 금요일이었는데, 다음 날 더 강한 감동이 왔습니다. 그래서 토요일날 전철을 타고 사당동에 와서 이곳저곳을 돌아다니면서 알아보았습니다. 걸어 다니는데 가슴이 답답했습니다. 더군다나 교회로 사용할 거라며 건물을 얻어 달라고 하니 부동산 사람들이 머리를 절레절레 흔드는 것입니다. 그래서 남현동으로 갔습니다. 그러나 남현동도 사당동과 마찬가지였습니다.

사당역 10번 출구를 통해 11번 출구로 건너왔습니다. 가슴이 뻥 뚫리고 시원한 느낌이었습니다. 부동산에 가서 건물을 물어봤더니 상당히 호의적이었습니다. 그래서 내년 3월이나 4월에 이전을 할 것이니 잊지 말고 알아봐 달라고 했습니다. 그런 후 1월 말경 다시 방배동으로 가 보라는 감동이 주어졌습니다. 다시 방배동에 와서 건물을 보러 다니는데 건물이 없었습니다. 어떤 곳은 전에 목욕탕을 운영하던 곳으로 200평 정도가 되었지만 가 봤더니 영 신통치가 않았습니다. 그러자 부동산 주인은 조그마한 장소가 하나 나왔는데 한번 보겠냐고 해서 이수초등학교 앞에 있는 건물에 들어가 보니, 실 평수는 40평정도 되어 보이고, 교회로도 줄 수 있다는 것이었습니다.

서울에서 예배드리러 오는 성도들에게 이야기했더니 자신들이 알아보겠다고 했습니다. 토요일 날 함께 방배동과 서초동 일대를 다 돌아다녀도 차라리 비워 두었으면 두었지, 교회로는 안 준다며 모두들 거절하는 것입니다. 정말 교회에 대한 인식이 잘못되어 장소를 임대할 수가 없었습니다. 필자는 할 수 없이 우선은 이수초등학교 앞으로 이사하여 1년 정도 지내다가 옮기기로 작정하고 기도하기 시작했습니다.

그러던 중 주일마다 우리 교회에 다니면서 은혜를 받던 성도가 자기가 아는 어떤 사람이 교회 이전을 위해 1억 원을 헌금하겠다고 한다며 말하는 것입니다. 그 이야기를 들은 후 나는 기도하기 시작했습니다. "하나님, 정말 주시는 것입니까?" 한참을 기도하는데 "걱정하지 마라! 내가 그 사람에게 돈을 받아서 장소를 얻는다는 사람을 통하여 일을 추진하리라" 하는 주님의 음성이 들려왔습니다. 그래서 "아멘!" 하고 외친 후 입을 굳게 다물고 우리 사모에게도 말하지 않은 채 기다렸습니다.

우여곡절 끝에 3월 31일 날짜로 계약했습니다. 임대료는 앞에 말한 성도가 전적으로 책임을 지겠다고 했습니다. 교회 바닥과 벽, 그리고 여러 가지 필요한 것들은 은혜를 받으러 오시던 분들이 헌금을 했습니다. 내부 인테리어 작업은 어느 목사님 동생이 선교 차원으로 무료로 해 주셨습니다. 공사가 진행되는 동안 나는 계속해서 시화에서 집회를 인도했습니다. 하나님은 임대한 교회 내부 작업까지 일사천리로 진행해 주셨습니다. 교회를 이전하는 데 있어 나의 재정은 단돈 10원도 들어가지 않았습니다. 하나님이 은혜 받은 사람들의 마음을 감동하게 하시어 그들을 통해 채워 주셨습니다. 하나님이 이전하게 하신 것입니다.

그런데 시화에 있는 교회가 나가기를 기도하는데 하나님이 자꾸 빨리 가라는 감동을 주시는 것입니다. 우리는 2004년 3월 31일에 이사를 계획하고 준비하고 있었습니다. 그런데 기도할 때마다 "빨리 가라, 빨리 가라" 하는 감동을 주셨습니다. 시화에 있는 교회가 나가기를 기다리며 머뭇거리자 이제는 주일날 성도들도 줄어들고 사람들도 집회에 오지를 않았습니다. 그래서 교회가 나가지 않더라도 빨리 이사를 해야겠기에 3월 18일에 서울 교회로 이전을 했습니다.

지금 현제 교회로 이전한 것도 성령님께서 예비하시고 인도하신 것입니다. 전에 있던 교회가 임대기간이 끝났습니다. 그래서 임대를 연장해서 계속 사용하느냐 아니면 다른 장소로 이전해야 하는가를 가지고 2달 이상을 기도했습니다. 2019년 2월 초였습니다.

성령님께서 저에게 "다른 곳을 알아보아라." 하시는 것입니다. 그 음성을 들으니 마음이 기뻐서 아멘 하고 받아들였습니다.

바로 인접부동산에 가서 장소를 알아봤습니다. 마침 지금 이교회 장소가 비어있었습니다. 들어와 보니까, 엉망이었습니다. 그러나 기도하면 할수록 내부 인테리어를 잘하면 우리 성도들이 예배를 드리기에 문제가 없다는 감동을 하시는 것입니다. 더군다나 매월 들어가는 비용이 전 교회의 50%밖에 되지 않았습니다. 그래서 계약을 하고 내부 작업을 하여 이전한 것입니다. 여기로 이전하자 우리 성도들이 너무나 좋아하는 것입니다. 지난 장소보다 모든 것이 좋았기 때문입니다. 역시 성령하나님께서 예비한 장소로 이전하니 모든 성도들이 좋아하고 편안해 합니다. 역시 목회는 성령하나님께서 주인으로 역사하시면서 하시는 것입니다.

하나님은 나를 한 걸을 한 걸음 인도하시며 하나님의 사람으로 만들어 가셨습니다. 하나님은 성령의 감동과 꿈, 그리고 보증의 역사(환경으로 나타나는 역사)를 통하여 목회를 하는 데 있어 문제가 생기지 않도록 인도하고 계십니다. 목회는 하나님의 일입니다. 하나님이 주인이십니다. 그분의 음성을 듣고 교통하며 따라가기만 하면 하나님이 하십니다. 성도도 하나님의 자녀입니다. 하나님의 뜻을 알고 하나님이 안내하는 길을 따라가다 보면 인생은 성공합니다. 그러나 마귀는 우리가 가는 길에 어떻게 해서든지 해방을 놓습니다. 그래서 우리는 성령의 충만함으로 기도해야 합니다. 성령으로 충만하면 마귀가 방해할 수가 없기 때문입니다.

서울로 이전한 지 15년이 지났습니다. 지금은 교회가 자리를 잡아 가고 있습니다. 재정적으로나 환경적으로 부족함이 없는 교회가 되어 가고 있습니다. 필자는 숫자 계념에 관심을 누지 않고 목회를 합니다. 하나님께서 보내주시는 대로 최선을 다하여 영적으로 바꾸는 사역을 합니다. 교회가 자립하는 것은 전적인 성령의 인도하심 가운데 성령의 인도를 받아 능력 전도를 한 결과입니다. 이것은 필자의 능력이 아닌 하나님의 능력입니다. 이러한 결과만 보더라도 전도가 아무리 어려워도 성령의 인도를 받으면서 능력으로 전도하면 교회는 성장하게 되는 것입니다. 성령이 역사하는 교회는 성장하게 되어 있습니다. 성령의 인도를 받기 위하여 기도해야 합니다. 기도하지 않으면 하나님의 뜻을 알 수가 없습니다. 왜냐하면 하나님은 영이시기 때문입니다.

머리를 굴린다고 되는 것이 아닙니다. 영이신 하나님과 교통해야 되는 것입니다. 우리는 먼저 성령으로 충만한 상태가 되어야 하나님과 교통할 수 있습니다. 우리는 성령으로 인도받기 위해 성령으로 기도해야 합니다. 필자는 교회를 성장시켜 보려고 별 방법을 다 사용해 보았습니다. 그러한 방법들로 되지 않던 것이 성령이 역사하는 능력 전도와 성령으로 능력 사역을 하니 교회의 재정이 풀리고 교회가 성장하기 시작했습니다. 일반적으로 하나님의 뜻을 분별하는 몇 가지의 방법이 있습니다.

첫째, 하나님께서는 성경말씀을 통해 우리에게 말씀하십니다.

우리가 세상을 어떻게 살아야 하는지, 어떻게 사는 것이 하나님께서 기뻐하시는 것인지는 이미 성경을 통해 우리에게 말씀하셨습니다. "주의 말씀은 내 발의 등이요 내 길에 빛이나이다."(시편 119:105). 하나님의 말씀은 어두운 밤길을 밝혀 주는 횃불이나 등불 같다는 말씀입니다. 횃불이나 등불은 장애물에 걸려 넘어지거나 구르는 것을 막아 줄 뿐만 아니라, 위험한 길로 가지 않도록 보호해 준다는 말씀입니다. 말씀이 내게 지시하는 대로 가기만 하면 그 길이 곧 하나님께서 인도하시는 길이라는 말씀입니다. 중요한 것은 말씀을 볼 수 있는 눈과 들을 수 있는 귀가 있어야 합니다.

성경을 읽다가 때로는 설교를 듣다가 "아, 이 길이 하나님께서 기뻐하시는 길이구나" 깨닫고 인도받는 경우가 많습니다. 때로 어떤 문제로 고민하면서 말씀 듣다가 "아 이것이구나!" 깨닫는 경우가 있지 않습니까? 설교는 일주일에 한번, 두 번 혹은 세 번 듣는다해도 말씀은 매일 읽으며 묵상하셔야 합니다. 오늘도 말씀으로 나를 인도하시는 하나님의 음성을 들을 수 있으시기 바랍니다.

둘째, 기도하는 중에 하나님의 뜻을 깨닫게 되기도 합니다. 많은 경우 성령 충만함은 기도와도 관련이 있습니다. 오순절 마가의 다락방에 임하신 성령은 120문도가 뜨겁게 기도할 때 임하셨습니다. 기도 중에 "성령 충만"함을 입은 사람은 하나님의 인도하심을 받게 됩니다. 요한복음 14장 26절입니다. "보혜사 곧 아버지께서 내 이름으로 보내실 성령 그가 너희에게 모든 것을 가르치시고 내가 너희에게 말한 모든 것을 생각나게 하리라" 문제 앞에서 하나님께 고요한 중에 깊이 기도하며 교제할 때 우리가 행할 것, 우리가 나아가야 할 길은 가르쳐 주신다는 말씀입니다. 어떤 중요한 결정을 내릴 때 어떻게 하십니까? 당황하거나 방황하지 말고 먼저 하나님께 집중을 하고, 마음을 비우고 하나님의 음성을 기다리십시오. 중요한 것은 성령으로 마음을 비우는 것입니다. 상식 이하의 자기 확신에서 벗어나야 합니다. 인간적인 방법을 추구하지 말아야 합니다. "하나님 어떻게 하는 것이 하나님께서 원하시는 것입니까?" 제 경우는 기도하면서 "마음에 평안", "확신", "번개같이 떠오르는 생각"이 오는 것을 경험하는데 그럴 때 "아! 이것이구나!"하고 결정합니다. 그러면 대개 후회하지 않습니다. 마음 비우고 하나님의 뜻을 기다리는 깊은 기도가 있어야 합니다.

셋째, 때로는 하나님의 뜻은 다른 사람들의 믿음의 충고로 나타나기도 합니다. 성령님의 인도로 좋은 믿음가진 이웃, 성숙한 믿음을 가진 선배를 만나는 일은 중요합니다. 좋은 충고가 바른 결정을 내리게 합니다. 잠언 23:19 말씀입니다. "내 아들아 너는 듣고 지혜를 얻어 네 마음을 바른 길로 인도할지니라" 어떤 결정은 내리기가 내게 힘들 경우가 있습니다. 어느 쪽도 확실치가 않습니다. 그럴 때는 성령께서 지시하시는 신실한 믿음의 선배나 목회자를 만나십시오. 성령께서 지시하시는 믿음의 사람입니다. 그러나 자기 생각가지고 신령한 사람 만나서 조언을 들으려다 문제가 커질 경우 있습니다. 사람을 의지하면 성령의 역사가 일어나지 않습니다. 성령의 인도를 받으시기 바랍니다. 기도하다가 보면 성령께서 감동을 주십니다. 감동하신대로 순종하고 기다리면 길이 열립니다. 아무 사람의 충고라고 다 받아들이지 마시라는 얘기입니다.

넷째, 하나님의 뜻을 분별하기 위해서는 환경의 변화에도 민감해야 합니다. 환경에 나타나는 증표를 무시하지 말라는 것입니다. 환경이 막을 때, 장애가 생겼든지, 병이 났던지, 억지로 믿고 나가는 것이 항상 바람직한 것은 아닙니다. 어떤 사업을 하려 한다거나, 어느 직장에 취직을 하려고 하는데 계속해서 일이 틀려지고 할 때는 물러서는 것도 방법입니다. 하나님 일이라면 길도 놓고 담도 넘어야 하겠지만, 그렇지 않을 경우라면 기다리는 것도 한 방법이고 돌아가는 것도 한 방법입니다. 일이 뜻대로 되지 않는다고 속상해 하거나 주저 않지 마십시오. "하나님을 사랑하는 자 곧 그의 뜻대로 부르심을 입은 자들에게는 모든 것이 합력하여 선을 이루느니라"(롬 8:28)

걷지 않고 뛸 수 있습니까? 한 번도 넘어지지 않고 잘 것을 수 없지 않습니까? 말씀을 보고 듣는 중에, 성령의 역사하심 속에 기도하면서, 때로 좋은 신앙 선배의 믿음의 조언을 통해, 환경 변화에 민감해짐으로 하나님의 뜻을 확실히 분별하여 성령님의 인도하심에 거스르지 않고 아름답게 순종하며 사시는 우리가 되시기를 소원합니다.

2부 성령의 불세례로 달라지는 것

10장 성령의 불세례를 빨리 받으려면

(행 4:28-31)"하나님의 권능과 뜻대로 이루려고 예정하신 그것을 행하려고 이 성에 모였나이다. 주여 이제도 그들의 위협함을 굽어보시옵고 또 종들로 하여금 담대히 하나님의 말씀을 전하게 하여 주시오며, 손을 내밀어 병을 낫게 하시옵고 표적과 기사가 거룩한 종 예수의 이름으로 이루어지게 하옵소서 하더라. 빌기를 다하매 모인 곳이 진동하더니 무리가 다 성령이 충만하여 담대히 하나님의 말씀을 전하니라."

많은 목회자와 성도들이 보다 빨리 성령의 불세례를 받고 성령으로 장악 당하기를 원합니다. 성령의 불을 사모하면서 정작 성령의 불로 불세례를 받거나 장악 당하는 영적인 원리를 모릅니다. 그냥 무조건 기도만 많이 하면 되는 줄로 착각하는 분들도 있습니다. 어떤 분은 성령의 불세례에 관한 책만 읽으면 성령의 불로 장악되는 줄 믿고 있는 한심한 분도 있습니다. 성령의 불로 장악이 되는 것에는 영적인 원리가 있습니다. 영적인 원리를 적용해야 좀 더 쉽게 성령의 불로 장악 될 수가 있습니다. 이 책에서 제시하는 영적 원리를 적용하여 좀 더 빨리 성령의 불로 장악되기를 바랍니다.

첫째, 성령의 불세례의 중요성을 알고 사모하라. 성령의 불세례를 받으려면 먼저 성령으로 세례를 받아야 합니다. 세례에는 물세례와 성령세례가 있습니다. 물세례란 처음 그리스도인이 신앙을 고백하고 회개와 죄 사함의 세례를 받으며 사람들 앞에서 자신이 그리스도인이 되었다는 것을 선포하고 교회의 일원이 되는 의식입니다. 대부분 신자들이 물세례를 받는 것으로 그치고 있습니다. 그러나 더 능력 있는 그리스도인의 삶, 사명을 감당하는 삶, 하나님께 쓰임을 받는 삶을 살기 위해서는 성령세례를 받아야 합니다. 성령세례 불세례에 대하여는 앞 6장에서 상세하게 설명했습니다.

성령으로 세례를 받음은 하나님의 영으로 사로잡히는 것입니다. 성령의 세례는 성도의 마음을 그리스도에 대한 이해와 사랑과 신뢰로 가득 차게 하며, 성령이 삶의 주관자가 되게 하며, 하나님의 자녀로서 하나님의 부름에 적합하도록 능력을 부여합니다. 거듭나는 것과 성령으로 세례 받는 것과는 다른 별개의 사건입니다. "누구든지 그리스도의 영이 없으면 그리스도의 사람이 아니라."(롬 8:9)

그리스도인은 성령에 의해 태어난 사람으로 성령은 그 사람 안에서 중생의 사역을 이루십니다. 그리스도인이란 그 안에 성령이 내주하는 사람을 지칭하며 성령세례 받고 불로 장악당한 자를 의미하는 것은 아닙니다. 거듭남으로 구원을 받게 됩니다. 즉 성령으로 거듭나서 하나님의 자녀가 되는 것입니다. 그러나 사람이 성령에 의해 거듭났지만, 성령으로 세례 받지 못한 경우도 있습니다.

그러므로 중생과 성령세례는 동의어가 아니라는 뜻입니다.

성령을 체험하고 성령의 세례를 받음으로 비로소 성령의 불세례와 성령의 지배와 성령의 인도를 받을 수가 있습니다. 그리하여 성령으로 깊은 영의 기도를 할 수 있게 되는 것입니다. 성령으로 깊은 영의기도를 하므로 성령의 불이 임하고, 심령에서 성령의 불이 올라오는 영의 기도를 할 수 있는 것입니다. 영의 기도를 통하여 성령의 불로 사로잡히는 것이기 때문입니다. 우리가 성령의 불세례를 받고 성령으로 장악이 되려면 사모해야 합니다. 하나님은 사모하는 영혼에게 만족함을 주십니다. 성령의 불세례도 바르게 깨닫고 사모해야 장악이 되는 것입니다. 왜 성령의 불세례를 받아야 하는지를 밝히 알아야 합니다. 알고 행해야 마음이 열리기 때문입니다. 사모하고 뜨겁게 기도하면서 성령의 불이 자신을 장악할 때까지 깊은 영의기도를 하면서 기다려야 합니다.

둘째, 말씀의 비밀을 많이 깨달아야 한다. 성령의 불세례는 자신이 말씀의 비밀을 깨닫는 만큼씩 장악을 합니다. 성령께서 말씀의 비밀을 깨닫게 하시기 때문입니다. 성령의 불은 말씀의 깨달음과 비례하는 것입니다. 성령의 불세례로 장악당하니 말씀의 비밀을 깨달을 수가 있는 것입니다. 말씀의 비밀을 깨달은 만큼 영적으로 변했기 때문에 성령의 불로 장악이 되는 것입니다. 기도를 많이 한다고 성령의 불로 장악이 되는 것이 아닙니다. 능력 있는 목사님에게 안수를 많이 받는다고 성령의 불로 장악되는 것이 아닙니다.

성령의 임재 하에 말씀을 많이 묵상해야 합니다. 영적으로 깊은 서적을 읽는 것도 성령의 불로 장악이 되는데 상당한 유익이 있습니다. 성령의 불의 역사를 체험하고 말씀과 성령으로 변화된 멘토를 만나서 훈련을 받는 것도 유익합니다. 하나님은 사람을 통하여 하나님의 역사를 이루시기 때문입니다.

그러므로 바르고 정확하게 성령의 불의 역사를 일으키며 사역하는 사역자는 자신이 성령의 불로 장악이 되는데 큰 도움이 될 것입니다. 자신을 성령의 불로 장악되게 하여 하나님에게 쓰임 받도록 인도해줄 멘토를 만나게 해달라고 기도하기 바랍니다.

셋째, 성령의 불세례의 역사가 있는 장소로 가라. 성령님이 역사하시는 교회시대인 지금 성령님은 성령의 불세례가 나타나는 사람을 통해서 역사하십니다. 성령으로 세례와 불세례로 장악이 되려면 성령의 역사가 있는 장소에 가는 것이 빠릅니다. 성령의 불세례를 받아 성령으로 장악되고 성령의 역사에 순종하는 성도가 되려면 성령의 역사가 있는 장소에 가는 것이 좋습니다. 자신이 과거 한번 성령을 체험하고 성령의 세례를 받았다면 혼자 기도해도 성령의 불세례를 받고 성령으로 장악이 될 수가 있습니다. 자신이 한번도 성령의 세례를 받지 못했다면 성령의 불세례가 임하고 성령의 기름부음심이 있고 성령의 불의 역사가 나타나는 장소에 가서 성령의 불로 충만 받는 것이 맞습니다. 성령의 세례와 불세례는 장작불의 원리와 같습니다. 성령의 불로 충만하고 성령의 역사를 체험한 사람들이 많이 모이는 장소는 성령의 역사가 강합니다.

성령은 어디에 계시는가, 먼저 내 안에 계십니다. 그리고 우리 안에 계십니다. 또 말씀 안에 계십니다. 그러므로 성령으로 세례를 받지 않았다면 성령의 역사가 있는 장소에 가셔야 성령으로 세례를 받고 성령의 불세례를 받아 성령으로 장악 당할 수가 있습니다. 그리고 또 한 방법은 성령충만한 목사에게 가셔서 말씀을 듣고 안수를 받는 방법이 있습니다. 위로부터 임하시는 성령의 역사는 오순절 마가의 다락방에서 임하셨습니다. 그 이후는 그때 성령 받은 사람이 말씀전하고 안수 할 때 임했습니다(행19:1-7). 성령의 불로 불세례를 받아 성령으로 충만한 사람에게 전이 받는 것입니다.

그럼 어떻게 해야 성령의 불세례를 받습니까? 필자가 저술한 책 중에 "기도 쉽게 바르게 하는 법" 이라는 책이 있습니다. 책 내용 중에 성령으로 충만하면 영으로 기도하게 된다는 글이 있습니다. 책을 읽은 어떤 분이 이런 질문을 하시는 것입니다. 성령으로 충만하면 영으로 기도하게 된다고 되어 있는데 성령으로 충만 받으려면 어떻게 해야 하고 성령으로 충만한 상태는 어떤 상태를 말합니까?

필자가 이렇게 대답해드렸습니다. 성령으로 충만하려면 충만한 교회와 같이 성령의 역사가 일어나는 곳의 예배나 집회에 참석하셔서 코로 숨을 들이쉬고 내쉬면서 주여! 코로 숨을 들이쉬고 내쉬면서 주여! 지속적으로 하다가 보면 성령으로 충만하게 되는 것입니다. 절대로 입을 다물고 성령으로 충만하기를 기다린다면 죽을 때까지 성령으로 충만 받을 수가 없습니다. 시간이 가는 줄도 모르고 주여! 주여! 하면서 소리를 내는 것입니다. 주여! 주여! 하면서 소리를 하니까 마음이 열리니 심령 안에 성령께서 역사하시면서 성령으로 충만하게 하시는 것입니다.

정신적이고 육체적이고 영적인 문제가 있어서 충만한 교회에 오셔서 치유를 받던 분이 필자에게 이렇게 질문을 하시는 것입니다. 목사님! 목소리가 처음에게 가늘게 나왔는데 요즈음을 굵고 우렁차게 나옵니다. 이유가 무엇입니까? 필자가 이렇게 답변을 해드렸습니다. 처음에 오셨을 때는 정신적이고 육체적이고 영적인 문제로 눌려있어서 인간적인 소리를 벗어나지 못하여 목소리가 가늘게 나온 것입니다. 지금은 성령께서 지배하고 장악되어 치유되어서 목소리가 성령의 지배된 영적인 음성이 나온 것입니다. 성령으로 영의 기도가 되는 것입니다. 꼭 방언기도만 영의 기도가 아닙니다. 이점을 이해하시고 성령충만을 사모하시기를 바랍니다.

성령으로 충만한 상태에서 시간이 가는 줄을 모르고 주여! 주여! 나, 예수님 사랑합니다. 하면서 기도하는 것이 영으로 기도하는 것입니다. 성령으로 충만한 것을 어떻게 알 수 있느냐 하면 믿음으로 아는 것입니다. 주여! 주여! 지속적으로 기도하면 성령으로 충만해진다고 했으니 이를 믿으니 성령께서 불로 역사하시면서 성령으로 충만하게 하시는 것입니다. 믿고 행함이 중요합니다.

넷째, 인간적인 욕심을 버려야 한다. 성도가 영적으로 변하려면 인간적인 욕심은 적이 됩니다. 그래서 성경은 야고보서 1장 14절로 15절에서 이렇게 말합니다. "오직 각 사람이 시험을 받는 것은 자기 욕심에 끌려 미혹됨이니 욕심이 잉태한즉 죄를 낳고 죄가 장

성한즉 사망을 낳느니라."

성령의 세례를 받고 불로 충만 받으려면 모든 인간적인 욕심을 버리시기를 바랍니다. 성령의 세례를 받아 성령의 불이 임하고 심령에서 올라오는 기도를 하는 것은 하나님의 자녀답게 권세를 가지고 하나님의 나라확장에 큰일을 감당하기 위해서 그렇게 하는 것입니다. 그리고 성도를 성도되게 하는 것은 전적으로 성령께서 하시는 일입니다. "너희는 주께 받은바 기름 부음이 너희 안에 거하나니 아무도 너희를 가르칠 필요가 없고 오직 그의 기름 부음이 모든 것을 너희에게 가르치며 또 참되고 거짓이 없으니 너희를 가르치신 그대로 주 안에 거하라."(요일 2:27)

조금이라도 인간적인 욕심이 결부된다면 성령으로 충만하던 성도도 육체로 돌아가게 됩니다. 육체로 돌아가면 그 심령에는 마귀가 역사를 하는 것입니다. 그래서 마귀는 항상 인간적인 욕심을 추구하게 하려고 성도들을 미혹하는 것입니다. 그 미혹에 아담과 하와가 넘어졌습니다. 왜 넘어졌습니까? 성령의 인도 없이 육체적으로 행동했기 때문입니다. 그러나 예수님은 마귀의 시험을 이기셨습니다. 어떻게 이겼습니까? 육적인 욕심이 하나도 없이 오직 말씀으로 하나님의 영광을 구했기 때문입니다. 그리고 성령의 인도를 받았기 때문에 승리한 것입니다.

우리도 성령의 불세례를 받고, 심령에서 성령의 불이 올라와 성령의 불로 장악 당하는 기도를 하여 사람들에게 자랑을 하려하는 인간적인 욕심이 조금이라도 결부되면 가차 없이 마귀의 밥이 된다는 것을 명심해야 합니다. 오로지 하나님의 영광을 위하여 성령의 불을 구하시기 바랍니다. 어린아이와 같이 사심 없이 성령 하나님의 인도를 받으면 성령의 불로 장악 당하게 됩니다. 그리하여 기도를 할 때 성령의 불이 임하고, 깊은 영의 기도를 할 때 성령의 불이 심령에서 올라오게 될 것입니다. 절대 인간적인 욕심은 버리시기 바랍니다.

다섯째, 성령의 인도에 순종하라. 성령의 불로 장악을 당하려면 성령의 인도를 받아야 합니다. 성령의 인도를 받는 것은 두 가지로 설명할 수가 있습니다. 먼저 성령의 인도는 성령께서 성도들의 마음에 갈급한 마음을 주십니다. 성도가 이 갈급함을 해결하려고 성령이 역사하는 장소로 가게 됩니다. 자신의 갈급함을 해결하려고 성령의 역사하는 장소에 가게 되지만 정작 성령께서 인도한 것입니다. 저는 항상 이렇게 말합니다. 성령께서 성도를 업고 다닌다는 말입니다. 성경에도 분명하게 기록되어 있습니다. "너희는 주께 받은바 기름 부음이 너희 안에 거하나니 아무도 너희를 가르칠 필요가 없고 오직 그의 기름 부음이 모든 것을 너희에게 가르치며 또 참되고 거짓이 없으니 너희를 가르치신 그대로 주 안에 거하라"(요일2:27). 성령께서 성도들을 이끌고 다니면서 성령의 사람을 만들어 간다는 것입니다.

이스라엘 백성이 애굽에서 나와서 광야를 자신들이 걸어서 가나안으로 간 것 같지만 실상은 그렇지 않습니다. "내가 애굽 사람에게 어떻게 행하였음과 내가 어떻게 독수리 날개로 너희를 업어 내게로 인도하였음을 너희가 보았느니라"(출19:4). 하나님이 이스라엘 백성을 엎고 인도하였다는 것입니다. 이렇게 자신의 욕심을 버리고 성령의 인도를 받아야 합니다.

부가해서 설명하면 성령의 감동을 받고 성령이 역사하는 장소에 가게 되었다면 그곳에서 성령께서 자신을 위하여 하실 일이 있기 때문에 그곳에 가게 했다는 것입니다. 성령이 인도하여 가게 되었다는 말입니다. 그러므로 자신의 마음대로 행동하면 안 됩니다. 항상 성령님에게 기도하며 물어보고 행동에 옮겨야 합니다. 그래서 성령이 가라하면 가고, 오라하면 오는 성도가 성령의 인도를 받는 성도입니다. 그런데 대부분 그렇게 하지를 않습니다. 자기 마음대로 가고 자기 마음대로 옵니다. 그렇기 때문에 성령하나님이 원하는 영적인 수준에 도달하지 못하는 것입니다. 성령이 당신을 성령으로 충만한 영적인 성도를 만든다는 것을 명심해야 합니다. 성령의 인도에 순종하는 만큼씩 영적으로 변해간다는 것입니다.

두 번째는 성령의 역사에 순종하는 것입니다. 성령이 임재하여 울라고 하면 울고, 떨라고 하면 떠는 것입니다. 소리를 지르라면 소리를 지르는 것입니다. 하나님의 말씀을 선포하라면 담대하게 선포하는 것입니다. 지팡이를 내밀라고 하면 내미는 것입니다. 발을 내딛으라고 하면 내 딛는 것입니다. 한 마디로 성령이 하라는 대로 움직이는 것입니다. 성령은 인격이시라 이렇게 성령의 인도에 순종할 때 성령의 불로 장악당하는 체험적인 성도가 되게 하십니다.

여섯째, 성령의 불세례가 임하고 성령으로 충만할 때까지 기도

하라. 끝장 보는 자세를 가지라는 것입니다. 성령의 불로 장악되고 말겠다는 각오를 해야 합니다. 저는 항상 이렇게 말합니다. 성도는 기도의 영이 와야 한다는 것입니다. 그래서 장시간 기도를 할 수 있어야 성령의 세례도 받을 수 있고 성령의 불세례와 충만을 받을 수가 있는 것입니다. 영으로 깊이 하는 기도는 처음에 막연하고, 허무하고, 공백상태 같고, 시간낭비, 게으름 같은 느낌을 가집니다. 그러나 그렇게 생각하지 말아야 됩니다. 자꾸 기도하면 할수록 자신의 마음이 열리게 됩니다. 마음이 열리니 성령의 세례가 임하는 것입니다.

성령의 이끌림을 받는 기도를 하면 할수록 자신의 영성과 성품의 변화를 체험적으로 느끼게 됩니다. 의지를 가지고 기도하여 보시기를 바랍니다. 오순절 마가의 다락방에서 끝까지 기도하여 성령의 세례를 받은 성도들과 같이 성령의 세례가 임할 때까지 기도해야 합니다. 내가 기필코 성령의 세례를 받고 성령의 불로 장악이 되고 말겠다는 각오로 끈질기게 기도하면 마침내 성령의 불로 장악이 됩니다. 당신이 이렇게 해서 성령의 세례를 받으면 이제 성령의 역사로 성령의 불세례를 체험할 수 있습니다. 연이어 성령의 불로 지배와 장악이 될 수가 있는 것입니다.

일곱째, 온몸이 뜨거운 성령의 불세례를 받은 체험. 필자가 마치 술에 취한 것과 같이 온몸이 뜨거운 성령의 불세례를 받은 체험입니다. 한동안 목회를 하지 못하겠다고 버티다가 마음이 변하여 목회를 하겠다고 마음을 굳게 먹고 한창 기도원에 성령의 불과 능력을 받겠다고 다니던 때입니다. 그때 내적치유도 한 1년 받으면서 성령으로 깊은 기도도 숙달하고 성령도 체험하고 환자를 기도하면 신유의 역사도 강하게 나타나고 귀신축사도 할 시절입니다. 그렇지만 아직 성령으로 온전하게 지배되지 못한 시절이었습니다.

국민일보에 보니 어느 기도원에서 목회자 성령 능력 치유세미나를 한다고 광고가 나왔습니다. 우리 사모가 목회자 성령 능력 치유세미나이니 가서 능력도 받고 어떻게 하는지 경험도 쌓을 겸 가보라고 성화가 대단했습니다. 그런데 그 때 회비가 8만원이었습니다. 저는 가봤자 고생만하고 개척 교회하느라고 물질 어려운데 돈만 15만 원 이상 손해나는 것 무엇 때문에 가느냐고 버티다가 결국 성화에 못 이겨 가게 되었습니다.

매일 말씀 듣고 기도 시간에 성령으로 깊은 영의기도를 하면서 강사 목사님과 같이 성령의 불세례를 받아 성령으로 능력 있는 목회를 할 수 있도록 강력한 성령의 불을 머리부터 발끝까지 받게 해달라고 계속 성령 안에서 깊은 영의기도를 했습니다. 숨을 들이쉬고 내 쉬면서 하는 성령 안에서 깊은 영의기도를 계속 몰입하여 했습니다. 정말 그 때는 물불을 가리지 않고 불같은 성령과 능력을 받겠다는 생각뿐이었습니다. 왜냐하면 성령의 능력이 아니고는 개척 목회를 할 수가 없었기 때문입니다.

그렇게 사모하면서 성령 안에서 기도하면서 3일을 지냈습니다. 더 이상 진전이 없는 것 같은 기분이 들었으나 포기하지 않고 쉬는 시간에도 계속 성령 안에서 깊은 영의기도를 했습니다. 그러다가 3

일이 지난 오후에 집회를 인도하시는 목사님께서 안수를 해준다고 하여 사모하는 마음으로 안수를 받았습니다. 아랫배에다가 안수를 해주셨는데 그때 성령의 강력한 불의 역사와 성령의 새 술에 취했습니다. 성령의 강한 불의 역사로 새 술에 취하여 몸이 가누기가 힘들 정도로 흔들리고 입에서 불이 훅훅하고 나오고 새의 깃 같이 가벼운 환희를 체험했습니다. 머리에서 발끝까지 온몸이 성령의 불세례로 지배가 되면서 뜨거운 체험을 했습니다. 3일째 되는 날까지 성령의 불세례를 받고 말겠다는 의지를 가지고 기도한 결과 오후 집회를 마치고 안수를 받고 성령의 강한 불을 받은 것입니다.

지금 이글을 쓰고 있는 순간에도 그 때 같은 성령의 불이 올라와 얼굴이 화끈 거립니다. 정말 성령의 불로 큰 은혜를 받았습니다. 필자는 늦게 목사가 된 사람이라 솔직하게 말해서 세상 술도 먹어 봤습니다. 그런데 세상 술 먹고 취한 것과 동일한 현상이었습니다. 약 세 시간동안 몸을 가누기 힘들 정도로 성령의 새 술에 취해서 지냈습니다. 막 입에서는 훅훅하고 불이 나오고 몸이 가누기가 힘이 들어 화장실을 가는데 거기 온 사람들이 목사가 대낮에 기도원에 와서 술 먹고 취해서 돌아다닌다고 오해할 까봐 정말 화장실을 가는데 조심조심 가서 볼일을 봤습니다.

정말 몸의 중심을 잡기가 힘이 들고 구름위에 발을 올려놓는 것 같이 푹푹 **빠졌습니다**. 그 것 **뿐만**이 아니었습니다. 입에서는 계속 불이 훅훅하고 나왔습니다. 한 3시간 정도 지나니까 서서히 안정되는 것이었습니다. 그리고 난 다음에 제가 궁금했습니다. 이 불이 과연 성령의 불인가 자꾸 확인하고 싶은 생각이 들었습니다. 그래서 제가 내적치유 받던 치유센터에 은혜 받으러 가서 치유를 받고 있는 성도들에게 입으로 후하고 불어도 성령의 강한 임재에 마치 오징어가 구워지면서 오그라드는 것과 같이 오그라들면서 치유가 됩니다. 필자가 완전하게 성령님이 주인 된 목사로 바뀌는 계기가 된 것입니다.

성령의 강한 불을 받겠다는 순수한 마음을 먹은 다음에 나타난 것이었습니다. 필자가 보아도 정말 대단했습니다. 그래서 이것 잘못 사용하다가 영락없이 이단이 될 것 같은 의심을 와서 절제하고 이단에 대하여 한 일 년 간 연구를 했습니다. 그래서 내린 결론은 성경말씀과 조직신학을 벗어나지 않으면 절대로 이단이 되지 않는다고 결론을 얻었습니다.

그래서 내린 결론은 성령 사역은 첫째 교회에 무리가 가지 않고, 성장해야 한다는 것입니다. 둘째는 성경 적이어야 된다는 것입니다. 그리고 셋째는 시시비비가 없이 누구나 공감해야 한다는 것입니다. 그리고 치유와 능력을 받고 성품이 주님의 성품으로 변화가 되고 계속 유지가 되어야 합니다. 이러한 실제 교회에 접목되는 영성이 되어야 제대로 된 능력이라고 생각합니다.

그래서 교회에 접목되는 성령 사역이 되어야 한다고 기본을 정하고 기본 법칙에 벗어나지 않는 성령사역을 하려고 노력하고 있습니다. 성령의 불을 받고 깊은 영의기도가 열려 영육을 치유 받으려고 하시는 성도님들과 목회를 하시려는 분들에게 요약해서 말씀을 드립니다. 성령의 불을 받는다고 몇 년씩 성령의 불의 역사가 있는 기도원에 다니는 분들이 있습니다. 그런데도 불같은 성령을 받지를 못합니다. 왜냐하면 자신 안에 주인으로 계시는 성령님과 영의 통로가 열리지 않기 때문입니다. 성령의 불은 받는 것이 아니고 내 영 안에 계신, 지성소에 계신 성령으로부터 불이 나와야 합니다. 그러기 위하여 먼저 마음이 열리고 성령으로 세례를 체험해야 합니다. 성령으로 세례를 체험하고 마음의 상처를 내적치유 해야 합니다. 이것도 대충이 아니라 완전하게 치유되게 해야 합니다. 그리고 혈통에 대물림되는 영육의 문제를 치유 받아야 합니다.

이정도 된 다음에 성령 안에서 깊은 영의기도의 이론을 먼저 숙달하고 본인의 개인기도로 깊은 영의기도를 하면서 성령의 불의 역사가 강하게 나타나는 장소에 가서서 은혜를 받으면 쉽게 불같은 성령과 깊은 영의기도가 열릴 것입니다. 우리교회에 오셔서 8개월에서 일 년 이상씩 화요일부터 목요일까지 빠짐없이 다니면서 성령치유 받으면서 성령으로 기도하며 훈련받아 불같은 성령과 능력을 받고 교회를 개척한 남녀 목사님들 모두 개척하여 목회를 잘하고 계십니다. 부흥강사를 하시는 목사님도 다수 계십니다.

성령을 체험하고 영적으로 변하려면 시간과 물질과 마음을 투자해야 합니다. 그냥 되는 것은 없습니다. 목회는 영적인 전쟁입니다. 그렇게 안일하게 생각하지 마시기를 바랍니다. 집중적으로 시간과 의지와 물질을 투자하여 필자가 체험한 성령의 불세례를 체험하고 성령 안에서 기도하며 깊은기도가 열리시기를 바랍니다.

11장 성령의 불세례와 지배받는 사람의 특징

(엡 5:18-21)"술 취하지 말라 이는 방탕한 것이니 오직
성령으로 충만함을 받으라 (19) 시와 찬송과 신령한 노래
들로 서로 화답하며 너희의 마음으로 주께 노래하며 찬송
하며 (20) 범사에 우리 주 예수 그리스도의 이름으로 항상
아버지 하나님께 감사하며 (21) 그리스도를 경외함으로 피
차 복종하라."

성령의 충만이나 성령의 지배는 이론으로 관념으로 되는 것이
아닙니다. 성령님은 살아계신 하나님이심으로 몸으로 마음으로 체
험하게 되는 것입니다. 성령의 지배를 받는 성도는 많지 않다고 말
할 수가 있습니다. 성령의 지배를 받았다는 교인들의 일부는 자신
이 성령을 받았다고 착각들을 하고 있다는 것입니다. 갑자기 기쁨
이 찾아오고 감정이 상승했다고 성령 충만이나 성령의 지배를 받
은 것이라고 말할 수가 없다는 것입니다. 성령의 지배를 받았다는
교인들의 일부는 그냥 일시적인 흥분 상태가 아닌지를 분별해볼
필요가 있다는 것입니다. 왜냐하면, 성령의 지배를 받아서 성령님
이 내안에 주인으로 계신다면, 성령님이 항상 자신을 주관하시니
또 다시 나쁜 죄를 짓는, 바보 같은 짓은 하지 않을 것입니다.

그러나 성령의 세례나 지배를 받았다는 교인들도 보면, 죄짓기
와 회개하기를 계속 반복하는 것을 볼 수가 있습니다. 성령님이 내

안에 들어왔다가, 나갔다가, 하기 때문에 그런 것은 아닐 것입니다. 왜냐하면 성령님은 들어오셨다가 나갔다가 하시는 분이 아니기 때문입니다. 성령님은 주인으로 세상 끝 날 때까지 함께 계시는 것입니다. "하나님의 성령을 근심하게 하지 말라 그 안에서 너희가 구원의 날까지 인치심을 받았느니라."(엡 4:30). 그렇기 때문에 죄 짓기와 회개하기를 계속 반복한다는 것은 맹신으로 인해, 순간순간 자신은 성령의 지배를 받는다고 착각하는 경우라고 말할 수도 있습니다. "그러나 하나님의 영이 여러분 안에 계시다면, 여러분은 죄의 본성의 지배를 받지 않고 성령의 지배를 받게 됩니다. 누구든지 그리스도의 영이 없는 사람은 그리스도에게 속한 사람이 아닙니다."(로마서 8:9, 아가페 쉬운성경). 성경이 정말 일점일획도 틀린 곳이 없는 완전무오한 진리라면? 한번 성령을 받은 사람은 성령의 지배를 받기 때문에 죄를 짓고 싶어도 지을 수가 없어야 합니다. 성령의 지배를 받는 순간은 죄를 짓지 못한다는 것입니다. 성령께서 전인격을 지배하시고 인도하시기 때문입니다.

그러나 바울이나 베드로 같은 훌륭한 사도도 매일 회개 기도부터 시작을 했습니다. 이는 전 육체가 성령의 지배 속에 있지 않으면 죄를 지를 수가 있기 때문입니다. 더군다나, 사도인 베드로는 성령으로 세례를 받기 전에는 목숨이 위험해 지니까 3번씩이나 예수님을 부인했었습니다. 그러나 성령세례를 받은 다음은 예수님의 사도로 사명을 훌륭하게 감당했습니다. 베드로와 같이 교인들의 마음을 성령이 지배하고 있다면 아무리 목숨이 위험할지라도 예수님을 부인할리가 없다고 말할 수가 있습니다.

"이르시되 너희 믿음이 작은 까닭이니라 진실로 너희에게 이르노니 만일 너희에게 믿음이 겨자씨 한 알 만큼만 있어도 이 산을 명하여 여기서 저기로 옮겨지라 하면 옮겨질 것이요 또 너희가 못할 것이 없으리라"(마 17:20). 성령을 받았다는 교인이 겨자씨 한 알만한 믿음도 없다면 그것은 성령 받은 것이 아니라고 할 수가 있습니다. 겨자씨 한 알만한 믿음만 있다면 산을 명하여 여기저기로 옮길 수 있는 능력이 생길 것입니다. 어느 기독교 교파에서는 방언기도를 해야 성령 세례 받은 것이라고 합니다. 그런데 방언은 개신교뿐만 아니고, 다른 종교 집회에서도 많이 발생하는 것입니다. 방언기도란 종교의식을 행하다가 갑자기 알아들을 수 없는 소리로 아따따따'나 '쭈쭈쭈쭈', '랄랄랄라', '따랍따' 하는 현상을 말합니다.

오늘날 일부교회에서 말하는 아따따따'나 '쭈쭈쭈쭈', '랄랄랄라', '따랍따' '또로또' '뿌뿌뿌' 등 알 수 없는 말로 하나님께 기도한다고 하는 것을 방언이라고 합니다. 성경에도 "방언을 말하는 자는 사람에게 하지 아니하고 하나님께 하나니 이는 알아듣는 자가 없고 영으로 비밀을 말함이라."(고전 14:2).고 말씀하셨습니다. 일부 개신교 목사님들은 방언을 영의기도라고 말하고, 인류 공통언어라고, 설교들을 하고 있지만, 실제로는 한국 개신교인끼리도 방언을 알아듣는 사람은 없습니다. 상황이 이럴진대, 외국 개신교인들이 한국 교인들의 방언을 알아듣는다는 것은 언어도단입니다.

방언기도를 영으로 비밀을 말함이라고 합니다. 한번 생각하여 보시기를 바랍니다. 일본사람들이 모여 있는 곳에서 성령으로 충만한 가운데 한국말로 "하나님 사랑합니다." 한다면 영으로 비밀을 말하는 것이 아니라고 할 수가 있습니까? "하나님 사랑합니다."를 일본사람들은 알아듣지 못해도 하나님만은 알아들으시기 때문에 영으로 비밀을 말하는 것이 되는 것입니다. 성경에서 말하는 방언은 외국어로 표현할 때도 있다는 것입니다. 성경말씀을 살펴보면 방언은 우리가 살고 있는 이 지구상에 존재하고 있는 각 나라의 언어입니다. 각 나라 언어를 방언이라고 표현하고 기록되어 있는 곳이 많습니다. (대하 32:18)"산헤립의 신하가 유다 방언으로 크게 소리 질러 예루살렘 성 위에 있는 백성을 놀라게 하고 괴롭게 하여 그 성을 점령하려 하였는데" (스 4:7)"아닥사스다 때에 비슬람과 미드르닷과 다브엘과 그의 동료들이 바사 왕 아닥사스다에게 글을 올렸으니 그 글은 아람 문자와 아람 방언으로 써서 진술하였더라."

또 성경은 이렇게 말씀하고 있습니다. "방언을 말하는 자는 자기의 덕을 세우고 예언하는 자는 교회의 덕을 세우나니 (5) 나는 너희가 다 방언 말하기를 원하나 특별히 예언하기를 원하노라 만일 **방언을 말하는 자가 통역하여 교회의 덕을 세우지 아니하면 예언하는 자만 못하니라** (6) 그런즉 형제들아 내가 너희에게 나아가서 방언으로 말하고 계시나 지식이나 예언이나 가르치는 것으로 말하지 아니하면 너희에게 무엇이 유익하리요"(고전 14:4-6). 분명하게 "만일 방언을 말하는 자가 통역하여 교회의 덕을 세우지 아니하면 예언하는 자만 못하니라" 말씀하십니다. 그러니까, 자신이 기도하는 방언을 통역할 수가 있어야 한다는 것입니다. 분명하게 자기 혼자 기도할 때는 방언으로 해도 가하나 여러 사람에게 분명하게 알아듣는 말로 권면하라고 말씀하십니다.

방언기도는 어떻게 보면 일종의 최면, 환각상태이며, 빙의 성 트랜스 증후군 이라고 할 수도 있는 것입니다. 그래서 방언기도만이 영의기도라고 알고 믿고 방언기도를 하면서 자신만이 인정하는 영의기도라고 생각하면서 만족을 누리며 본성이 변화되지 않고 신앙생활하는 분들은 자신의 방언기도를 성찰하여 보아야 할 것입니다.

방언의 위험성을 가장 잘 알고 있던 예수님과, 세례 요한은 단 한 번도 방언을 안 했습니다. 그리고 27권의 신약성경 책들 중에서도, 오직 3권만이 방언에 대하여 기록되어 있을 뿐입니다. 즉, 성경은 39명의 저자로 쓰였으나, 누가, 바울, 마가만이 방언에 대해 언급하고 있는 것이지요, 그리고, 남들은 다들 방언을 하는데 나만 방언 못하고 있으면, 남에게 믿음이 부족한 것으로 보일 것 같아서 자신도 모르게 그냥 무작정 따라하는 경우들도 많이 있습니다. 보이고 말하고 나타나는 현상을 가지고 믿음이 있느냐 없느냐를 판단하는 습관이 되어있기 때문이라고 생각합니다. 성령의 지배를 받는 사람은 보이고 말하고 나타나는 현상보다도 예수님의 성품과 권능이 나타나는 것으로 판단하는 습관이 되어야 할 것입니다. 보이는 나타나는 현상을 가지고 믿음의 수준을 평가하는 경우에 자칫하면 트랜스현상에 빠질 수가 있는 것입니다. 트랜스란 간단히 말하면 모호한 명료하지 않은 정신 상태를 의미합니다.

종교적인 경우에 이러한 현상이 많이 개재되는데, 예를 들어 신들림, 초자연적 존재와의 만남, 극도의 예민함 또는 안정감, 비정상적 운동 행태 등을 포괄적으로 의미하는 경우가 많습니다. 기독교, 도교, 불교 또는 요가 등의 수행에 있어서도 공통적으로 나타나는 현상을 싸잡아 트랜스라고 부를 수도 있는 것입니다. 어느 정도 이는 무의식적으로 쌓여 있는 세계관의 발현이기도 하며, 종교적인 집적된 지식 또는 신화와도 연결되기도 하며, 자신이 가지고 있는 일종의 무의식의 상처들과 관련될 수가 있습니다.

이러한 문제에 있는 분들이 방언기도에 몰입하면서 자신의 무의식의 상처를 잊어버리기 위하여 방언기도에 빠지는 현상이라고 생각할 수가 있습니다. 방언기도를 할 때는 마음의 고통을 잊어버리게 되는데 방언기도하고 얼마 지나면 다시 전과 같은 상태로 돌아가는 것을 트랜스현상이라고 할 수가 있습니다. 그래서 하나님은 성령으로 성령 안에서 기도하라고 하시는 것입니다. 우리는 방언기도를 할 때 반드시 성령의 지배와 장악된 가운데 방언기도를 해야 하는 것입니다. 반드시 성령 안에서 방언기도를 해야 합니다.

우리는 하나님의 말씀을 통해 기회를 잡는 인생이 지혜로운 인생이고 기회를 잡기 위해 때를 분별하고, 성령의 다스림을 받고 준비하는 것이 필요하다고 믿고 있습니다. 가장 중요한 핵심은 성령의 충만함. 즉, 성령의 지배를 받으라는 것입니다. 성령의 충만 함 없이 지혜로운 인생을 결코 살 수 없다는 것입니다. 그렇습니다. 그리스도인들에게 있어서 가장 중요한 것은 성령의 충만함, 즉, 성령의 지배를 받는 것입니다. 사실, 인간의 본능은 외부의 지배나 간섭 받기를 싫어하고 거부하는 특성이 있습니다.

그렇기에 성령의 지배를 받는다는 것은 인간의 본성을 따르지 않는 행위이기 때문에, 성령께서 깨닫게 하시는 말씀을 통해서 성령의 인도함을 통해서 성령의 지배함에 대한 진리는 알고 있지만, 정작, 성령 충만함을 경험하며 성령의 지배와 인도하심을 받으며 사는 그리스도인들이 결코 많지 않다는 것이 현실이요 사실입니다. 이 말은 예수를 믿는다고 모두 다 기회를 잡고, 성령의 지배와 장악과 예배와 감사, 서로 사랑하는 인생을 살아가는 것이 결코 아니라는 의미일 것입니다.

저는 성령의 역사가 강력한 충만한교회에서 성령충만한 성도님들을 모시고 목회를 하면서 이 부분에 관해 직접 체험하고 있기 때문에 쉽게 와 닿습니다. 한 공간 안에서 옆의 지체가 말씀의 은혜를 받고, 기도의 목마름을 가지고 뜨겁게 기도를 하고 여러 지체들의 신앙 간증을 듣지만, 어떠한 도전이나, 감동 없이 믿지 않는 이들과 동일한 생활을 하다가 흔적 없이 사라지는 성도들이 우리 교회 안에서도 있었습니다. 하나님을 직접 만날 너무도 좋은 기회를 놓치는 그들을 보며 안타까울 때가 한 두 번이 아니었습니다. 오늘 이 말씀을 읽는 여러분은 이런 안타까운 인생에 속하지 않기를 간절히 소원합니다.

충만한교회는 성령의 지배를 실제적으로 체험할 수 있는 교회입니다. 왜냐하면, 매일 하나님의 말씀이 강력히 선포되고 말씀의 성취를 위해 간절히 기도하기 때문입니다. 내가 뭘 해서가 아니라, 참여만으로 이런 놀라운 성령의 임재를 체험하고 역사를 경험하고 있습니다. 정말 제대로 된 신앙생활 한 번 해 보시지 않으시렵니까? 무늬만 그리스도인이 아닌 능력 있는, 역동적인 체험적인 그리스도인으로 살고 싶지 않습니까? 만일 그런 마음과 결단이 든다면, 성령으로 충만하여 성령의 지배가운데 걸어 다니는 성전으로 살아가기를 바랍니다. 성령의 지배하심, 성령 충만함을 받게 되면 어떤 일들이 벌어지겠습니까?

첫째, 하나님을 예배하며 찬양하게 됩니다(엡5:19절). 포괄적으로 표현한다면 함께 예배하게 된다는 것입니다. "시와 찬송과 신령한 노래들로 서로 화답하며…" 구약시대에는 선택 된 특별한 이들(왕, 제사장, 선지자 등)에게 개인적으로 성령이 임했다면, 신약으로 넘어와서 성령은 기도하는 공동체 가운데 개별적으로 임하셨습니다. 그리고 임한 성령은 강력했습니다. 사도행전 2장을 보면 알 수 있습니다. 성령 받기를 사모했던 120명이 오순절에 함께 기도함으로 한 사람씩 성령의 임재를 체험했습니다. "오순절 날이 이미 이르매 그들이 다 같이 한 곳에 모였더니 (2) 홀연히 하늘로부터 급하고 강한 바람 같은 소리가 있어 그들이 앉은 온 집에 가득하며 (3) 마치 불의 혀처럼 갈라지는 것들이 그들에게 보여 각 사람 위에 하나씩 임하여 있더니 (4) 그들이 다 성령의 충만함을 받고 성령이 말하게 하심을 따라 다른 언어들로 말하기를 시작하니라."(행 2:1-4). 성령받기를 기도하던 120명의 사람들에게 하나씩 임하셨습니다. 오순절이 지난 한 날에 3천명이나 되는 유대인들이 베드로의 설교를 듣고 회개하고 세례를 받고 초대 교회를 세우는 놀라운 역사가 일어나지 않았습니까? 개인의 성령 충만함도 공동체 없는 '나'가 아닌 공동체 안에 있는 '나'임을 깨달으시기 바랍니다. 성령이 충만하면 찬양하게 됩니다. 혼자도 찬양하지만, 받은 은혜가 너무도 크기에 그 감격스러움을 숨기지 못하고 서로 간증하며 함께 기쁨으로 찬양하게 되는 것입니다.

둘째, 하나님께 감사하게 됩니다(엡5:20절). 감사에 관해서는 별도로 말씀을 드리지 않아도 잘 아실 것입니다. 성령의 깨닫게 하신과 말씀과 기도로 충만하게 되면, 입술 가운데 불평과 원망의 언어가 사라집니다. 말씀을 듣고 그 말씀대로 순종하고자 하는데 어떻게 불평과 원망, 불신과 부정의 언어들이 입술에서 흘러나오겠습니까? 성령은 감사의 영입니다. 감사는 저절로 되는 것이 아닌 내가 선택하는 것인데, 감사를 선택하도록 마음의 동기를 부여하시는 분이 바로 성령 하나님이십니다.

우리가 믿는 하나님은 가장 좋은 것을 주시고 푸르른 초장과 쉴 만한 물가로 인도하시는 아버지이십니다. 믿으십니까? 그 하나님을 믿는다면, 설령, 지금 나의 삶이 힘들고 뜻하는 대로 되는 일이 없다할지라도 감사할 수 있습니다. 여러분에게 주어지는 모든 일들, 관계들을 감사로 시작하고 감사로 끝맺기를 바랍니다.

셋째, 아름다운 가정을 만들게 됩니다(21절 이하). 성령의 충만은 단순히 교회 내에서의 신앙에만 국한 되는 것이 아닌 부부 관계에까지 미친다는 것을 깨닫게 됩니다. 즉, 아름다운 부부 관계, 가정을 이루기 위해서 반드시 필요한 것이 성령의 충만함, 성령의 지배를 받아야 한다는 것입니다. 그러면서 바울 선생님은 아내가 남편에게 복종하고 남편은 아내를 사랑하라고 명하고 있습니다.

성경은 남자(아담)를 'Headship'(헤드십)으로 여자(하와)를 'Servantship'(서번트십)으로 창조하신 창조 원리를 대입해서 설명하고 있습니다. 우리는 이 부분에서도 공동체로서의 가정(부부) 또한 성령의 충만함이 얼마나 중요한지를 발견할 수 있습니다. 가정에서 남편에 대한 복종은 존경과 인정으로 대체할 수 있고, 여자에 대한 사랑은 보살핌과 인내로 대체할 수 있습니다.

이런 마음들은 내 안에서 자연스럽게 나오는 것이 아닌, 성령으로 충만할 때 맺어지는 성품적인 열매들을 통해서 가능한 것입니다. "오직 성령의 열매는 사랑과 희락과 화평과 오래 참음과 자비와 양선과 충성과 온유와 절제니 이 같은 것을 금지할 법이 없느니라"(갈 5:22-23). 지금 여러분의 가정은 어떤가요? 부모님의 관계는? 만일, 여러 상처와 아픔으로 인해 분열과 갈등의 상태에 있다면 오늘 간절히 기도하십시오! 하나님! 저희 가정 안에 성령을 부어주옵소서! 하나님의 나라가 임하게 하시고 성령의 다스림을 받는 아버지 어머니 가정 되게 하옵소서! 배우자를 위한 기도제목을 오늘 하나 더 추가하십시오!

넷째, 아담의 죄악으로 들어온 세상 신들이 물러갑니다. 성령의 지배를 받으면 아담의 죄악으로 사람들에게 들어와 주인노릇을 하는 귀신들이 물러갑니다. 귀신들은 죄를 짓게 하는 매개체입니다. 귀신은 죄를 지을 때 밥을 먹고 살아가기 때문에 귀신들이 사람에게 침입하면 자신의 성향과 같은 죄를 짓도록 충동하는 것입니다.

혈통에 역사하는 악령이 저지르게 하는 비행은 '간음' '폭행' '사기' '절도' '불륜' '성추행' '집착' '게으름' 등과 같이 많은 종류의 비행과 연관이 있습니다. 혈통에 역사하는 악령이 저지르는 육체의 질환들은 '근육통' '목과 허리디스크' '턱관절디스크' '어깨통증' '골반의 질병' '심장병' '각종암' '자궁의 질병' '갑산선 질환' '당뇨' '고혈압' '아토피 피부병' 등등입니다.

혈통에 역사하는 악령이 저지르는 정신적인 질환들은 '우울증' '조울증' '불면증' '공황장애' '대인기피증' '악성두통' 등등입니다. 혈통에 역사하는 악령이 저지르는 영적인 질환들은 '귀신들림' '환청' '환시' '헛소리' '투시' '신령함' '발작증세' '중얼거림' '가난' '사업파산' '이혼' '태아유산' '불임' '불감증' '다발사고' '무엇을 해도 되지 않음' '정신분별증(조현병)' 등등입니다.

이런 혈통의 죄얼에 의하여 영들의 전이로 발생하는 질병들은 혈통의 대를 이어서 계속 이어지기 때문에 유전적인 것으로 오해하기 쉽습니다. 이러한 혈통을 타고 역사하던 귀신들이 5차원인 성령님이 주인 되심으로 귀신들이 자동으로 떠나가게 됩니다. 성령의 역사가 전인격을 지배하면 귀신은 떠나가야 되는 것입니다. 그러므로 귀신만 떠나보내려고 노력하지 말고, 자신이 성령으로 지배되려고 노력하는 것이 귀신을 쫓아내는 것보다 중요합니다.

다섯째, 성령의 인도를 받으면서 살아갑니다. 성령의 인도란 성령님이 주인 되어 성령께서 감동하시고 깨닫게 하시는 대로 순종하는 것을 말합니다. 성령의 지배를 받으면 자신이 없어짐으로 성령의 인도를 받아 세상을 살아가게 됩니다. 성령님의 인도하심으로 권능 있는 삶을 살아가게 됩니다.

여섯째, 성령의 열매를 맺으면서 살아갑니다. 성령의 지배를 받으면 "우상 숭배와 주술과 원수 맺는 것과 분쟁과 시기와 분냄과 당짓는 것과 분열함과 이단과 (21) 투기와 술 취함과 방탕함과 또 그와 같은 것들이라 전에 너희에게 경계한 것 같이 경계하노니 이런 일을 하는 자들은 하나님의 나라를 유업으로 받지 못할 것이요."(갈 5:20-21). 육체의 열매를 맺으면서 살아가던 성도가 성령의 지배를 받으면 성령의 열매를 맺으면서 살아가게 됩니다. "오직 성령의 열매는 사랑과 희락과 화평과 오래 참음과 자비와 양선과 충성과 온유와 절제니 이 같은 것을 금지할 법이 없느니라"(갈 5:22-23).

일곱째, 육체와 정신적인 질병이 치유됩니다. 육체와 정신적인 질병으로 고통당하는 성도들이 성령의 지배를 받으면 심령이 하나님의 성전이 됨으로 질병에서 해방을 받아 건강한 삶을 살아가면서 살아계신 하나님을 증명하게 됩니다. 성령의 지배와 인도는 참으로 중요합니다. 이는 이론이 아니고 실제적인 체험이며 초자연적인 역사입니다. 필자는 진리의 말씀과 성령으로 성도들의 육체와 마음과 심령을 치유하는 사역을 중점으로 20년이 넘도록 사역하고 있습니다. 성도들을 치유하면서 임상적으로 깨달은 것은 성도가 성령으로 세례를 받고 성령의 불세례를 받으며 성령 충만하지 못하면 육체와 마음과 심령이 치유되지 않는다는 것입니다.

살아 역사하시는 성령하나님께서 환자 안에서 역사하여 환자를 지배하시고 장악하시지 못하면 아무리 이론을 많이 알고 교회에서 살다시피 하는 열심 있는 신앙생활을 한다고 하더라도 육체와 마음과 심령의 질병이 치유되지 못하더라는 것입니다.

그러므로 육체와 마음과 심령을 치유하여 평안한 삶을 살아가시려면 성령으로 세례를 받고 성령의 불세례를 받기 위하여 노력을 해야 한다는 것입니다. 그렇기 때문에 아무리 치유의 은사가 있다고 하더라도 성령으로 세례하고 성령의 불세례가 임하지 못한다면 치유는 불가능하다고 해도 과언은 아닐 것입니다. 왜냐하면 치유는 치유의 은사가 있는 사람이 육체와 마음과 심령을 치유하는 것이 아닙니다. 육체와 마음과 심령의 치유는 성령하나님께서 치유하시는 것입니다. 우리는 예수를 믿을 때 죽었고 예수님으로 살아가고 있기 때문에 치유의 은사가 있는 사람이라고 하더라도 예수를 믿을 때 죽었기 때문입니다. 치유의 은사가 있다고 하는 사람의 주인이신 성령하나님께서 그 사람을 통하여 치유하시는 것입니다.

그동안 이론으로 알았던, 말씀으로만 들었던, 성령의 충만함, 성령의 지배를 매주 예배를 통해 경험하시기를 바랍니다. 그런 소원을 품고 매일 매주 예배나 집회에 참석하셔서 찬양하고 성령으로 기도 하기를 사모하세요. 성령의 불세례를 받고 성령충만 성령의 지배를 받으면 이전과 전혀 다른 신앙의 세계가 열릴 것입니다.

12장 삼위하나님의 권능을 깨닫게 된다.

(롬 8:5-8)"육신을 따르는 자는 육신의 일을, 영을 따르는 자는 영의 일을 생각하나니 (6) 육신의 생각은 사망이요 영의 생각은 생명과 평안이니라 (7) 육신의 생각은 하나님과 원수가 되나니 이는 하나님의 법에 굴복하지 아니할 뿐 아니라 할 수도 없음이라 (8) 육신에 있는 자들은 하나님을 기쁘시게 할 수 없느니라."

성령하나님은 우리로 하여금 삼위일체 하나님을 알려주시고 생각하게 하십니다. 하나님은 한분뿐이시니 참되시며 살아 계신 하나님이십니다. 하나님의 신격에 삼위가 계시니 성부와 성자와 성령이신데 이 삼위는 한 하나님이십니다. 본체는 하나이요 권능과 영광은 동등이십니다. 우리가 삼위 하나님을 알게 되는 것은 하나님께서 당신을 보여주실 때만 가능한 일입니다. 우리 스스로 하나님을 찾아 알 수 없습니다. 그렇기 때문에 하나님께서는 사람이 하나님을 알 수 있도록 "옛적에 선지자들을 통하여 여러 부분과 여러 모양으로 우리에게 말씀하신 하나님이 이 모든 날 마지막에는 아들을 통하여 우리에게 말씀하셨으니 이 아들을 만유의 상속자로 세우시고 또 그로 말미암아 모든 세계를 지으셨느니라"(히 1:1-2) 하십니다.

성자 하나님이신 예수님께서 당시 사람들이 보고 만질 수 있고 체험하고 사귈 수 있는 사람의 몸을 입고 오셔서 하나님을 보이셨습니다. 주께서 제자들에게 "나를 본 자는 아버지를 보았거늘"(요 14:9) 말씀하셨습니다. 오늘 우리는 사람으로 오셔서 생각하시고 움직이시고 사람들과 교제하신 자기계시의 기록을 보고 성령의 깨닫게 하심으로 우리 안에, 내 안에 사시는 주님을 알게 되며 생각하게 됩니다.

하나님께서 바울 사도로 하여금 에베소 교회를 위하여 기도하게 하신 내용의 일부가 "우리 주 예수 그리스도의 하나님, 영광의 아버지께서 지혜와 계시의 영을 너희에게 주사 하나님을 알게 하시고"(엡 1:17)라 기록되어 있습니다. 하나님을 아는데 성경을 필히 알아야만 하지만 보다 더 중요한 것이 있습니다. 자신의 지성으로 성경을 연구하여 하나님을 아는 것이 아니라 하나님께서 지혜를 주시고 말씀을 깨닫게 하시는 성령을 주셔서 하나님을 알게 해 주신다는 것입니다. 구원 받은 자일지라도 자기의 지성만으로 하나님을 알 수 없기에 지혜와 계시의 영이신 성령 하나님께서 알게 하심으로 하나님을 알게 되기 때문입니다. 그래서 하나님을 바로 아는 것은 은혜입니다. 은혜 없이 하나님을 바로 알 수 없습니다.

첫째, 성령하나님으로 삼위일체 하나님을 알면 엎드리게 됩니다. 지혜와 계시의 영이신 성령으로 하나님을 알면 하나님의 임재 앞에 엎드리게 됩니다. 자기 지성만이 아닌 성령께서 알게 하심으로 하나님을 아는 자는 맨 먼저 하나님 앞에 꿇어 엎드림이 있습니다. 시각장애인은 대 낮에 눈을 부릅뜨고 태양을 향하여도 아무런 반응을 못합니다. 빛이 보이지 않기 때문입니다. 그러나 사물을 보는 눈을 열어 해를 바라보려고 하면 눈은 즉시 감깁니다. 그저 감기기만 하는 것이 아니라 고개를 돌리고 손바닥으로 눈을 가립니다.

이것이 시각장애 없는 산 자가 해를 바라볼 때 일어나는 정상적이며 즉각적인 생명의 반응입니다. 우리가 성령의 일하심으로 하나님을 알면 그 하나님 앞에서 바로 엎드립니다. 주 예수께서 다메섹 도상에서 사울을 만나 주셨을 때 사울은 땅에 엎드려져 주님의 음성을 들었습니다(행 9:1-9).

오늘날 하나님께서 우리 교회에 이런 모양으로 나타나신다면 신앙생활이 훨씬 쉬울 수 있습니다. 그런데 그렇게 하시지 않고, 사도 바울을 만나심에서 보여주신 하나님이, 예수님이 이러신 분이라 성경을 통하여 알려 주시고 이런 기록을 통해서 우리가 하나님 앞에 나아온다, 선다 할 때에 이런 태도가 필요함을 알게 되고 믿음으로 그렇게 행하는 것입니다. 성령님께서는 삼위일체 하나님을 알게 하십니다.

첫째로 성부 하나님이 구원의 계획을 하셨습니다. 본문 에베소서 1장 3~6절을 보면 아버지 하나님께서 우리를 선택하사 자기의 아들들이 되게 해주셨다는 것입니다. 하나님의 계획은 우리를 선택하신 것입니다. 하나님이 우리를 선택했다는 것은 위대한 진리가 포함되어있는 것입니다. 놀라운 일입니다. 수많은 사람 가운데 우리를 선택하신 것입니다.

성부 하나님은 우리를 구원할 계획과 뜻을 세우십니다. 에베소서 1:4~5절입니다. "곧 창세전에 그리스도 안에서 우리를 택하사 우리로 사랑 안에서 그 앞에 거룩하고 흠이 없게 하시려고 그 기쁘신 뜻대로 우리를 예정하사 예수 그리스도로 말미암아 자기의 아들들이 되게 하셨으니" 성부 하나님은 창세전에 그 기쁘신 뜻대로 우리를 구원하기로 예정하시는 일을 하셨다고 말씀합니다. 이처럼 성부 하나님은 계획하시고 뜻하십니다.

두 번째로 성자 예수그리스도는 구원을 성취하는 것입니다. 에베소서 1장 7절~12절까지 자세히 나와 있습니다. 7절 말씀은 고린도후서 5장 21절에서 이해하면 잘 확인될 것입니다. 하나님이 우리의 죄를 속량하기 위하여 예수님의 피의 값을 치르셨다는 말입니다.

성자 하나님은 무엇을 하셨습니까? 성부 하나님의 계획과 뜻에 순종하여 우리를 구원하는 일을 하셨습니다. 즉 하나님이신 예수님께서 우리와 같은 인간이 되어 이 세상에 오셨고, 우리의 죄를 대신하여 아무 죄가 없음에도 십자가에서 죽으셨습니다. 이처럼 예수님이 이 세상에 오셔서 하신 모든 일은 성부 하나님의 뜻과 계획 가운데 있는 일이었습니다. 요한복음 17:4절에 보면 "아버지께서 내게 하라고 주신 일을 내가 이루어 아버지를 이 세상에서 영화롭게 하였사오니"라고 말씀합니다. 예수님이 이 세상에서 하신 모든 일은 성부 하나님께서 하라고 하신 일이었습니다. 예수님은 성부 하나님의 뜻과 계획에 순종하심으로 우리를 구원하셨던 것입니다.

셋째로 성령 하나님은 모든 것을 알게 하시고 구원의 적용을 하셨습니다. 성부 하나님의 선택과 성자 예수그리스도의 피 흘리심이 성령님의 사역을 통해서 우리 속에서 적용되고 확인된다는 뜻입니다. 성령 하나님의 역할이 무엇입니까? 13절을 보면 성령이 주시는 확신 있는 믿음의 소유자가 되었다는 것입니다. 앞으로 우리가 천국가면 주님과 영원한 새 몸을 입는 것입니다. 주님과 영원히 사는 것입니다. 여러 가지 하나님의 특별한 보증과 기업을 허락해 주신 것입니다. 성령 하나님께서는 우리의 구원을 위해 무엇을 하셨습니까? 예수님께서 십자가에서 우리 대신 죽으시고 부활하심으로 우리를 구원하셨다면, 그 구원이 오늘 나에게 주어지도록 역사하는 분은 성령님입니다.

요한복음 3:5절에 보면 "예수께서 대답하시되 진실로 진실로 네게 이르노니 사람이 물과 성령으로 나지 아니하면 하나님의 나라에 들어갈 수 없느니라"고 말씀합니다. 성령으로 거듭나지 않은 자는 구원을 받을 수 없다는 말입니다.

이것은 예수님께서 우리를 위해 십자가에서 죽으셨으나, 성령님을 통해서 그 사실을 믿지 못하면 구원받지 못한다는 것입니다. 성령님이 사실로 믿게 하신다는 것입니다. 성령님이 예수님의 인격으로 변화되게 하십니다. 그러므로 우리가 구원을 받기 위해서는 반드시 성령님의 역사가 필요한데, 성령님은 예수님의 십자가 죽음과 부활이 바로 나를 위한 사건임을 깨닫도록 역사해 주십니다. 그래서 고린도전서 12:3절에 보면 이렇게 말씀합니다. "그러므로 내가 너희에게 알리노니 하나님의 영으로 말하는 자는 누구든지 예수를 저주할 자라 하지 아니하고 또 성령으로 아니하고는 누구든지 예수를 주시라 할 수 없느니라"

성령으로 아니하고는 누구든지 예수를 주시라고 할 수 없다고 말씀합니다. 즉 성령님께서 우리로 하여금 예수님을 믿고 영접하도록 역사해 주신다는 것입니다. 이처럼 성령님은 예수님께서 십자가에서 이루신 구원을 우리의 것이 되도록 만들어 주십니다. 이것을 성경은 하나님께서 성령님으로 우리에게 도장을 찍었다고 표현합니다. 에베소서 1:13절입니다. "그 안에서 너희도 진리의 말씀 곧 너희의 구원의 복음을 듣고 그 안에서 또한 믿어 약속의 성령으로 인치심을 받았으니" 성령으로 인치심, 즉 도장을 찍었다는 것입니다. 이런 이유로 구원받은 우리 안에 성령님이 계시는 것입니다. 바로 구원 받았음을 확증하는 도장의 역할을 하십니다. 성령님이 구원의 확신을 가지고 예수님의 형상으로 변화되게 하십니다. 성령님이 믿는 자들을 통하여 예수님의 능력을 나타내십니다. 목사님들이 안수를 하여 병을 고지고 성령으로 충만하게 하는 것은 목사님의 주인이신 성령님이 목사님을 통하여 역사하시는 것입니다.

그래서 목사님이 능력이 있는 것이 아니고 목사님의 주인이신 성령하나님께서 능력이 있으신 것입니다. 표현을 바르게 해야 합니다. 그렇기 때문에 삼위일체 하나님을 믿지 못하면 구원도 능력도 받을 수가 없는 것입니다. 예수님을 믿음으로 죄인인 옛사람이 죽고 다시 예수님으로 태어나 성령으로 예수님을 나타내기 때문입니다. 자신 안에 주인이신 예수님(성령하나님)이 구원을 이루게 하시고 능력으로 나타나시기 때문입니다. 목사가 능력 있는 것이 절대로 아닙니다. 목사는 예수를 믿을 때 죽었습니다. 지금 사는 것은 예수님이 사시는 것이기 때문입니다. 삼위일체 하나님을 바르게 깨달아야 성령으로 말미암은 능력을 행사 할 수가 있습니다.

이렇게 우리의 구원을 위해 삼위 하나님께서 함께 역사하여 주셨습니다. 성부 하나님은 우리를 구원하기 위한 뜻과 계획을 세우시고, 성자 하나님은 그 계획과 뜻에 따라 실제로 인간 눈으로 보이게 구원의 일을 하시고, 성령 하나님은 성자 하나님이 이루신 구원을 우리 모두에게 직접 알게 하시고 적용하여 주셨습니다. 이처럼 우리의 구원은 삼위 하나님의 역사로 말미암은 것입니다.

둘째, 성령하나님으로 하나님을 알면 예배하게 하십니다. 그렇게 엎드려 예배하고 찬양하게 되며 모든 영광을 하나님께 올려드리는 영적예배가 이루어집니다. 하나님 앞에 이처럼 믿음으로 나아가면(히 11:6) 하나님께서 우리를 받으시고 그 받으시는 실재를 우리로 하여금 알 수 있도록 나타내십니다. 한 마디로 하면 은혜를 주십니다. 하나님을 아는 자들의 모임 가운데 하나님의 역사가 일어납니다. 성령의 일하심이 성령의 나타나심으로(고전 12:7) 볼 수 있고 느낄 수 있게 임하십니다.

저는 한국 교회들의 예배가 기독교 종교행사가 되지 않고 거룩하시고 영광스러우신 하나님의 임재 가운데 엎드리는 예배되기를 원합니다. 이처럼 하나님의 임재 가운데 예배드리면 그 예배를 받으시고 하나님께서 역사하십니다. 맨 먼저 우리 자신이 거룩을 실천적으로 이루는 은혜가 임합니다. 하나님의 성품에 참여하는 놀라운 은혜가 임합니다. 질병을 고쳐주시기도 하십니다. 능력으로 속사람을 강건하게 하십니다. 생각이 변하고, 말이 달라지고, 얼굴이 변하고, 삶에 열매가 점점 풍성해집니다. 매 주마다 예배드리고 설교 듣고 수 십 년간 신앙 생활하였는데 변화가 없고 세상 사람과 구별되지 않는다면 이건 정말이지 큰일입니다. 성령하나님께서 역사하시지 않는 것이라고 해도 과언은 아닐 것입니다. 성령하나님으로 충만하면 변화되지 말라고 해도 변화될 수밖에 없는 것입니다. 성령이 없이 율법적으로 이성과 육체를 가지고 신앙생활을 하니까, 변화가 없는 것입니다.

마치 유일신론을 믿는 유대교나 이슬람교나 여호와 증인 같은 믿음생활을 하기 때문에 변화가 되지 않는 것입니다. 유일신론은 유대교에서 말한 야훼의 하나님이며, 유대교는 예수님을 신이라고 말하지 않습니다. 이슬람교 또한 예수님은 신이 아닌 선지자라고 말입니다. 여호와 증인 역시 파수대에 예수님을 거명하지 않습니다. 그러한 까닭에 그들은 구원이 없습니다. 유대교와 이슬람과 여호와증인이 말하는 유일신은 여호와 하나님이시기 때문입니다.

예수님을 믿는다고 말은 하는데 세상 사람과 구별이 안 된다면 이를 어찌하여야 합니까? 성령으로 깨닫기를 원하십니다. 이런 인간적인 신앙생활 예배도 있다는 것을 깨닫기를 바랍니다. 성령님이 모든 교회의 담임목회자들이 되셔서 성령하나님께서 역사하시는 예배를 드리는 교회들이 되시기를 축복합니다. 그런 예배 가운데 자신이 누구인가를 더 밝히 알고 그에 걸맞게 생각하고 말하고 행동하여 형제를 그렇게 대하고 이웃을 그렇게 대하여 사는 놀랍고도 놀라운 역사가 이 교회에 함께 하심을 축복하며 기도합니다.

셋째, 성령하나님으로 하나님을 알면 잠잠한 성도가 됩니다. 하나님을 이렇게 알고 가는 자는 하나님의 임재 앞에서 잠잠하게 됩니다. 우리는 하나님의 편재, 아니 계시는 곳이 없이 온 우주에 충만하신 하나님이심을 믿습니다. 그런데 합 2:20 절에 "오직 여호와는 그 성전에 계시니 온 땅은 그 앞에서 잠잠할지니라. 하시니라" 하시며, 슥 2:13 절에서도 "모든 육체가 여호와 앞에서 잠잠할 것은 여호와께서 그의 거룩한 처소에서 일어나심이니라" 하십니다. "오직 여호와는 그 성전에 계시니" 하심과 "여호와께서 그의 거룩한 처소에서 일어나심이니라" 하심은 하나님께서 그 자리에 임재하셔서 일하심을 의미합니다. 하나님께서 일하시기 때문에 그처럼 일하시는 하나님 앞에서 잠잠하라 하십니다.

진정 하나님의 임재를 사모하는 교회에서는 내 소리가 너무 커서 내 자신이 하나님의 음성을 듣지 못하거나 내 소리가 너무 커서 다른 사람들로 하여금 하나님의 음성을 듣지 못하게 하는 죄를 범하지 않으려고 두렵고 떨림으로 섬깁니다.

우리 모두가 진정 성령의 일을 생각하는 자로서 하나님의 말씀을 들으려고, 하나님의 계획을 들으려고 잠잠할 줄 아는 성숙한 자들이 되면 좋겠습니다. 정말이지 겸손하게 하나님의 임재와 말씀하심을 사모하는 목회자와 장로님들의 모습이 예배당마다 보여지기를 원합니다. 그러면 권사님들이나 집사님들은 보고 배우게 될 것입니다. 온 교회가 변화된 그런 모습을 보고 자신을 통하여 하나님을 알게 될 것입니다. 이런 것들이 성령 하나님의 일입니다. 우리는 이처럼 성령 하나님의 일을 생각하여 이루는 자들입니다.

의견과 생각이 없거나 하고 싶은 말이나 할 말이 없어서, 말을 할 줄 몰라서 잠잠하는 것이 아닙니다. 하나님의 뜻, 계획을 찾느라고, 잠잠한 것입니다. 하나님의 음성을 듣기 위하여 잠잠하는 것입니다. 자신의 목소리를 죽일 때 성령의 음성이 들리는 것입니다. 내 목소리가 크면 나뿐 아니라 다른 사람들마저도 하나님의 음성을 듣지 못할까 두려워 하는 성도가 되어야 합니다. 자신의 입은 다물고 마음은 하나님을 향하여, 교회의 머리이신 주님을 향하여 열어 음성을 들으려고, 뜻과 계획을 들으려고 집중해야 합니다.

하나님께서 말씀하실 때까지 기다릴 줄 아는 그런 예배당이 되기를 원합니다. 이렇게 하시면 "항상 복종하여 두렵고 떨림으로 너희 구원을 이루라. 너희 안에서 행하시는 이는 하나님이시니 자기의 기쁘신 뜻을 위하여 너희에게 소원을 두고 행하게 하시나니 모든 일을 원망과 시비가 없이 하라"(빌2:12-14)는 말씀이 우리 개개인 안에, 우리 예배당들과 가정들에 이루어지는 것입니다. 개인과 가정과 교회에서 원망이 없어지고 시비가 없어집니다. 성령하나님께서 주인으로 마음껏 역사하실 것입니다. 할렐루야!

우리 목회자와 장로님들이 이렇게 하실 수 있어야 합니다. 이런 모습을 제직들에게, 교인들에게, 그리고 가정에서 자녀들에게 보이실 수 있어야 합니다. 책을 읽는 분들께서는 충분히 이렇게 하실 수 있다고 믿어 이처럼 담대하게 하나님의 말씀을 증거합니다. 그리고 축복합니다. 우리들은 존귀한 자들이고 존귀한 그릇이어서 존귀한 일을 생각하여 존귀한 일에 서시는 분들이십니다. 아멘!

넷째, 성령하나님께서 이렇게 듣고 깨달은 하나님의 음성에 순종하게 하신다. 성령의 조명으로 하나님을 알면 그 앞에 꿇어 엎드린다 함은 전적 항복을 의미합니다. 전적으로 의탁하고 전적 순종함을 의미합니다. 자신은 없어지고 성령님을 주인으로 모십니다.

순종이라는 과정이 힘들고 어려워도 순종합니다. 순종이 완전하지 못해도 순종합니다. 순종하다가 실패하고 실수하여도 계속 일어나 다시 순종하여 하나님의 기쁘신 뜻을 이룹니다. 이것이 성령의 일을 생각하는 자의 삶입니다. 하나님의 뜻이 하늘에서 이루어지는 것 같이 이 땅에서도 나를, 우리를 통하여 이루어지시기를 기도하고 순종하게 됩니다. 기독교의 하나님께 대한 순종은 종교율례를 지키는 정도를 훌쩍 뛰어 넘는 믿음 소망 그리고 사랑의 삶이며 여기에 하나님의 성품이 나타나게 됩니다.

이런 섬김이 "이제는 우리가 얽매였던 것에 대하여 죽었으므로 율법에서 벗어났으니 이러므로 우리가 영의 새로운 것으로 섬길 것이요 율법 조문의 묵은 것으로 나니할지니라"(롬 7:6)는 말씀이 이루어지는 것입니다. 할렐루야!

다섯째, 성령의 조명으로 하나님을 알고 예수님을 알면 전인변화가 이루어집니다. 하나님께 순종은 나의 인격 전체가 하나님 앞에 내어 드림으로 이루어집니다(롬 6:13, 12:1). 이런 순종에서 지성이 하나님을 아는 것으로 채워지기를 원하고, 하나님을 대적하는 지성을 회개합니다. 이런 과정을 통하여 지성이 거룩해 집니다. 하나님께서 느끼시는 대로 느끼지 못함을 회개하여 가슴 아파하고 자신의 뺨을 때리고 머리를 쥐어박고 가슴을 치면서 탄식합니다.

행동이 바르지 못한 것을 부끄러워합니다. 나 자신을, 내 존재 전체를 하나님께 드렸기 때문에 이처럼 행위의 회개만이 아니라 전인격적인 회개를 통하여 그 성품이 내가 아는 하나님의 성품에 참여하고 하나님을 섬기는 내 몸과 육체에 그리스도의 생명이 나타나고 일상 삶에 많은 열매들이 맺히게 되는 것입니다.

여섯째, 예수님을 닮아가게 합니다. 왜냐하면 성령의 일은 우리들로 하여금 내가 알고 여러분이 아시는 예수님과 함께 살게 하기 때문입니다. 내가 예수님을 닮으려고 노력하는 부분이 없지 않지만 보다 근본적인 것은, 성도의 삶, 영생을 사는 삶은 내가 사는 것이 아니고 내 안에 예수님이 사시는 삶을 살다가 보니 저절로 예수님을 닮게 되고 이렇게 사는 삶이 믿음으로 사는 삶이며(갈 2:20) 이렇게 사는 삶이 순종하는 것입니다.

가정에서도 부부가 닮고 자녀들이 부모를 닮는 것은 함께 살면서 영향을 받았고 보고 배웠기 때문입니다. 그래서 자녀는 부모의 삶의 열매이며 결론이며 평가입니다. 이처럼 우리 안에 거하시는 성령께서는 우리로 하여금 예수님과 함께 살게 하시기 때문에 닮지 않을 수 없습니다. 예수님을 믿어 함께 산 세월만큼, 삶의 강도(強度)만큼 닮게 되는 것이 은혜입니다. 예수님을 닮는 것은 종교행사가 아니라 생명활동입니다. 선택이 아니라 필수과목이며 필연입니다.

이처럼 거룩한 그릇이 되어 주인의 쓰심에 합당하게 되는 것이 성령의 일입니다. 성령께서 일하시도록 나는 내어드리고 순종하면 일은 내 안에서, 나를 통하여 성령께서 하시는 것입니다. 성령께서 이런 일들을 행하시고 우리는 이런 성령의 일을 생각하는 것입니다. 이런 자가 육신을 따르지 않고 그 성령을 따라 행하는 자이며 이런 우리 안에 율법의 요구가 인격적으로 이루어지는 것입니다.

고후 4:16 절에 "그러므로 우리가 낙심하지 아니하노니 겉 사람은 후패하나 우리의 속은 날로 새롭도다." 하십니다. 이렇게 사는 것이 하나님께서 계획하시고 이루시는 정상적인 성도의 삶입니다. 물론 때때로 넘어지기도 하고 죄를 짓기도 합니다. 그러나 넘어진

대로 자빠져 있지 않고, 계속 죄 속에 거하지 않습니다. 그런 자리는 견딜 수 없는 자리이기 때문에 자리를 박차고 뛰쳐나옵니다. 그리고는 다시 날로 새롭게 되는 정상적인 삶으로 돌아와, 주신 구원의 즐거움으로 기뻐하며 사는 것입니다.

이와 같은 성령 하나님의 일은 우리에게 계속되는 일입니다. 계속하여 하나님을 알게 하십니다. 하나님을 아는 것이 전에 알았던 추억으로 있는 것이 아닙니다. 옛 날에 받은 은혜로 사는 것이 아니라, 지금 여기에서 주시는 은혜로 사는 것입니다. 이것이 성령하나님의 일입니다. 진정한 신앙생활은 Video를 재생하는 것이 아닙니다. 날마다 새로운 교제가 계속되는 것입니다. 그래서 하루하루를 기대 가둔데 아침에 일어나 살게 되는 것입니다. 오, 성령 하나님! 이런 일을 이 교회에 이루소서! 지금 이루소서!

모든 은혜가 하나님을 아는 데에서 시작됩니다. 하나님을 알게 된 감격이 있고 그렇게 아는 하나님을 닮는 거룩을, 성결을 이루게 됩니다. 성령하나님으로 하나님을 알면 흔들리지 않을 뿐 아니라 죄를 이기고 세상을 이기며 자신을 이기게 됩니다. 이처럼 하나님을 알게 되면 그 은혜는 그로 하여금 하나님의 성품에 참여하게 합니다. 이 성품은 우리 인격 깊은 곳에 자리하고 생명으로 나타나는 것입니다. 성령님이 자신의 주인되실 때 가능한 것입니다.

성령으로 하나님을 알게 하소서! 성령으로 그리스도 예수 우리 주님을 알게 하소서! 성령으로 자신을 알고, 성령으로 배우자를 알고, 성령으로 형제자매를 알고, 성령으로 교회를 알게 하소서!

13장 성령께서 진리 속으로 인도하신다.

(요 16:7-13)"(13) 그러나 진리의 성령이 오시면 그가 너희를 모든 진리 가운데로 인도하시리니 그가 스스로 말하지 않고 오직 들은 것을 말하며 장래 일을 너희에게 알리시리라"

본문은 십자가의 죽음을 앞둔 성자 예수님께서, 이 땅을 떠난 후에 오실 성령님이 하시는 일에 대하여 설명하고 있습니다. 여기서 우리는 성삼위 일체 하나님의 사역을 살펴볼 필요가 있습니다. 성부 하나님께서는 인류를 구원하실 계획을 세웠습니다. 그것은 하나님의 아들 (성자 예수님)을 이 땅에 보내시고 인간의 모든 죄를 담당하여 십자가에 죽게 하실 계획이었습니다. 마침내 성부 하나님의 계획은 완전하게 성취되었습니다. 우리 예수님은 십자가에 죽으시고 부활하심으로 사망권세를 이기시고 우리의 구세주가 되셨습니다. 이를 밝히 깨달아 알게 하시는 분은 성령님이십니다.

예수님께서 이 땅을 떠나가야 보혜사 성령께서 오신다고 말씀하십니다. 마침내 부활하신 예수님께서는 하늘로 올라가시고 성령을 우리에게 보내셨습니다. 본문 요16:7절, "그러하나 내가 너희에게 실상을 말하노니 내가 떠나가는 것이 너희에게 유익이라 내가 떠나가지 아니하면 보혜사가 너희에게로 오시지 아니할 것이요 가면 내가 그를 너희에게로 보내리니" 즉 예수님이 이 땅에 오셔서 해야 할 모든 일을 완성하신 후에, 오실 성령께서 하실 일이 있다는 것입니다. 그 일이 무엇일까요? 본문 8절, "그가 와서 죄에 대하여, 의에 대하여, 심판에 대하여 세상을 책망하시리라"

여기서 "책망하신다"는 말은 헬라어로 '엘렉코'인데 '죄를 깨닫게 하다.', '잘못된 것을 찾아 교정하다'는 뜻입니다. 죄에 대하여 책망하시는 것은 예수님을 믿지 않기 때문입니다. "죄에 대하여라. 함은 그들이 나를 믿지 아니함이요"(요16:9). 예수님을 믿지 않으면 정죄 받아 심판을 받는 것입니다. 그러나 성령의 빛이 임하면 자기 죄가 깨달아지고 십자가 피의 공로가 믿어지게 됩니다. 성령께서 오시면 의에 대하여 심판하십니다. "의에 대하여라 함은 내가 아버지께로 가니 너희가 다시 나를 보지 못함이요"(요16:10절). 성령님께서 의에 대해 책망하시면서 "내가 아버지께로 가니 다시 나를 보지 못한다."고 하셨는데 이것과 무슨 상관이 있을까요?

사람들은 의로우신 예수님을 하나님의 저주를 받았다고 핍박했습니다. 그러나 예수님은 의로운 분은 증명이 되었습니다. 죽음의 권세를 이기고 부활 승천하셨기 때문입니다. 그러므로 성령께서 예수님을 핍박한 자들을 책망하신다는 것입니다. "심판에 대하여라 함은 이 세상 임금이 심판을 받았음이니라"(요16:11절). 예수님이 부활하심으로 마귀의 사망권세가 깨짐으로 마귀가 심판을 받은 것이지요. 그래서 이제 마귀를 무서워할 필요가 없습니다. "내가 아직도 너희에게 이를 것이 많으나 지금은 너희가 감당치 못하리라"(요16:12)

영적인 세계는 깊이가 무궁무진하기 때문에 어린아이 신앙으로는 장성한 분량의 맛을 알지 못합니다. "그러하나 진리의 성령이 오시면 그가 너희를 모든 진리 가운데로 인도하시리니 그가 자의로 말하지 않고 오직 듣는 것을 말하시며 장래 일을 너희에게 알리시리라"(요16:13). 성령님이 모든 것을 밝히 알게 하십니다.

첫째, 모든 진리가운데로 우리를 인도하십니다. 진리가 무엇입니까? 하나님의 말씀이시요. 성령님께서 하나님의 말씀을 깨닫게 만들고, 하나님의 말씀 속에 살게 만들며 하나님의 말씀의 인도를 받게 만듭니다. 성령님은 진리의 말씀이 육신이 되신 예수님께로 우리를 인도하십니다. 성령님의 인도는 예수님의 품속에 들어가서 예수님과 깊은 사랑의 교제를 하게 만듭니다. 예수님을 깊이 만난 만큼 예수님 닮게 되고 예수님의 생각, 마음으로 모든 것이 새로워집니다. 성령님은 날마다 세상 모든 만물들을 날마다 새롭게 하실 뿐만 아니라 우리의 영혼과 육체를 새롭게 하시고 새 일을 허락해 주십니다. 만약 식물이 죽어 썩어졌다면 그 안에 생명이 없습니다. 그러면 세상은 온통 썩은 냄새로 가득하지 않겠어요? 그런데 하나님은 날마다 새롭게 창조하시는 분이기 때문에, 나무가 죽고 썩을지라도 새롭게 창조되어 거기에서 싹이 나고 꽃이 피고, 열매를 맺게 하십니다.

이 모든 목적은 무엇일까요? 우리를 그 가운데로 안전하고 행복하게 살게 하기 위해서입니다. 하나님은 공기를 창조하시고, 오염된 지대를 청정하게 만드셔서 인간이 수천 년 동안 이 땅에서 살고 있지 않습니까? 하나님께서 우리를 매일 새롭게 해주셔야 우리의 영혼이 새로워질 수 있습니다. 하나님께서 만물을 새롭게 해주셔야 이 세상이 새롭게 될 수 있습니다. 우리에게도 성령이 임하면 새로운 사람이 됩니다. 그리고 창조적인 사람이 됩니다. 성령을 받은 사람들은 날마다 새로운 생각을 하고 새로운 아이디어가 떠오르고, 선하고 아름다운 생각과 지혜가 떠오르게 됩니다.

창세기 39장에서는 요셉이라는 인물을 다루고 있습니다. 요셉이 얼마나 똑똑합니까? 그러나 아버지 품에서 색동옷을 입고 자라다가 애굽에 노예로 팔려가 애굽 왕궁의 친위대장 보디발의 집에서 종살이를 합니다. 그런데 보디발이 아무리 생각해도 요셉이 자기보다 훨씬 더 똑똑한 것입니다. 보디발은 애굽의 모든 학문을 터득하고 용맹한 사람이며 높은 지위를 가진 똑똑한 사람입니다.

요즘 말하면 미국 하버드 대학교 정도의 학문을 나왔을 것입니다. 경험도 많았습니다. 그래서 왕의 친위대장이 되어 왕을 보좌합니다. 그럼에도 불구하고 그 지혜가 요셉만 못했습니다. 그래서 요셉을 보고 탄복하는 것입니다. 요셉이 감옥에 들어갔을 때는 간수가 '저 지혜가 어디로부터 왔을까?' 탄복합니다. 요셉이 후에 애굽의 총리가 되었을 때, 애굽왕이 요셉의 지혜를 보고 탄복합니다.

애굽 왕이 어떤 사람입니까? 당대의 세계를 지배한 지혜로운 사람입니다. 그럼에도 불구하고 애굽 왕의 지혜가 요셉을 따라갈 수 없었습니다. 왜 그랬을까요? 지혜의 원천이 달랐기 때문입니다. 이 세상의 지혜라고 하는 것은 경험에서 비롯되는 것입니다. 학문도 경험에서 나오는 것입니다. 이 세상의 모든 지혜라고 하는 것은 사람의 머리에서 나온 것이고, 지금까지 축적된 일반적 지식에 불과합니다. 그러나 참된 지혜는 하나님으로부터 옵니다. 그래서 모든 지혜의 원천은 하나님이십니다. 더 쉽게 말하자면 하나님의 지혜입니다. 하나님의 지혜는 모든 문제를 해결합니다. 세상의 지혜가 하나님의 지혜를 따라갈 수 있나요? 하나님의 지혜는 친위대장 보디발의 것보다 높고, 간수보다 높고, 왕보다도 더 높은 것이었습니다.

애굽왕 바로는 요셉에게 "너와 같이 명철하고 지혜 있는 자가 없도다"(창41:39)라고 탄복합니다. 왜 그렇습니까? 요셉의 지혜는 하나님의 지혜였기 때문입니다. 그러면 그 지혜와 지식이 어디에 있을까요? 성경에 보니까 모든 지식과 지혜의 보화가 예수 그리스도 안에 숨겨져 있다고 말씀하고 계십니다. "그 안에는 지혜와 지식의 모든 보화가 감추어 있느니라"(골 2:3). 예수 그리스도 안에서 모든 지혜와 지식으로 충만하시기 바랍니다.

이 세상 학문을 도통했던 바울이 말하기를, "예수 그리스도 안에서의 지식이 가장 고상하므로 내가 가진 모든 지식을 분토(糞土)와 같이 버렸다"는 얘기를 합니다. 그러면 바울이 얘기하는 "예수님 안에서의 지식"이란 무엇일까요? 십자가를 의미하지요. 하나님의 지혜와 지식의 최고의 결정은 "예수 그리스도의 십자가"입니다. 십자가의 사건은 하나님의 사랑과 공의를 동시에 실천했습니다. 사랑은 용서해야 하고 공의는 벌을 줘야 하는데 어떻게 두 가지를 동시에 이룰 수 있습니까?

하나님 아들이신 예수님께서 친히 우리의 죄악을 담당하시고 벌 받게 만들어서, 우리가 받아야 할 영원한 지옥의 형벌을 예수님께서 모두 담당하시고 부활하심으로 사망 권세 마귀권세를 깨뜨리시고 마귀를 심판하셨습니다.

우리를 구원하시는 십자가의 지식이 가장 고상하여 그 십자가의 사건을 통하여 하나님이 우리를 얼마나 사랑하시는지 실지 독생자 아들 예수 그리스도를 우리에게 내어주시기까지 사랑하셨어요. 하나님의 최고의 지혜가 십자가인 것을 믿으시기 바랍니다. 예수 그리스도 십자가의 사랑이 무엇인지 알고 싶습니까? 그러면 성령으로 세례를 받고 성령의 불세례를 받으면서 충만하기 바랍니다. 성령 충만한 만큼 하나님의 넓이, 길이, 높이, 깊이를 알게 됩니다.

우리의 모든 문제의 해답은 사랑입니다. 우리 마음에 하나님의 사랑으로 가득 채우면 우리 마음에 참된 위안과 평안을 얻으며 그 사랑 안에서 하나님과 연합되게 합니다. 능력의 사람이 되고 싶습니까? 성령 안에서 예수님을 만나 주인으로 모시면 능력의 사람이 될 수 있습니다. 예수님은 성령과 능력을 기름 붓듯 받으시고 마귀에게 눌린 자, 모든 병을 고치시고 성령으로 일하셨습니다. "사무엘이 기름 뿔을 취하여 그 형제 중에서 그에게 부었더니 이 날 이후로 다윗이 여호와의 신에게 크게 감동되니라. 사무엘이 떠나서 라마로 가니라"(삼상 16:13).

다윗이 성령 충만함을 받은 다음에 골리앗이 등장하지요. 사단의 상징인 골리앗을 성령님의 역사로 물맷돌 곧 산돌, 하나님의 말씀을 던져서 이기지요. 예수님이 공생애 사역을 시작하시기 전에 광야에서 마귀를 이긴 세 가지 시험과 같습니다. 우리가 정말 사모할 것은 성령 충만입니다. "나는 재능이 부족해. 나는 배운 것이 적어서"라며 스스로 우리의 능력을 제한시켜 버립니다. 성령 충만 외에 다른 방법이 없습니다. 성령 충만하면 천군 천사를 동원할 수 있으며 사람의 마음을 움직입니다.

이스라엘 당대에 가장 힘이 센 사람이 누구였지요? 삼손이지요. 삼손은 성령님께 사로 잡혀서 나귀 턱뼈 하나로 블레셋 1천 군사를 죽여 버리게 됩니다. 삼손이 어떻게 이런 위력을 가지게 되었습니까? 사사기 13장에 보면, 하나님의 사자가 삼손의 어머니에게 나타났습니다. "여호와의 사자가 그 여인에게 나타나시고 그에게 이르시되 보라 이제 잉태하여 아들을 낳으리니 그러므로 너는 삼가서 포도주와 독주를 마시지 말찌며 무릇 부정한 것을 먹지 말지니라 보라 네가 잉태하여 아들을 낳으리니 그 머리에 삭도를 대지 말라 이 아이는 태에서 나옴으로부터 하나님께 바치운 나실인이 됨이라 그가 블레셋 사람의 손에서 이스라엘을 구원하기 시작하니라"(삿13:3-5).

그 후에 하나님의 사자가 삼손의 아버지 마노아에게 나타났습니다. "마노아가 또 여호와의 사자에게 말씀하되 당신의 이름이 무엇이니이까 당신의 말씀이 이룰 때에 우리가 당신을 존중하리이다. 여호와의 사자가 그에게 이르시되 어찌하여 나를 묻느냐 내 이름은 기묘니라. 이에 마노아가 염소 새끼 하나와 소제물을 취하여 반석 위에서 여호와께 드리매 사자가 이적을 행한지라 마노아와 그 아내가 본즉 불꽃이 단에서부터 하늘로 올라가는 동시에 여호와의 사자가 단 불꽃 가운데로 좇아 올라간지라 마노아와 그 아내가 이것을 보고 얼굴을 땅에 대고 엎드리니라"(삿 13:17-20). "내 이름은 기묘니라" 예수님이 기묘자로 오셨지요. 사실 여기서 여호와의 사자는 예수님을 말합니다.

그런데 언제 불행이 찾아왔습니까? 삼손이 드릴라의 무릎을 베고 잠을 자다가 머리가 깎여지게 되었습니다. 그 순간부터 삼손은 힘을 잃었습니다. 마침내 꼼짝없이 블레셋 군사드라에 의해 잡히게 되었습니다. 보세요. 힘이 천하 장사였던 삼손이 언제 힘이 빠지고 평범한 사람으로 바꾸어졌습니까? 머리털이 잘라져 버린 순간부터 입니다. 그럼 삼손의 머리털에서 힘이 나오는 것입니까? 그는 나실인으로서 머리털을 깎아서는 안 되는 사람이었습니다. 그런데 그는 하나님의 말씀을 범했습니다. 그때부터 성령님께서 떠나시고 힘이 없어지게 된 것입니다. 기억하시기 바랍니다. 성령님은 말씀을 수레로 삼고 오시기에 우리가 성령님의 인도를 무시하고 하나님의 말씀을 순종하지 않으면 성령님이 떠나버리게 된다는 것을… 성령께서 감동하시는 말씀에 순종하기를 바랍니다.

둘째, 성령님은 장래 일을 말하게 하십니다. 성경의 저자는 성령 하나님이시지요. 성경이 무엇입니까? 예언서지요. 성령님은 스스로 말하지 않습니다. 오직 하나님 아버지로부터 듣는 것을 말하시고 장래 일을 말하십니다. 그래서 하나님께서 아모스를 통해서 확실하게 증거하십니다. "주 여호와께서는 자기의 비밀을 그 종 선지자들에게 보이지 아니하시고는 결코 행하심이 없으시리라"(아모스 3:7). 하나님이 성령으로 우리에게 보여주지 않고는 행하시는 일이 결단코 없다고 하십니다.

소돔과 고모라가 멸망할 때에 천사가 아브라함에게 와서 알려 줍니다. "아브라함아, 저 소돔과 고모라가 죄악이 극심해서 내가 멸망시키러 간다." 그러니까 소돔과 고모라가 멸망하기 전에 아브라함이 안 것입니다. 이때, 아브라함이 소돔에 살고 있는 롯을 위해서 하나님께 간절히 기도합니다. 하나님께서 아브라함의 기도를 들으시고 롯을 구원하여 주십니다. 아브라함은 소돔과 함께 롯도 멸망할 것을 알고 있었기 때문에 살려달라고 기도했고, 하나님께서는 그의 기도에 응답하여 롯이 살 수 있었습니다.

성경은 에녹이 3백 년 동안 하나님과 동행하면서 죽음을 보지 않고 올라간다고 말합니다. 그런데 에녹이 살아 있을 때 얼마나 성령이 충만했느냐, 아들을 낳을 때 그 이름을 므두셀라라고 지었습니다. 므두셀라라는 뜻은 "이 아이가 죽으면 심판이 온다"는 뜻입니다. 실제로 므두셀라가 죽고 나서 14일 만에 이 세상에 홍수가 내립니다. 므두셀라는 969세까지 살았습니다. 그러므로 에녹은 969년 후의 일을 미리서 알고 있었다는 것이지요.

에녹이 살 때 얼마나 성령의 충만함을 받았는지 천년후의 일을 알고 자기 자식의 이름을 '므두셀라'라고 지은 것입니다. 그리고 실제적으로 므두셀라가 죽은 후 14일 만에 결국 홍수 심판으로 세상이 멸망합니다. 노아는 세상이 멸망하기 전에 하나님께서 말씀하시니 하나님의 비밀을 알았고 순종하고 방주를 짓습니다. 그 방주가 다 지어지자 하나님의 심판이 시작되었으나 노아의 가족은 살아납니다. 하나님의 성령이 충만한 자들은 하나님의 비밀을 압니다. 이 세상이 아무리 혼탁하고 어지러울지라도 불경기로 경제적인 어려움을 당하고 있을지라도 하나님과 동행하고 성령으로 충만하면 하나님의 비밀을 알고 세상의 승리자가 될 수 있습니다.

성령에 충만하면 머리가 될지언정 꼬리가 되지 않습니다. 올라갈지라도 내려가지 않습니다. 꾸어줄지라도 꾸지 않은 여호와의 백성이 될 수 있습니다. 우리가 예수님 안에서 성령으로 충만하시길 주님의 이름으로 축원합니다. 우리가 기도할 때 성령님의 인도함을 받습니다. 성령님의 인도를 받으면 반드시 승리와 축복이 있습니다. 다윗의 삶을 깊이 살펴보면 다윗이 승리한 이유를 알 수 있습니다. 모두가 다 기도의 응답이었습니다.

다윗이 정치적 망령자로 블레셋으로 갔을 때, 가족들이 거주하는 시글락이 적군의 침략으로 불타버렸고 모두가 다 사로잡혀 갔습니다. 다윗의 생애가운데 최대의 위기였습니다. 다윗을 따르던 충신 부하들이 자기들의 가족을 잃게 된 것을 다윗에게 탓을 돌리며 돌을 들어 다윗을 쳐 죽이려 했습니다. "백성이 각기 자녀들을 위하여 마음이 슬퍼서 다윗을 돌로 치자 하니 다윗이 크게 군급하였으나 그 하나님 여호와를 힘입고 용기를 얻었더라"(삼상 30:6). 이 때도 다윗이 기도할 때 "추격하여라"는 하나님의 명령이 떨어집니다. 하지만 적군이 어디로 갔는지 알 수 없습니다. 추격해 가는 길에서 한 병사가 병들어 길거리에 죽어가는 것을 보게 되었습니다. 다윗이 그를 긍휼히 여겨 음식을 주어 살려 주었더니 다윗에게 적군의 행로를 자세하게 알려줍니다. 마침내 전쟁에서 대 승리를 거두게 됩니다. 이 실화는 우리에게 무엇을 말해 줍니까? **병들어 주인으로부터 버림당한 작은 병사에게 은혜를 베풀었더니 그 병사가 문제해결의 키(key)를 가지고 있었습니다. 하나님은 주변 사람을 통하여 문제 해결의 지혜를 주십니다.**

책을 읽는 분 중에 모든 환경이 절벽이요, 캄캄한 상황입니까? 자신의 주위를 살펴보기 바랍니다. 목마르고 배고파 죽어가는 사람들이 있습니다. 바로 그들이 축복의 통로가 됩니다. 선교지에서 목숨 걸고 일하는 귀한 선교사님들이 있습니다. 그들을 대접하는 것이 곧 예수님을 대접하는 것입니다. 무슨 말입니까? 하나님의 말씀을 지키는 곳에 하나님의 역사가 있다는 것입니다.

아브라함의 조카 롯은 요단 뜰을 바라보니 물이 넉넉합니다. 그래서 좋은 땅을 삼촌에게 양보하지 않고 자기가 먼저 차지해 버리지요. 그런데 롯이 들어간 성읍이 소돔과 고모라였습니다. 얼마 후에 그곳에 전쟁이 일어나 조카 롯이 사로잡혀 가게 되었지요. 그때 아브라함이 그 소식을 듣고 자기가 훈련시킨 318명의 사병을 이끌고 수천리길을 추격하여 롯을 찾아옵니다. 지금도 교회에 왔다가 나오지 않는 장기결석자들이 바로 오늘 이 롯과 같이 우리가 도움을 주어야 할 사람들입니다. 마귀에게 사로잡혀 간 그들을 건져와야 합니다. 그들을 예배당으로 데려와 살려야 합니다.

아브라함이 언제 복을 받았습니까? "아브람이 그돌라오멜과 그와 함께 한 왕들을 쳐부수고 돌아올 때에 소돔 왕이 사웨 골짜기 곧 왕의 골짜기로 나와 그를 영접하였고 (18) 살렘 왕 멜기세덱이 떡과 포도주를 가지고 나왔으니 그는 지극히 높으신 하나님의 제사장이었더라 (19) 그가 아브람에게 축복하여 이르되 천지의 주재이시요 지극히 높으신 하나님이여 아브람에게 복을 주옵소서"(창 14:17-19). 살렘왕 멜기세덱이 우리 예수님의 모형이 되십니다. 멜기세덱이 언제 하나님께 아브라함을 복달라고 축복합니까? 아브라함은 배신한 롯이 전쟁으로 잡혀 죽게 된 상황에서 롯을 미워하지 않고 끝까지 사랑으로 섬기고 롯을 살려왔습니다. 아브라함이 넓은 마음으로 열정을 가지고 조차 롯을 기어코 살려오니까 멜기세덱이 그 아브라함의 사랑을 보고 하나님께 아브라함의 축복을 구했습니다. 곧 아브라함이 롯을 구해온 결과 하나님께서는 아브라함에게 예수님을 만나는 복을 받게 하신 것입니다.

심판 날에 예수님께서 대백보좌 심판대에서 우리에게 하실 말씀을 기억하고 있습니까? "지극히 작은 자에게 행한 것이 곧 나에게 행한 것이라"고 하셨기에 행한 대로 갚아 주십니다. 100% 성령님의 인도함을 받는 삶을 살기를 원하십니까? 하나님의 말씀대로 살기를 바랍니다. 하나님과 온전하게 동행하기를 바랍니다. 그러면 모든 일에서 형통의 복을 얻게 될 줄 믿습니다.

아브라함은 가장 신임하는 늙은 종에게 이삭의 신부감을 데려오라고 합니다. 조건이 있었어요. "너는 내가 거주하는 이 지방 가나안 족속의 딸 중에서 내 아들을 위하여 아내를 택하지 말고 내 고향 내 족속에게로 가서 내 아들 이삭을 위하여 아내를 택하라" 사명을 받은 늙은 종은 우물곁에서 주인 아들의 신부감을 순조롭게 만나게 해달라고 하나님께 기도합니다. "성중에서 우물을 길르러 나온 소녀에게 물을 좀 달라고 청하여 나에게 물을 줄 뿐만 아니라 내 낙타에게도 마시게 하면 그는 분명히 이삭의 아내 될 사람으로 여기겠습니다."(창24:13-14).

기도를 마치자마자 아리따운 소녀가 물 항아리를 어깨에 메고 오니다. 기도한대로 '당신도 마시고 약대도 먹이소서' 그러면서 약대 10필까지 물을 길러다 먹입니다. "이에 그 사람이 머리를 숙여 여호와께 경배하고 (27) 가로되 나의 주인 아브라함의 하나님 여호와를 찬송하나이다 나의 주인에게 주의 인자와 성실을 끊이지 아니하셨사오며 여호와께서 길에서 나를 인도하사 내 주인의 동생집에 이르게 하셨나이다 하니라"(창24:26-27). 하나님의 성령님께서 인도하셨다고 고백하지요. 오늘도 우리가 기도할 때 하나님의 성령님께서 우리의 길을 인도하십니다.

그러면 어떻게 하면 성령 충만을 받을 수 있을까요? 하나님께서는 죄에 대해 책망하십니다. 성령님께서 책망하심에 따라 회개하는 것입니다. 바른 길로 돌아서는 것입니다. 성령의 빛에 의해 하나님의 말씀에 어긋난 것 철저히 통회자복하면서 회개하는 것입니다. 회개의 깊이만큼, 회개한 만큼 성령으로 충만케 됩니다.

의에 대해 책망하십니다. 하나님 앞에 나의 의, 내 자랑, 내안의 자만, 교만을 철저히 회개하고 나의 모든 것 내려놓고 오직 하나님의 은혜라는 고백이 나와야 합니다. 하나님의 성령의 빛 앞에서면 내 의가 촛불에 불과하기에 하나님의 의 앞에 고꾸라져서 나의 연약함과 부끄러움을 깨닫고 자복하고 회개할 때 성령 충만을 받게 됩니다.

심판에 대해 책망하십니다. 내가 이 세상 마귀 따라가는 생각, 마음과 이 세상을 사랑한 모든 것 철저히 회개할 때 성령충만이 오게 됩니다. 우리 모두 성령 충만하여 성령님의 인도로 예수 그리스도의 품속에서 하나님의 사랑을 깊이 경험하시므로 진리의 사람, 사랑의 사람으로 복된 승리의 축복이 있으시기를 축원 드립니다.

14장 예수로 죽고 예수로 살게 한다.

(갈 2:20)"내가 그리스도와 함께 십자가에 못 박혔나니
그런즉 이제는 내가 사는 것이 아니요 오직 내 안에 그리스
도께서 사시는 것이라 이제 내가 육체 가운데 사는 것은 나
를 사랑하사 나를 위하여 자기 자신을 버리신 하나님의 아
들을 믿는 믿음 안에서 사는 것이라"

많은 수의 성도님들이 예수를 믿을 때 예수님과 함께 십자가에
서 죽었다는 것을 알고 말하지 못합니다. 필자는 영적으로 육적으
로 정신적으로 고통을 당하는 환자들이 많이 찾아와 치유 받고 자
유 함을 누립니다. 필자가 환자가 찾아오면 질문하는 것이 있습니
다. 치유 받고 싶습니까? 하면 아멘! 합니다. 그런데 예수님을 믿을
때 어떻게 되었느냐고 질문하면 대답을 못합니다. 그러면 자세하
게 설명을 해줍니다. 성도님은 예수님이 십자가에 달려서 죽으실
때 죄인이던 성도님은 죽었습니다. 다시 예수님께서 부활할 때 의
인으로 부활을 하여 지금은 성령의 인도를 받으면서 다시 사신 예
수님의 인생을 사는 것입니다.

환자가 예수님의 이름으로 치유를 받으려면 예수님을 믿을 때
죽었고, 다시 예수님으로 부활하여 지금은 성령의 인도를 받으면
서 예수님을 나타내며 살아간다는 것을 믿어야 성령의 역사로 치
유가 되기 시작합니다. 죄인이던 자신이 살아있는 상태로는 치유

가 되지 않습니다. 죄인에게는 성령의 역사가 일어나지 않기 때문입니다. 사도 바울은 로마서 6:8에서 "만일 우리가 그리스도와 함께 죽었으면 또한 그와 함께 살줄을 믿노니"라고 말했습니다. 그리스도와 죽지 않았다면 그는 그리스도와 함께 살지 않는 사람인 것입니다. '예수님을 믿을 때 나는 죽고 예수로 사는' 것을 믿지 못한 채 10년 20년 아무리 열심히 예수님을 믿어도 열매가 없습니다. 새 생명의 삶을 시작도 하지 않았기 때문입니다. 죄 보다 더 무서운 것이 죽지 않은 자아입니다. 자아가 죽지 않은 채, 열심만 있으면 하나님의 일을 방해할 뿐입니다. '자기 생각에 옳은 대로'(삿 21:25) 행하는 것이 죄입니다. 부부 싸움도 교회의 분란도 자기가 옳다고 생각하는 대로 주장하기에 생기는 것입니다.

언제인가 필자가 이런 말씀을 전한적인 있습니다. 자신의 아파트청소는 자신이 합니다. 쓰레기도 자신이 버립니다. 이는 자신이 아파트에 주인이고 사는 사람이기 때문입니다. 자신의 마음의 청소는 누가해야 합니까? 예수님이 주인으로 사시는 분이기 때문에 예수님이 하시는 것입니다. 쓰레기도 예수님이 버리시는 것입니다. 자신은 예수님을 주인으로 인정하고 마음 문을 활짝 열고 성령의 역사하시는 대로 순종하면 됩니다.

오늘날 복음에 대한 좌절감, 무력감이 기독 지성인들 사이에 무섭게 퍼져가고 있습니다. 그것은 십자가 복음이 무능해서가 아니라 우리가 진정한 십자가 복음이 무엇이지 알지 못하고 믿지 않기 때문입니다. 십자가는 너무나 충격적이고 놀라우며 영광스러운 사건입니다. 온 인류의 구원의 문이 열린 것입니다. 그러나 우리가 믿지 않기에 온 인류는 고사하고 우리 자신도 변화시키지 못하는 무능한 복음이 되어버린 것입니다. 많은 그리스도인들이 자아의 죽음을 이해하지 못하여 죽으려고 애를 씁니다. 그것은 헛된 노력일 뿐입니다. 우리는 우리의 자아를 죽일 수 없습니다. 자아의 죽음은 전적으로 믿음의 사건입니다. "나는 안 죽은 것 같다"라고 대답하는 것은 겸손한 것이 아니라 믿음이 없는 것입니다.

로마서 6장 3-4절을 보면 예수님께서 십자가에서 죽으실 때, 우리의 옛사람이 예수님과 연합하여 죽게 하셨고 부활의 주님과 연합한 새 생명으로 살게 하셨습니다. 그래서 바울은 "오직 이면적 유대인이 유대인이며 할례는 마음에 할지니 영에 있고 율법 조문에 있지 아니한 것이라 그 칭찬이 사람에게서가 아니요 다만 하나님에게서니라"(롬 2:29). 말씀하시는 것입니다. 마음에 성령으로 세례를 받았다면 이미 장례식을 치르고 사는 사람인 것입니다. '나는 죽었다' '나는 죽었다' 하다보면 어느 순간 자아가 죽는 것이 아니라, 십자가에서 하나님께서 이루신 놀라운 일에 대하여 "아멘, 하나님, 감사합니다. 하나님을 찬양합니다." 하는 것입니다.

많은 사람이 '나는 죽고 예수로 사는 것'이 어렵다 하지만 실제는 쉬운 것입니다. '나는 죽고 예수로 사는 것'은 다른 종교처럼 수행하는 것이나 도를 닦는 것이 아닙니다. 자신이 지고 살던 삶의 무거운 짐을 주님께 넘겨 드리는 것입니다. "나는 죽었습니다." 고백하는 성도는 매일 매일 힘들게 사는 것이 아닙니다. 주님으로 사는 것 때문에 기대가 되고 흥분이 되는 삶입니다.

우리가 할 일은 모든 염려를 주님께 맡기고 어떤 상황에도 어떤 사람 앞에서도 "나는 죽었습니다." 고백하며 사는 것입니다. 이것이 예수님을 믿고 예수님을 주인으로 모신 우리가 할 수 있는 전부입니다. 그러면 부활의 주님을 만나고 부활의 능력으로 삽니다.

사도 바울은 고린도후서 4:10-11절에서 "우리가 항상 예수의 죽음을 몸에 짊어짐은 예수의 생명이 또한 우리 몸에 나타나게 하려 함이라 우리 살아 있는 자가 항상 예수를 위하여 죽음에 넘겨짐은 예수의 생명이 또한 우리 죽을 육체에 나타나게 하려 함이라"고 했습니다. 우리 자아가 죽었음을 믿을 때, 예수님의 생명으로 살며 우리를 통하여 주님의 역사가 나타난다는 것입니다.

필자의 교회에 성령치유 받으러 오신 집사님이 이렇게 고백했습니다. "저는 예수님을 통해 새 생명을 얻어 살아간다는 것은 알고 있었지만 예수님께서 십자가에 달려 죽으셨을 때 나의 옛 사람도 함께 죽었다는 사실은 제대로 알지 못했습니다. 또한 새 생명을 얻었기에 '예수님처럼 살도록 노력해야지'라고 생각했지, 정말 예수님의 생명으로 사는 것임을 깨닫지 못했습니다. 그러나 오늘 깨닫고 나니 예수님을 바라보는 마음이 더 감격스러워졌고 전보다 더 애정이 듬뿍 담긴 마음으로 예수님을 바라보게 되었습니다. 그래서 저는 누군가가 '당신의 매력은 무엇입니까'라고 묻는다면 저는 '제 안에 계시는 예수님입니다'라고 자랑스럽게 대답을 합니다."

우리 모두의 매력도 예수님입니다. 나 한 사람만 "나는 죽었다"

"나는 예수님으로 산다." 고백하며 산다면 어떤 일이 벌어지겠습니까? 가정도 살고 교회도 살고 한국 교회가 살아날 것입니다. 그리고 살아계신 부활의 주님의 역사를 체험하게 될 것입니다.

우리에게 무엇 보다 분명해야 하는 것은 '예수님을 믿을 때 나는 죽고 예수로 사는 십자가 복음'을 분명히 하는 것입니다. 그러면 다시 시작할 힘을 얻게 될 것입니다. "예수님이 과연 우리의(나의) 진정한 삶의 주인이 되시는가?" 이 물음에 대해 고민 할 때 가장 많이 떠올리는 구절이 갈라디아서 2장 20절 일 것입니다. 이 말씀은 그리스도인으로 새롭게 태어나게 된 나의 정체성, 나의 신분이 무엇인지를 명확하게 밝혀 주면서, 믿음으로 말미암아 의인이 된 사람들이 걸어가야 할 삶의 방향을 뚜렷하게 제시해 주고 있습니다.

나의 신앙, 나의 본 모습은 언제 가장 잘 드러나는지 아십니까? 혼자 있을 때입니다. 혼자 있을 때는 아무도 나를 보지 않기 때문에 맘대로 할 수 있습니다. 혼자 있으니 조용한 가운데 하나님과 교제해야겠다고 생각하고 기도에 열심을 내거나, 찬양하거나, 말씀을 깊이 묵상하면 얼마나 좋겠습니까? 세속적인 것들을 찾고 보고, 남을 속일 생각, 나쁜 짓을 계획하고, 돈을 왕창 벌어서 펑펑 쓰면서 할 것 다해 보고 살아가는 허황된 망상을 하고, 미디어에 빠져 시간을 허비하고, 먹고 마시는 유흥을 즐길 거리가 없나, 이런 고민 아닌 고민을 하기가 쉽습니다.

혼자 있을 때는 자신의 내면에 잠재하고 있었던, 내가 가장 추구하며 살아가는 가치적인 것들이 고스란히 드러나는 것입니다. 혼자 있을 때 무슨 행동을 하며, 어떤 생각을 하면서 지내는가가, 곧 나의 믿음의 척도입니다. 우리 주님도 우리가 혼자 있을 때의 모습을 보시고, 우리 믿음을 평가 하신다는 것을 분명히 아셔야 합니다.

너무나도 중요한 말씀이기 때문에 다시 한 번 강조해서 말씀드립니다. 나의 지금의 신앙 수준, 영성 수준은 교회 안에서 겸손하고, 예의 바르고, 모범적인 것으로 평가 되는 것이 아닙니다. 내가 혼자 있을 때, ① 나의 구원자요, 나의 주인이라고 고백한 우리 주님과 얼마만큼 영적인 교제 안에서 관계를 맺어 가는가 ② 그분이 주시는 의와 거룩함을 채움으로 죄와 자아를 얼마만큼 걷어내느냐 ③ 말씀이 주시는 능력과 하나님 나라에 대한 소망을 그 무엇보다도 갈급하게 요구하느냐 ④ 내 믿음이 연약하고 작은 것을 슬퍼하면서, 어떻게 하면 믿음으로 완전한 구원에 이를 수 있는가를 고민하고 또 고민 하는가 ⑤ 자녀들이 예수님을 깊이 만나게 해 달라고 눈물로 기도하는가 ⑥ 믿지 않는 우리 가족들에게 구원의 은혜를 베풀어 달라고 간절하게 간구하는가…. 등등 이런 엄청난 영적인 주제들을 가지고 혼자만의 시간을 보낼 수 있어야 진정한 믿음을 가지고, 구원받는 길을 당당하게 걸어갈 수 있는 그리스도인이 되는 것입니다.

우리 주님이 왜 십자가에서 돌아가셨을까요? 구원을 베푸시기 위해서이시죠. 너무나도 당연합니다. 하지만 구원만을 위해서만이 아닙니다. 데살로니가 전서 5장 10절을 읽어 드립니다. "예수께서 우리를 위하여 죽으사 우리로 하여금 깨어 있든지 자든지 자기와 함께 살게 하려 하셨느니라" 아멘. 예수님은 우리가 죽든지 살든지, 함께 살고 싶어서, 함께 대화 하고, 상담하시고, 위로해주시고, 능력주시고, 하늘나라로 무사히 데리고 가시고 싶어서 십자가에서 죽으셨다는 말씀입니다. 함께 하시고 싶어서 죽으셨다는 말씀이, 너무나도 기가막히고, 눈물 나는 말씀이 아닙니까?

예수님은 우리와 함께 하시기 위해 죽기까지 하셨는데, 그런데 왜 대다수의 신앙인들은 예수님을 믿는 다고 하면서도 이렇게 교회 안에서와 교회 밖에서의 이중적인 태도가 도무지 고쳐지지 않는 것일까요? 어째서 믿지 않는 사람들보다 더 불손하고 불량한 언행으로 눈살을 찌푸리게 하는 것일까요? 믿기 전이나 후나 그리스도인다운 칭찬이나 평가를 제대로 받지 못하면서도 올바른 신앙생활에 대해 진지하게 고민하지 않는 것일까요?

오늘 갈라디아서 말씀이 이러한 의문에 대한 답변입니다. 결론부터 말씀 드리면, 두 가지 문제 때문입니다. 첫째는, 우리가 예수님께서 십자가에서 죽으실 때 죽지 않았기 때문입니다. 더 솔직하게는, 죽는 것을 한사코 거부하기 때문입니다. "내가 그리스도와 함께 십자가에 못박혔나니" 사도 바울은 이 말씀을 자신의 믿음으로 선언했습니다. 그리고 정말 죽은 자처럼 살아갔습니다.

예수님도 십자가에서 죽으셨기 때문에 다시 영광의 모습으로 부활 하셨듯이, 우리가 십자가에서 죄와 불순종에 찌들어져 있는 나의 옛 자아, 내 멋대로 말하고, 내 마음대로 행동하려고 하는, 하늘을 찌를 듯한 교만하기 짝이 없는 나의 옛 자아를 못 박지 않는다면, 우리는 결코 믿음을 가진 그리스도인의 삶을 살아 갈 수 없습니다. 예수님만 십자가에 달리시고, 나는 여전히 나대로 살아간다면, 예수님은 나의 구원자로 역사하시지 않는다는 것입니다.

이 시간에 진지하게 물어 보겠습니다. 자신의 옛 자아는 십자가에서 못 박히셨습니까? 아니면, 예수님이 십자가에 못 박히셨다는 그 사실만 전해 들으셨습니까? 우리는 이 답변에 대해 명확한 입장을 표할 수 있어야 합니다. 그냥 슬쩍 짚고 넘어갈 문제가 아닙니다.

사도 바울과 같이, "내가 그리스도와 함께 십자가에 못 박혔습니다! 나의 과거는 십자가에서 완전하게 죽었습니다!" 라고 선언해야 합니다. 이 선언은 외침이 아니라 참회와 돌이킴을 결단하는 진실 된 믿음을 고백하는 것입니다. 이 고백의 시작이 믿음의 출발선입니다. 이 고백이 토대가 되지 않으면, 믿음은 한 발자국도 성장의 길로 나아갈 수가 없습니다.

이 시간에 참회하고 용서를 구하는 심정으로, 그리고 내 양심에 대고 진실 되고, 참으로 진실 되게 한 번 고백해보겠습니다. 가슴에 손을 얹으시고, 제가 먼저 하면 큰 소리로 고백하겠습니다. "내가 그리스도와 함께 십자가에 못 박혔습니다! 나의 과거는 십자가에서 완전하게 죽었습니다!" 아멘. 이 두 마디 믿음의 선언을 잊지 마시고, 믿음이 약해 질 때마다 반복하십시오. 오늘 주님 앞에 믿음으로 선언 하셨으니, 부드럽고 겸손한 말과 거룩한 행동으로, 교회 안과 교회 밖에서, 칭찬받고 인정받는 믿음의 그리스도인들로 살아가시기를 축원합니다.

우리가 믿음으로 살아가지 못하는 또 하나의 이유는 혼자서 자신의 지식으로 지혜로 세상을 살아가려고 하기 때문입니다. 앞서 죽었다는 선언을 했는데, 진짜 죽을 수만 있다면, 이제는 더 이상 홀로 살아가지 않습니다. "그런즉 이제는 내가 사는 것이 아니요 오직 내 안에 그리스도께서 사시는 것이라" 아멘.

죽었기 때문에 나온 결과는 내 안에 그리스도께서 사시는 것으로 귀결이 되었습니다. 죽지 않으면 나 혼자인데, 죽었더니, 예수님과 나와 함께 둘이서 합력하여 선을 이루며 살아가는 놀라운 일이 벌어졌습니다. 죽어야 살고, 죽어야 둘이 함께 할 수 있다니, 참, 기독교라는 종교는 반전 또 반전의 종교입니다.

"오직 내 안에 그리스도께서 사시는 것이라", 오직 이라는 말씀을 유의해서 보아야 합니다. 왜 오직 일까요? 죽은 사람은 말도 없고 움직임도 없습니다. 앞서 나는 죽었다고 선언 했으면, 나는 말도 할 수도 없고, 몸도 움직일 수 없는 진짜 죽은 자가 되어야 합니다. 앞으로 나를 대신 하시는 분이 오직, 오직, 오직, 예수 그리스도이셔야 합니다. 이 말의 뜻은, 나는 죽었고, 내 안에 예수님이 살고 계시기 때문에, 내가 말하고 행동하는 것은, 곧 예수님에 대한 평가로 이어진다는 것입니다.

내가 남을 욕하거나 험담을 하면, 그 더러운 말들이 곧 예수님을 욕되게 하는 것입니다. 내가 남에게 사기를 치고 거짓을 말하면 예수님이 곧 범죄자로 만드는 것입니다. 내가 유흥과 도박에 빠져 흥청망청 살아가면 그 향락이 곧 예수님을 품위 없는 분으로 만드는 것입니다. 내가 예배 중심, 교회 중심, 복음 전도 중심의 삶을 살아가지 못하면 곧 예수님이 거룩하심을 훼손하는 것이 됩니다.

매사에 나의 말과 행동이 곧 내 안에 사시는 예수님을 욕되게 할 수도 있고, 높여드릴 수도 있습니다. 얼마나 말조심, 행동 조심을 하고 살아야 하는지가, "오직 내 안에 그리스도께서 사시는 것이라" 이 말씀에 함축되어 있습니다. 우리가 살아가면서 짓게 되는 모든 죄는 내 안에 사시는 그리스도를 의식하지 않고, 그리스도를 무시하기 때문에 발생을 합니다. 우리 성도들은 보이는 세상에 온 마음을 집중하지 말아야 합니다. 보이지 않는 예수님이 살아서 주인으로 역사하고 계신다는 것을 체험해야 합니다. 이것은 예수로 죽고 예수로 살아가는 성도들의 가장 중요한 진리입니다.

출애굽기에 보면 "돌판 둘을 처음 것과 같이 깎아 만들라."는 말씀이 있습니다. "여호와께서 모세에게 이르시되 너는 돌판 둘을 처음 것과 같이 깎아 만들라"(출34:1). 처음 것은 하나님이 친히 만든 것입니다. 첫 돌 판은 말씀이 육신이 되어 우리 가운데 거하신 예수 그리스도를 말합니다. 그런데 유대인들이 율법으로 예수님을 십자가에 달아서 죽였습니다.

모세가 40주야를 하나님과 같이 있으면서 하나님께서 친히 만들어 십계명을 기록한 돌판을 가지고 시내산에서 내려옵니다. "모세가 돌이켜 산에서 내려오는데 증거의 두 판이 그 손에 있고 그 판의 양면 이편저편에 글자가 있으니 (16) 그 판은 하나님이 만드신 것이요 글자는 하나님이 쓰셔서 판에 새기신 것이더라"(출

32:15-16). 그런데 이스라엘 사람들이 자신들을 인도할 황송아지 신을 만들어 놓고 춤을 추고 뛰놀고 있는 것입니다. "진에 가까이 이르러 송아지와 그 춤추는 것을 보고 대노하여 손에서 그 판들을 산 아래로 던져 깨뜨리니라"(출32:19). 모세가 하나님이 쓰셔서 판에 새기신 돌판을 깨뜨렸습니다. 돌판은 예수님인데…

성경은 예수를 산돌로 비유를 합니다. 예수님은 하나님이 만든 산돌입니다. "사람에게는 버린 바가 되었으나 하나님께는 택하심을 입은 보배로운 산돌이신 예수에게 나아와 (5) 너희도 산돌같이 신령한 집으로 세워지고 예수 그리스도로 말미암아 하나님이 기쁘게 받으실 신령한 제사를 드릴 거룩한 제사장이 될지니라"(벧전2:4-5). "다 같은 신령한 음료를 마셨으니 이는 저희를 따르는 신령한 반석으로부터 마셨으매 그 반석은 곧 그리스도시라"(고전10:4). 우리 안에 주인이시고 산돌이신 예수님으로부터 신령한 생수가 흘러나오는 것입니다.

산돌인 예수 그리스도가 율법주의자들에 의하여 십자가에서 죽었습니다. "내가 율법으로 말미암아 율법에 대하여 죽었나니 이는 하나님에 대하여 살려 함이라"(갈 2:19). 율법으로 하나님이 만든 첫 돌이 깨어졌습니다. "진에 가까이 이르러 송아지와 그 춤추는 것을 보고 대노하여 손에서 그 판들을 산 아래로 던져 깨뜨리니라"(출32:19). 모세가 진노하시는 하나님의 음성을 듣고 이일에 가담한 사람들을 죽이라고 하여 사천 명 가량이 죽인을 당했습니다(출32:28). 모세가 죽인 삼천명은 하나님께서 함께하심을 믿지 못하고 우상숭배 한 자들입니다.

예수님이 십자가에서 죽으시면서 물과 피를 흘리셨습니다. 물은 율법, 피는 생명입니다. 물-율법을 생명의 피가 덮어서 복음, 살리는 것이 되었습니다. 이제 성령께서 깨닫게 하시는 복음으로 살아야 합니다. 율법은 죄를 깨닫게 하는 것입니다. 이렇게 율법은 사람을 죽이는 것입니다. "내가 율법으로 말미암아 율법에 대하여 죽었나니 이는 하나님에 대하여 살려 함이라"(갈 2:19). 율법인 죄로 죽고 다시 태어납니다.

죄로 죽은 인간이 살려면 생명의 피가 있어야 생명을 살립니다. 그래서 죄인인 우리를 살리기 위해서는 흠 없는 사람의 피가 있어야 했습니다. 죄는 반드시 죽어야 사해지기 때문입니다. 그래서 예수님은 하나님 아버지의 인류를 향한 사랑, 구원을 실천하려는 하나님의 말씀을 순종하여 십자가에서 죽으심으로 율법을 단번에 이루셨습니다. 예수님의 십자가 피의 공로로 우리를 생명으로 영으로 바꾸었습니다. 하나님께 나갈 수 있는 길이 열렸습니다. 우리는 구원받은 자답게 기도할 때 기쁜 얼굴로 기도하세요. 그래야 응답을 받습니다. 예배도 밝은 얼굴로 드리세요. 그래야 성령의 충만을 받습니다. 은혜 받은 성도답게 기쁘고 행복하게 살아가세요. 우리는 하나님의 은혜 받은 보리떡입니다. 보리떡은 항상 기쁩니다. 보리떡이란 무엇을 말합니까? 하나님에게 선택받아 구원받은 성도들입니다. 하나님의 시험을 통과하여 선택된 기드온의 삼백 용사들입니다. "기드온이 그곳에 이른즉 어떤 사람이 그 동무에게 꿈을 말하여 이르기를 내가 한 꿈을 꾸었는데 꿈에 보리떡 한 덩어리가 미디안 진으로 굴러 들어와서 한 장막에 이르러 그것을 쳐서 무너뜨려 엎드러뜨리니 곧 쓰러지더라"(삿7:13)

예수님도 보리떡 다섯 개와 물고기 두 마리로 오천 명을 먹이셨습니다. 고로 구원받은 자답게 기쁘게 사시기를 바랍니다. "마른 떡 한 조각만 있고도 화목 하는 것이 육선이 집에 가득하고 다투는 것보다 나으니라"(잠언 17:1). 화목한 가정이 되기를 바랍니다.

하나님이 모세에게 명령합니다. "여호와께서 모세에게 이르시되 너는 돌판 둘을 처음 것과 같이 깎아 만들라 네가 깨뜨린바 처음 판에 있던 말을 내가 그 판에 쓰리니"(출34:1). 하나님께서 모세에게 처음 것과 같이 깎아 만들라고 명령하십니다. 무엇을 두 돌판을… 모세 자네가 처음 것과 같이 똑같이 만들어라. 예수를 믿고 성령의 인도를 받는 우리들에게 명령하시는 것입니다.

모세가 돌 판의 규격을 어떻게 정확하게 알고 만듭니까? 성령이 친히 알려주시니까, 정확하게 만듭니다. "오직 하나님이 성령으로 이것을 우리에게 보이셨으니 성령은 모든 것 곧 하나님의 깊은 것까지도 통달하시느니라"(고전 2:10).

우리에게 증인이 있습니다. 예수님은 성령이 증인이라고 했습니다. "성령이 친히 우리 영으로 더불어 우리가 하나님의 자녀인 것을 증거하시나니"(롬8:16). "증거 하는 이는 성령이시니 성령은 진리니라 (8) 증거 하는 이가 셋이니 성령과 물과 피라 또한 이 셋이 합하여 하나이니라"(11)"또 증거는 이것이니 하나님이 우리에게 영생을 주신 것과 이 생명이 그의 아 들 안에 있는 그것이니라"
(요일 5:7-8,11). 내가 예수를 믿는 것이 아니고, 성령이 예수를 알
고 믿게 합니다. "그러므로 내가 너희에게 알게 하노니 하나님의
영으로 말하는 자는 누구든지 예수를 저주할 자라 하지 않고 또 성
령으로 아니하고는 누구든지 예수를 주시라 할 수 없느니라"(고전
12:3). 성령님은 보이지 않지만 살아서 역사하시는 분입니다. 성령
님을 살아서 역사하시는 분으로 알고 믿어야 성령의 불로 역사하
시는 것입니다. 성령으로 깨닫고 믿는 자는 예수님이 나의 주인이
십니다. 누가 알게 합니까? 성령님이 알게 하시고 믿게 하시는 것
입니다. "또 그리스도께서 너희 안에 계시면 몸은 죄로 인하여 죽
은 것이나 영은 의를 인하여 산 것이니라"(요일5:10)

두 돌판- 둘은 증거가 되도록 하기 위함입니다. 모든 말씀을 짝
이 있습니다. 하나님께서도 한번 말씀하시고 다시 말씀하십니다.
네가 직접 깎아 만들어라. 모세가 돌 판을 성령의 인도로 깎아서
만들어야 합니다. 하나님이 친히 성령으로 잉태하여 육신의 몸을
입고 오신 예수는 십자가에서 죽었습니다. 이제 성령으로 예수님
이 내 안에 오셨으므로 내 안에 계신 성령님의 은혜로 말씀을 심령
에 기록해야합니다. 이제 나를 깎아 만들어야합니다. 하나님이 쓰
시기 좋게 내가 성령의 역사에 순종하며 준비해야 합니다. 굴러다
니던 보 잘 것 없던 돌을 깎아 만들면 귀하고 멋있는 돌이 되어 진
열장에 들어갑니다. 나를 깎아 예수 만들려면 산고의 고통이 있습
니다. 모든 생명이 태어날 때 피와 아픔과 물(땀)이 있습니다. "나

의 자녀들아 너희 속에 그리스도의 형상이 이루기까지 다시 너희를 위하여 해산하는 수고를 하노니"(갈4:19)

지금도 성령의 역사로 깎고 또 깎고 내 성질을 깎아서 주님의 형상 닮을 때까지 깎아야 합니다. 예수로 살아서 성령의 인도를 받으면서 성령이 주인 된 성전을 만들어야 합니다. 다듬어지면 진열장에 들어갑니다. 자신이 죽어야 성령께서 깎아서 예수님을 만드십니다. 자신이 살아있으면 성령께서 깎아 예수 만들지 못합니다.

이스라엘 백성들이 왜 금송아지를 만들었습니까? 모세가 눈에 보이지 않으니 불안합니다. 그래서 애굽의 신인 황송아지를 만든 것입니다. 그런데 성령으로 영의 눈이 열리지 않아 보지 못하지만 실상은 하나님은 자신들하고 함께 있었습니다. 하나님은 초자연적으로 시공간을 초월하시며 역사하시는 분이기 때문입니다. "내가 주의 영을 떠나 어디로 가며 주의 앞에서 어디로 피하리이까 (8) 내가 하늘에 올라갈지라도 거기 계시며 스올에 내 자리를 펼지라도 거기 계시니이다 (9) 내가 새벽 날개를 치며 바다 끝에 가서 거주할지라도 (10) 거기서도 주의 손이 나를 인도하시며 주의 오른손이 나를 붙드시리이다"(시 139:7-10). 그런데 영안이 열리지를 않아 보지 못하고 믿지를 못한 것입니다.

"우리들의 제일 되는 문제가 무엇인지 아십니까? 예수님께서 살아계시면서 동행하고 계신다는 것을 알지 못하고 체험하지 못하는 것입니다. 예수님을 관념적으로 알고 믿고 행하는 것입니다. 우리의 문제는 다른 것이 아니라, 우리 안에 주님이 주인으로 사시는 것이 실재라는 체험이나 믿음이 없는 것입니다. 주님은 보이지 않아 막연하고 세상은 보이는 실재였기 때문에, 주님과 세상을 저울질하고 사는 것입니다. 눈에 보이지 않는 주님이 눈에 보이듯 믿어지는 것은 정말 꿈같은 일입니다. 성령의 불세례가 아니고는 깨달아 알 수가 없습니다. 우리는 정말 악하고 더러운데 전적인 하나님의 은혜로 주님이 우리 안에 오셨습니다. 우리가 할 일은 예수님께서 주인으로 사신다는 놀라운 사실을 정말로 믿는 것뿐이고, '왕이신 주님이 내 안에 계시다!'라는 것을 체험하는 것뿐입니다. 이것이 모든 문제의 답입니다. "정말 사랑에 빠져서 그 사람과 함께 걷는 사람은 결코 한 눈 팔거나 곁눈질 하지 않습니다." 우리 성도들이 예수님을 왕으로 모시고, 사랑하고 동행하기를 바랍니다.

성령의 불세례를 받고 성령으로 충만 받아 성령의 지배를 받아야 우리 육체가 짓는 죄는 모조리 죽게 하시고, 그 안에 성결의 영으로 함께하시는 우리 주님과 깊은 사랑에 빠지지 않고서는, "오직 내 안에 사시는 그리스도"를 경험해 나갈 수 없습니다. 나는 죽었고, 내 안에 그리스도께서 사시는 것이라는 고백이 진심이었다면, 이제는 그리스도인답게 세상에서 삶을 살아야 합니다.

오늘 말씀의 하 반절이 우리가 앞으로 이렇게 살겠다는 결심이 되었으면 합니다. "이제 내가 육체 가운데~" 여기서부터 함께 읽도록 하겠습니다. "이제 내가 육체 가운데 사는 것은 나를 사랑하사 나를 위하여 자기 자신을 버리신 하나님의 아들을 믿는 믿음 안에서 사는 것이라" 아멘.

15장 성령의 권능으로 세상을 살아간다.

(행 3:3-10)"그가 베드로와 요한이 성전에 들어가려 함을 보고 구걸하거늘 베드로가 요한과 더불어 주목하여 이르되 우리를 보라 하니, 그가 그들에게서 무엇을 얻을까 하여 바라보거늘 베드로가 이르되 은과 금은 내게 없거니와 내게 있는 이것을 네게 주노니 나사렛 예수 그리스도의 이름으로 일어나 걸으라 하고, 오른손을 잡아 일으키니 발과 발목이 곧 힘을 얻고, 뛰어 서서 걸으며 그들과 함께 성전으로 들어가면서 걷기도 하고 뛰기도 하며 하나님을 찬송하니, 모든 백성이 그 걷는 것과 하나님을 찬송함을 보고, 그가 본래 성전 미문에 앉아 구걸하던 사람인 줄 알고 그에게 일어난 일로 인하여 심히 놀랍게 여기며 놀라니라"

성령의 불로 불세례를 받고 성령의 지배와 장악이 되어 성령의 인도를 받으면 권세 있고 능력있는 삶을 살게 됩니다. 사람들이 도대체 누구를 잡아야 살 수 있을까? 누구의 도움을 받아야 일어설 수 있을까? 고민하고 있습니다. 하지만 세상을 아무리 바라보아도 우리의 도움은 오직 주 밖에 없습니다. 예수 그리스만이 우리 운명을 바꾸는 능력이십니다. 사람들은 돈이 있어야 운명을 바꿀 수 있다고 생각하지만 성경은 우리에게 이렇게 가르쳐줍니다.

베드로가 "은과 금은 내게 없으나 내게 있는 것을 당신에게 주겠소. 나사렛 예수 그리스도의 이름으로 일어나 걸으라"고 말하고 있습니다(행3:3-7). 예수 이름의 능력이 인생의 운명을 바꿉니다. 인생의 희망은 오직 예수 그리스도의 이름에 있습니다. 누구든지 예수 그리스도의 이름을 붙들어야 구원을 얻고 영원한 생명을 얻는 것입니다. 저는 모든 성도들이 자신의 운명을 바꾸는 예수 이름의 권능을 사용하기를 소망합니다. 하나님은 예수 그리스도를 통해 우리의 인생이 평안하기를 원하십니다. 하나님은 예수 그리스도를 통해 주저앉은 삶이 일어나기를 원하십니다. 하나님은 예수 그리스도를 통해 구원받기를 원하십니다.

예수 이름에 변화가 있습니다. 예수 이름에 치유가 있습니다. 예수 이름에 축복이 있습니다. 예수 이름에 행복이 있습니다. 예수 이름에 회복이 있습니다. 예수 이름에 능력이 있습니다. 예수 이름에 기적이 있습니다. 예수 이름에는 평안이 있습니다. 권능 있는 예수 이름을 적절하게 사용하십시오. 그러면 당신의 운명은 주저앉은 인생에서 일어서는 인생으로 바뀌게 될 것입니다. 남에게 도움 받는 인생에서 남을 도와주는 인생으로 바뀌게 될 것입니다. 오직 예수 그리스도의 이름만이 우리의 운명을 변화시키는 기적을 가져옵니다. 예수의 이름에는 능력이 있습니다.

첫째, 성령으로 기도할 때 나타나는 능력. 예수님의 능력은 항상 성령으로 기도하는 사람을 통해 나타납니다. 성령으로 기도하는 사람은 예수 믿을 때 죽었고, 다시 예수님으로 살아나 성령의 인도를 받는 성도이기 때문입니다. 기도가 능력이고, 기도가 성령충만이기 때문입니다. 유대인들은 바벨론 포로에서 돌아온 후 하루에 세 번 기도하는 습관을 가지고 있었습니다. 본문에는 베드로와 요한이 유대인의 습관을 따라 제 구시에 성전으로 기도하러 올라가는 모습이 소개되고 있습니다.

성령 충만을 경험했던 베드로와 요한이 유대인의 전통적인 기도 시간에 기도하러 성전에 올라갔다는 말은 초대 교회가 유대교의 전통을 완전히 버리지 않고 준행했음을 시사하고 있습니다. 초대 교회 성도들이 복음을 유대교의 연장선상에서 이해하고 있었기 때문입니다. 그래서 베드로가 이방인 고넬료에게 복음을 전하는 것을 꺼려했고, 예루살렘 교회 성도들이 문제를 삼았습니다(행11:2-3). 유대교의 전통을 깨트리기 위하여 성령하나님께서 직접 개입하십니다. 그러나 유대교의 전통이 모두 다 그릇된 것은 아닙니다. 그리스도인이 시간을 정해 놓고 기도하는 습관을 갖는 것은 유익한 것입니다.

베드로와 요한은 자기 형제가 있었지만 그들은 자기 형제 이상으로 친밀한 관계를 유지하고 있었습니다. 그것은 베드로가 회개하고, 하나님이 그를 용납하셨다는 좋은 증거가 되며, 그리스도 안에 있는 교제가 혈연관계보다 더 친밀할 수 있다는 사실을 보여 주는 것입니다.

앉은뱅이가 일어나는 기적은 기도하는 시간에 베드로와 요한을 통해 일어났습니다. 기도하는 사람은 하나님이 함께 하시는 특별한 존재입니다. 그들을 통해 하나님은 기사와 표적을 나타내십니다. 기도는 영적 호흡이며, 하나님과의 교제이고, 자신을 치유하는 시간이고, 심신의 피로를 회복하는 시간이며, 하늘나라의 보물 창고를 열 수 있는 열쇠가 되기 때문입니다. 우리 주님은 구하고 찾는 자에게 가장 좋은 것으로(마7:11), 가장 빠른 시간 안에(눅18:8), 우리가 필요한 것만큼(눅11:8) 주시는 분입니다.

하나님께서 우리에게 주신 최고의 능력 가운데 하나가 기도입니다. 하나님께 쓰임 받았던 사람들의 공통점은 기도의 사람이었습니다. 기도의 능력은 제한이 없습니다. 성도는 얼마든지 기도를 통해서 세상을 변화시킬 수 있습니다. 우리는 사도들과 같이 하루에 세 번씩 시간을 정해 놓고 기도할 수는 없어도 하루를 시작하는 새벽 시간을 하나님께 드릴 수는 있습니다. 시간을 정해 놓고 하나님을 만나는 사람은 믿음의 사람입니다.

둘째, 그보다 큰 것도 하는 능력. 성도들의 믿음의 성장, 영적 성장의 과정을 보면 크게 나누어 3단계로 변화를 체험합니다. 예수님을 영접하고 처음 교회에 들어와 새 신자 교육이나, 성경 공부 등을 통하여서 예수님을 우리의 죄를 사하기 위하셔 십자가에 달리신 분이라고 인식하게 됩니다. 즉 "구원자의 예수님"으로 "아 나는 구원을 받았구나" 이렇게 인식하게 됩니다. 그 이후 차츰 시간이 흐르고 목사님들의 설교를 통하여서 혹은 다른 성도들의 간증을 통하여서, 또 성경 말씀을 통하여서 예수님에 대한 인식이 한

단계 변화하게 됩니다.

그 두 번째 단계는 바로 "권능의 예수님"입니다. 성경말씀 속 예수님께서 제자들과 함께 돌아다니시면서 병을 고치시고 귀신을 내보내고 오병이어와 같은 각종 이적과 기사를 행하시는 것을 보면서 "아 예수님은 권능이 있으시구나" "권능의 예수님이시구나" 알게 됩니다.

그런데 문제는 많은 크리스천들이 이 2번째 단계에서 멈춘다는 것입니다. 그 이후에 있는 3번째 단계에 도달하지 못한다는 것입니다. 그렇다면 3번째 단계는 무엇이기에 많은 크리스천들이 이 단계에 도달하지 못하는 것일까요? 바로 3단계는 2단계에서 인식한 능력의 예수님께서 우리에게 실제적으로 역사하는 것을 체험하는 것입니다. 그런데 왜 3단계로 변화되지 못할까요? 그것은 살아있는 성령의 역사를 체험하지 못하기 때문입니다. 성령으로 세례를 받고 내면의 상처를 치유 받으면서 자신에게 역사하는 악한 영을 알고 몰아내는 체험을 하기가 어렵다는 것입니다. 보수적인 교회에서 성령을 체험하기는 상당히 어렵습니다.

왜냐하면 성도들을 양육하는 목회자 중에 예배나 집회를 통하여 성령으로 세례를 베풀 수 있는 목회자가 많지 않기 때문입니다. 그래서 실제 말씀대로 성령의 역사를 일으키지 못합니다. 성도들이 살아있는 성령의 역사를 체험하지 못하니까, 예수님께서 행하신 기적들은 당시 예수님 시대에서만 행하여지는 것이고, 우리가 사는 현대 시대에는 있을 수 없는 일이라고 생각한다는 것입니다. 성도들은 목사님이 알려주는 것만 알고 행하기 때문입니다. 그러므로 담임 목사님들의 영성이 중요합니다. 영적인 진리를 많이 알고 전하고 체험하게 해야 한다는 책임감이 있어야 합니다. 성도들은 자신이 알려주는 것만 알고 있다는 것을 알아야 합니다.

또 우리는 그런 기적을 행할 수 없다고 생각하는 것입니다. 이는 우리가 믿는 기독교가 생명의 종교요, 기적의 종교요, 체험의 종교라는 것을 알지 못하고 믿지 않은 연고입니다. 하지만 우리 안에 성령이 계시고, 지금도 살아서 역사하고 계시는 성령이라는 것을 알고 믿으며, 성경을 하나님의 말씀으로 믿고 있다면 이런 생각은 잘못된 것임을 알아야 합니다.

하나님은 지금도 살아서 역사하시는 하나님이십니다. 하나님은 말씀하신 것을 실제로 이루시는 분입니다. 그러므로 성령의 임재 하에 말씀을 선포한 그대로 이루어진다는 믿음을 가져야 합니다. 요한복음 14장 12절을 보면 "내가 진실로 진실로 너희에게 이르노니 나를 믿는 자는 나의 하는 일을 저도 할 것이요 또한 이보다 큰 것도 하리니 이는 내가 아버지께로 감이니라"

이처럼 예수님께서는 친히 우리에게 우리가 예수님을 믿는다면 예수님께서 하신 일을 할 수 있으며 또 그보다 큰 것도 한다고 말씀하셨습니다. 예수님께서 행하신 눈먼 사람도 고칠 수 있으며, 앉은뱅이도 일어서게 할 수 있으며, 혈루병, 귀신들린 자, 벙어리 된 자, 각종 암, 우울증, 공황장애, 죽은 자, 오병이어의 기적뿐만이 아니라, 그보다 더 큰 기적을 우리는 행할 수 있다고 말하고 계시는 것입니다.

　그렇다면 2단계에서 3단계로 성장하기 위해서는 어떻게 해야
할까요? 예수님께서 행하신 기적들을 우리가 행하려면 어떤 것이
필요할까요? 그 비밀의 열쇠는 바로 "예수라는 이름의 능력의 사
용"입니다. 예수님의 권능을 사용하려면 먼저 성령을 바르게 알고
성령으로 세례를 받아야 합니다. 성령으로 불세례를 받으면서 성
령충만하여 성령의 지배와 인도를 받아야 합니다. 예배나 집회에
서 실제로 살아서 역사하시는 성령을 체험해야 영적인 수준이 향
상되는 것입니다. 예수님은 이렇게 말씀을 하십니다. "너희가 내
이름으로 무엇을 구하든지 내가 시행하리니 이는 아버지로 하여금
아들을 인하여 영광을 얻으시게 하려함이라 내 이름으로 무엇이든
지 내게 구하면 내가 시행하리라"(요 14:13~14)

　위 말씀은 예수님께서 직접 하신 말씀으로 13절에 "너희가 내
이름으로 무엇을 구하든지 내가 시행하리니…" 그리고 또 14절
"내 이름으로 무엇이든지 내게 구하면 내가 시행하리라"에 두 차
례나 걸쳐서 예수님께서 예수님 자신의 이름으로 "무엇이든지" 구
하면 시행하리라 라고 말씀하고 계십니다. 이처럼 내 이름으로!
예수이름! 으로 구하면 시행하신다는 것입니다. 마가복음 16장
17~18절을 보면 "믿는 자들에게는 이런 표적이 따르리니 곧 저희
가 내 이름으로 귀신을 쫓아내며 새 방언을 말하며 뱀을 집으며 무
슨 독을 마실지라도 해를 받지 아니하며 병든 사람에게 손을 얹은
즉 나으리라 하시더라"

그렇습니다. 예수라는 이름으로는 불가능한 것이 없습니다. 우리가 예수님의 이름을 부르면 귀신이 떠나가는 역사가 일어납니다. 우리가 예수님의 이름을 부르면 병이 씻은 듯이 낫습니다. 또 우리가 예수님의 이름을 부르면 불가능한 것도 가능해지는 것입니다. 이처럼 예수라는 이름에는 그 이름 속에는 능력과 권세가 있기 때문에 "내가 나사렛 예수의 이름으로 명령하노니 귀신아 떠나가라!" 이렇게 담대히 선포할 수 있는 것입니다.

예수님은 어떠한 제한도 두지 않으시고 '무엇이든지'라고 하셨습니다. 무엇이든지 예수님이름으로 구하면 예수님께서 시행해주신다고 해결해 주신다고 하셨습니다. 예수님께서 말씀하신 '무엇이든지'라는 것을 우리는 마음속 깊숙이 새겨야 합니다. 예수님의 이름의 능력에는 어떠한 조건도 제한도 두어서는 안 됩니다.

지금 저는 성령치유 사역에서 이 예수님의 이름의 권세와 능력을 몸소 체험하고 있습니다. 어디를 갈 때든지 어느 곳에 있든지 항상 예수님께서 동행하신다는 것을 믿으면서 속으로나 혹은 입으로 '예수 이름으로 명하노니…!'라고 계속 선포를 합니다. 저는 앞의 말씀처럼 무엇이든지 구하라 하신 예수님의 말씀을 그대로 믿고 작은 것 하나부터 실천했습니다. 내가 믿음으로 선포할 때 예수님이 하신다는 믿음이 중요합니다. 그래서 그냥 지나칠 수 있는 사소한 일이라도 예수님께 구합니다. 믿음가지고 예수님 이름으로 구합니다. 제가 힘이 없을 때 "예수 이름으로 나에게 힘이 생길지어다"를 외치고 제가 우울해질 때 "예수 이름으로 나의 우울함은 떠나갈지어다"를 외치고, 제가 화가 날 때 누군가가 미워질 때 "예수 이름으로 화는 분은 떠나갈지어다"를 외칩니다. 이렇게 '예수 이름으로'를 외치고 나면 정말로 신기하게도 모든 것이 해결이 되고 마음의 평안이 옵니다. 마음에 사랑이옵니다. 기쁨이 옵니다. 이것이 바로 예수라는 이름의 능력이고 힘인 것입니다.

예수라는 이름에는 이미 그 권세와 능력이 들어있습니다. 그 이름의 능력을 믿고 작은 것부터 예수이름으로 구하여 보십시오. '이런 것쯤이야'라는 나태한 마음을 버리시고 하나하나 작은 것부터 예수이름을 외치십시오. 그런다면 우리도 예수님처럼 귀신을 쫓고 기적을 행하는 진정한 예수님의 제자다운 크리스천이 될 것입니다. 예수님의 권능을 사용할 줄 알아야 진정한 성도가 되는 것입니다.

셋째, 물질보다 더 뛰어난 능력. 예수의 이름에는 은, 금보다 더 뛰어난 능력이 있습니다. 베드로와 요한이 앉은뱅이를 만난 곳은 미문이었습니다. 그 문은 높이가 75피이트에 폭이 60피이트나 되는 거대한 문이었습니다. 사람들은 그 문을 "니카노르문"(Nicanor Gate)이라고 불렀습니다. 그러나 그 문이 너무나 아름답고 웅장하기 때문에 "아름다운 문"이라고 부르기를 더 좋아했습니다.

그렇게 아름답고 어마어마한 문과는 대조적으로 그 문 앞에 날마다 쭈그리고 앉아 때 묻은 손을 내밀며 구걸하는 불쌍한 사람이 있었습니다. 하나님이 사랑하는 당신이여! 가장 아름다운 공간 안에 가장 초라한 인생이 앉아 있는 모습을 상상해 보시기 바랍니다. 그것은 참으로 아이러니입니다. 사도행전 4장 22절에 "이 표적으로 병 나은 사람은 40여세나 되었더라"고 기록된 것을 보면, 그는 40년간이나 앉은뱅이 인생을 살아 온 것입니다. 어릴 때는 그런대로 부모의 보호를 받으며 자랄 수 있었을 것입니다. 그러나 세월이 지남에 따라 부모도 늙어서 그를 도와 줄 수 없게 되었고, 형제들은 저마다 출가나 분가를 했을지도 모릅니다. 그래서 그는 혼자 남게 되었을 것입니다.

건강하지 못한 이 앉은뱅이는 아무것도 할 수 없었습니다. 그때에 친척과 이웃이 그에게 여러 가지로 권면했을 것입니다. "아무렴 산 사람 입에 거미줄을 쳐서야 되겠느냐?"고 말입니다. 그래서 그는 이웃의 도움을 받으며 미문 앞에서 구걸을 하기 시작했습니다. 살기 위해서 그가 할 수 있는 일은 그것 밖에 없었습니다. 성전 문 앞에는 항상 거지들이 줄지어 있었습니다. 그것은 하나님의 전으로 올라가는 사람들에게 동정이나 자비를 구하는 것이 비교적 쉬웠고 또 자선에도 비교적 관대했었기 때문이었습니다.

그렇게 구걸하며 지내던 어느 날 그는 평소와 같이 때 묻은 손을 내밀며 동정을 구하고 있었는데 그 길을 베드로와 요한이 지나가다가 그를 보게 되었습니다. 가난한 베드로와 요한은 그에게 줄 돈이 없었습니다. 그러나 그냥 지나쳐 갈 수가 없었습니다. 그래서 그에게 우리를 보라고 요청했습니다. 앉은뱅이는 인간적인 기대 이상을 바라지 않았습니다. 내가 무엇을 해야 구원을 받을 수 있느냐고 묻지도 않았습니다.

앉은뱅이가 그들을 바라보자 베드로가 외쳤습니다. "은과 금은 내게 없거니와 내게 있는 것으로 네게 주노니 곧 나사렛 예수 그리스도의 이름으로 걸으라" 베드로는 앉은뱅이가 구하는 돈이 아니라 예수의 이름을 주었습니다. 앉은 뱅이가 일어난 것은 영이 알아듣고 혼에게 명령하니, 혼이 알아듣고 육에게 명령하니 육이 순종하여 앉은뱅이가 뛰어서 걸으며 간증한 것입니다. 우리도 예수 이름의 권능을 전해야 합니다. 희망을 잃은 사람들에게 예수의 이름을 나누어 주는 일은 교회가 할 일입니다. 성도가 할 일입니다. 세상은 은과 금의 이야기로 가득차 있습니다. 돈 이야기를 빼면 할 말이 없는 세상입니다. 그러므로 능력도 상실했습니다.

13세기 로마 법왕이 법왕궁에 쌓인 금을 가리키면서 "은과 금은 없다는 시대는 지나갔다"고 교만하게 말하자 신학자 토마스 아키나스는 "법왕 폐하 옳은 말씀입니다. 그러므로 나사렛 예수의 이름으로 걸으라고 말할 시대도 지나갔습니다"고 대답했습니다. 참으로 안타까운 현실입니다. 영국교회는 잠자고 있습니다.

사람들은 돈이면 무엇이든 할 수 있다고 생각하지만 우리 인생에서 정말 중요한 것은 결코 돈으로 살 수 없습니다. 오늘날 돈에는 부요하지만 영혼은 가난한 사람이 많습니다. 돈은 많지만 참된 평안을 잃어버리고 불안에 떠는 사람이 많습니다. 오늘날 사람들은 은과 금에 인생의 희망을 겁니다. 하지만 인생의 희망은 오직 예수 그리스도의 이름에 있습니다. 누구든지 예수 그리스도의 이름을 붙들어야 구원을 얻고 영원한 생명을 얻는 것입니다. 저는 모든 성도들이 자신의 운명을 바꾸는 예수 이름의 능력을 소유하기를 소망합니다.

넷째, 구하는 것을 주시는 능력. 예수의 이름에는 우리가 구하는 것을 주시는 능력이 있습니다. 또한 우리의 필요를 채워주시는 능력이 있습니다. 베드로는 앉은뱅이의 오른손을 잡아 일으켰습니다. 이 대목에서 베드로의 위대성을 보게 됩니다. 치료의 확신이 없었다면 손을 잡고 일으킬 수가 없었을 것입니다. 진정한 구제는 행동이 수반되어야 합니다. 사도행전 3장 8절은 이 명령이 환자에게 준 영향에 대하여 설명해 주고 있습니다. 그는 말씀에 복종하여 뛰어 일어나 걸었습니다. 그는 잠을 자고 난 후 몸이 회복된 사람처럼, 자기에게 힘이 있는지 의심하지 않고 걷기 시작했습니다. 그것은 수천수만 개의 은과 금이 주지 못하는 놀라운 기적이었습니다. 존재의 변화입니다. 그리고 그가 고침 받은 자신의 모습을 사람들에게 보여 주며 하나님을 찬미한 것은 간증이었습니다. 하나님의 은총을 경험한 사람은 그들이 경험한 것을 증명해야 합니다.

누가 앉은뱅이였던 사람에게 "벌어먹고 살기도 힘들 텐데 다시 앉은뱅이로 돌아가는 것이 어떻겠느냐"고 묻는 다면 그는 단호히 거절할 것입니다. 일어서 보기 전에는 앉아 있는 것이 그런대로 안전하고 편하다고 생각할지도 모릅니다. 그러나 서는 기쁨, 걷는 기뿜, 달리는 기쁨을 경험한 그는 절대로 앉은뱅이 상태로 돌아가려고 하지 않을 것입니다. 넘어지는 것을 겁내는 어린이는 절대로 서서 걸으려고 하지 않습니다. 신앙생활도 마찬가지입니다. 은혜를 경험하고, 주를 위해 봉사하며 말씀대로 살아 본 사람은 절대로 과거로 돌아가려고 하지 않습니다. 그것이 설사 육신적으로 피곤하고 물질적으로 희생이 되어도 그는 그가 경험한 은혜의 자리에서 앞으로 전진 할 뿐입니다.

결론적으로 예수님이 주신 값진 것을 바르게 사용할 수 있는 능력이 있어야 합니다. 우리 한국교회의 맹점이 알기는 많이 아는데 사용할 줄을 모르는데 있습니다. 성령세례, 성령의 불세례, 성령의 충만 등 성령의 역사가 귀하기 때문입니다. 우리나라 교회예배당에 말씀은 아주 풍년입니다. 그런데 성령의 역사는 흉년입니다. 아무리 좋은 것을 주어도 사용할 줄 모르면 무용지물이 되는 것입니다. 그래서 주님은 우리가 군사가 되도록 성령의 인도를 받으며 훈련을 하시는 것입니다. 저는 항상 강조합니다. 성도가 예수를 믿고 교회에 들어와 믿음생활을 바르게 하다가 보면 성령으로 세례를 받습니다. 성령으로 세례를 받고 성령으로 기도하여 성령의 불세례를 받으면 성령의 은사도 나타납니다. 자신에게 임한 성령의 역사와 은사가 자신의 전인적인 치유의 역사로 일어납니다. 이때 성령의 충만과 성령의 기름부음을 체험하게 되는 것입니다.

성령이 자신의 육성을 치유할 때 강력하게 역사하므로 자신의 심령에서 뜨거운 역사가 일어나는 것입니다. 자신을 치유하면서 군사가 되는 것입니다. 하나님은 자신에게 부여한 성령의 권능을 가지고 자신을 치유하면서 군사가 되도록 훈련하는 것입니다. 자신을 치유하고 심령을 천국 만든 다음에 가정을 치유하여 천국을 만드는 것입니다. 이렇게 성령의 권능을 가지고 자신과 가정을 치유하면서 하나님의 군사로 거듭나는 것입니다. 하나님의 군사가 된 다음에 세상에 나가 세상을 성령의 역사로 장악하는 것입니다. 그러므로 성도는 예수님이 주신 권능을 사용할 줄 알아야 진정한 군사가 되는 것입니다.

충만한 교회에서는 매주 토요일 10:00-12:30까지 1주전 예약하여 집중내적치유 시간이 있습니다. 대상자는 여기서도 저기서도 치유와 능력을 받지 못한 분/ 성령의 은사와 권능을 단기간에 받고 싶은 분/ 마음이 불안하고 두려워서 고통 하는 분, 불치병, 귀신 역사를 빨리 치유 받을 분/ 목, 허리디스크, 허리어깨통증, 근육통, 온몸이 아프고 무거움에서 치유해방 받고 싶은 분/ 자녀나 본인의 우울증, 공황장애, 조울증, 불면증을 빨리 치유 받을 분/ 가슴이 답답하고 기도하기가 힘이 드는 분/ 생업과 목회로 영육의 탈진에 빠져서 고통당하시는 분/ 성령의 불세례를 체험하고 싶은 분/ 최단기간에 성령치유 능력 받고 싶은 분이 참석하시면 쉽게 만족한 효과를 거둘 것입니다.

3부 성령의 불세례 받으면 유익한 점

16장 성령 불 받고 예수님 일꾼 됐어요.

(행 26:12-18)"그 일로 대제사장들의 권한과 위임을 받고 다메섹으로 갔나이다 (13) 왕이여 정오가 되어 길에서 보니 하늘로부터 해보다 더 밝은 빛이 나와 내 동행들을 둘러 비추는지라 (14) 우리가 다 땅에 엎드러지매 내가 소리를 들으니 히브리 말로 이르되 사울아 사울아 네가 어찌하여 나를 박해하느냐 가시채를 뒷발질하기가 네게 고생이니라 (15) 내가 대답하되 주님 누구시니이까 주께서 이르시되 나는 네가 박해하는 예수라 (16) 일어나 너의 발로 서라 내가 네게 나타난 것은 곧 네가 나를 본 일과 장차 내가 네게 나타날 일에 너로 종과 증인을 삼으려 함이니 (17) 이스라엘과 이방인들에게서 내가 너를 구원하여 그들에게 보내어 (18) 그 눈을 뜨게 하여 어둠에서 빛으로, 사탄의 권세에서 하나님께로 돌아오게 하고 죄 사함과 나를 믿어 거룩하게 된 무리 가운데서 기업을 얻게 하리라 하더이다."

성령으로 불세례를 받고 성령으로 충만하면 사람이 바뀌게 됩니다. 기독교인들을 핍박하던 사람이 성령의 인도를 받는 일꾼으로 사용되게 됩니다. 바울을 보면 알 수가 있는 것입니다. 박해자 바울(사울)이 회심하여 사도가 된 것은 하나의 기적이었습니다. 이것은 오직 하나님의 섭리적 인도하심 가운데서만 이루어 질 수 있는 일이기 때문입니다. 바울의 회심에 관한 기록은 사도행전 22,26장에서 찾아볼 수 있고, 또한 단편적인 것들은 그의 서신에서 찾을 수 있습니다. 바울은 철저한 바리새인으로서 그리스도교를 배척했습니다. 예루살렘교회 일곱 집사 가운데 한 사람이었던 스데반이 유대인들에 의하여 돌에 맞아 죽었을 때, 바울은 그의 죽음을 마땅한 것으로 여겼습니다.

바울이 이처럼 그리스도교에 대하여 적의(敵意)를 가지고 있었던 것은 개인적인 이유 보다는 바리새인으로서 가지고 있는 신앙에서 비롯된 것이었습니다. 바리새인들은 그리스도인들을 신성한 율법을 모독하고, 나사렛의 목수에 불과했던 예수를 메시야로 부르는 사람들을 하나님의 신성을 모독한 자들로 보았습니다. 그러므로 바리새인들은 그리스도인들을 세상에서 근절 되어야 할 사람들로 생각했던 것입니다. 한 사람이 가지고 있는 사상은 자신의 인격을 넘어 모든 행동을 지배합니다.

그러므로 바른 사상은 바른 행동을 가져오지만 그릇된 사상은 반드시 그릇된 행동을 동반하는 것입니다. 사상은 참으로 두려운 것입니다. 사람은 자기의 사상이 잘못 되었다는 것을 발견하기까지 그릇된 일을 하면서도 그것을 정당하다고 생각하기 때문입니다. 이와 같은 사실은 한 사람의 행동의 변화는 사상의 전환 없이 이루어 질 수 없다는 것을 말해 줍니다.

이런 면에서 우리는 그리스도 안에서 '거듭남'도 또 하나의 '사고의 전환'이라고 부를 수 있을 것입니다. 이런 사고의 전환은 하나님의 주권적 역사 없이는 이루어질 수 없는 일이기 때문에 성경은 한 사람이 주님 안에서 거듭난 사건을 하나님의 주권적 역사로 돌리는 것입니다.

바울은 회심하기 전과 회심한 후에 뚜렷한 사고의 전환이 있었습니다(갈2:20). 회심하기 전 바울은 바리새인적 사고에 이끌리어 살았고 이로 인하여 그리스도인들을 박해했습니다. 그는 그리스도인들에 대하여 살기가 등등하여 유대에 있는 그리스도인들뿐만 아니라, 외국에 살고 있는 그리스도인들까지도 근절하고자 했습니다. 그래서 그는 대제사장으로부터 그리스도인들을 체포할 권한을 위임받아 다메섹으로 향하였던 것입니다.

다메섹은 예루살렘으로부터 140마일 떨어진 시리아에 속한 도시였습니다. 시리아는 정치적으로 유대와 아무 관계도 없는 나라였지만 그럼에도 불구하고 바울이 다메섹까지 가서 그리스도인들을 법적으로 처리 할 수 있었던 것은 이스라엘의 독특한 종교적 관습에 의한 것이었습니다. 유대인들은 어느 곳에 살든지 산헤드린의 영향권을 벗어날 수 없었습니다.

산헤드린은 유대인들에게 대법원과 같은 곳이었으므로 유대에 살고 있는 사람들뿐만 아니라, 외국에 살고 있는 유대인까지도 산헤드린의 영향력 아래 있었던 것입니다. 그러므로 산헤드린의 권한을 위임받은 사람은 어느 나라에 살고 있는 유대인들에 대해서도 재판권을 행사할 수 있었습니다. 따라서 산헤드린으로부터 법적 권한을 위임받은 바울은 다메섹에 살고 있는 그리스도인들에 대하여 재판권을 행사할 수 있었던 것입니다.

이처럼 바울은 바리새인적 사상에 이끌리어 어리석은 일을 행하고 있었습니다. 안타까운 것은 바울은 자신이 현재 하고 있는 일이 하나님을 대적하는 일이었음에도 불구하고 이런 사실조차 알지 못하고 오히려 하나님을 위하여 하는 일로 생각하고 있었다는 것입니다. 예수님의 말씀에 순종하여 '아나니아'로부터 성령으로 세례를 받고 성령의 불세례를 받음으로 회심한 후, 바울은 이때의 어리석음을 회고하며 다음과 같이 고백하였습니다. "내가 전에는 훼방자요 핍박자요 포행자이었으나 도리어 긍휼을 입은 것은 내가 믿지 아니할 때에 알지 못하고 행하였음이라(딤전1:13)"

바울은 대제사장으로부터 그리스도인들을 체포할 권한을 위임받아 다메섹으로 가고 있었습니다. 교통이 발달되지 않은 당시에 그 곳까지는 7일 거리였습니다. 다메섹으로 향하던 중 그 곳에 가까이 이르러서 바울은 그가 대적하고 있던 예수 그리스도를 만났습니다. 사도행전은 이 극적인 만남의 모습을 이렇게 묘사하고 있습니다. "사울이 행하여 다메섹에 가까이 가더니 홀연히 하늘로서 빛이 저를 둘러 비취는지라. 땅에 엎드려져 들으매 소리 있어 가라사대 사울아! 사울아! 네가 어찌하여 나를 핍박하느냐 하시거늘 대답하되 주여 뉘시오니이까? 가라사대 나는 네가 핍박하는 예수라 (행9:3-5)"

참된 회심은 예수 그리스도와 인격적 만남을 통해 이루어집니다. 여기 주님은 핍박 받는 자로서 핍박자 바울을 만나신 것입니다. "나는 네가 핍박하는 예수라" 바울이 주님으로부터 이 음성을 들었을 때 그의 삶 가운데 어떤 일이 일어났습니까? 우리는 한 사람이 이와 같은 경우에 갖는 체험을 영적 체험 또는 회심의 체험이라고 부릅니다. 바울은 주님의 음성을 들었을 때 자신이 지금까지 행해 온 모든 일이 하나님의 뜻을 반역하는 행위였다는 사실을 알게 되었을 것입니다.

이런 깨달음은 바울로 하여금 지금까지 주님에 대하여 가지고 있던 사고를 완전히 새롭게 할 수 있는 전환점이 되었습니다. 우리는 바울의 회심을 통하여 사람이 죄를 죄로 인식하기 전까지는 회심할 수 없다는 사실을 교훈 받는 것입니다. 주님을 만난 이 사건은 바울에게 자신의 행위가 죄라는 사실을 알 수 있는 기회가 되었고, 또한 그로 하여금 죄에 대한 깊은 통회와 더불어 회심에 이르게 하는 기회가 되었습니다. 그는 사흘 동안 보지도 못하고 먹지도 못했습니다. 지난날의 자신의 행동에 대해 회개하는 기간 이었을 것입니다.

우리는 여기 잠시 가던 길을 멈추고 바울이 이와 같은 극적인 사건에 이르기까지 그에게 있었을 것이라고 생각 되는 내적 변화의 과정을 추적해 보겠습니다. 이런 추적은 하나님께서 한 사람을 구원으로 인도하시기 위하여 어떻게 섭리적으로 인도해 주시는지에 대하여 보여 줌으로, 우리로 하여금 하나님의 은혜에 감사하도록 이끌어 줄 것입니다. 하나님은 바울의 회심을 위하여 준비하셨습니다.

어쩌면 바울의 광적인 종교적 열심이 흔들리기 시작한 것은 그가 그리스도인들을 박해하면서부터였을 것입니다. 사도행전에 기록된 그의 회심에 대한 세 번의 간증을 살펴보면 모두 다 과거에 그리스도인들을 박해하던 때의 모습을 진술하고 있는데 이것은 그 사건들이 자신의 기억 속에 각인(刻印)되어 있다는 증거입니다. 평범하거나 일상적인 일들은 쉽게 잊어버립니다. 만일 바울에게 그리스도인을 박해하는 일이 자신의 신앙 행위 가운데 일반적인 일 정도로 생각되었더라면 그는 결코 이런 일을 마음에 깊이 두지 않았을 것입니다.

바울은 박해 받는 그리스도인들을 보며 바리새인들 가운데 볼 수 없는 신앙의 진실함과 헌신을 보았을 것입니다. 실제로 당시 그리스도인들은 때로는 박해자들로부터 고통을 받았고, 때로는 죽임까지 당했지만 그럼에도 불구하고 그들은 하나님께 박해자들의 죄를 용서해 주시기를 기도했고, 또한 신앙을 위하여 고통 받는 것을 합당한 것으로 여겼습니다. 이런 모습은 바리새적 종교에서는 볼 수 없는 일이었습니다.

특별히 바울은 스데반의 죽음을 통하여 깊은 영향을 받은 듯합니다. 바울은 자신의 회심에 대하여 언급할 때마다 스데반의 순교 사건을 말하고 있는데 이것은 스데반의 순교의 모습이 자신의 바리새적 신앙의 확신을 흔들어 놓기에 충분했기 때문이었을 것입니다. 바울은 스데반의 사건 이후에 그리스도인들을 박해하는데 더욱 열심을 내었습니다.

그러나 이와 같은 그의 열심은 자신의 흔들리는 확신을 지키기 위한 하나의 몸부림이었을 것입니다. 바울은 그리스도인들을 박해할수록 자신의 내적 갈등이 더욱 심화되는 것을 느끼고 있었을 것입니다. 그러므로 주님은 다메섹에서 바울에게 "네가 어찌하여 나를 핍박하느냐 가시채를 뒷발질하기가 네게 고생이니라(행 26:14)"고 말씀하신 것입니다. 바울은 다메섹을 향하여 가는 7일 간의 여행 중에서도 결코 이런 갈등으로부터 자유하지 못했을 것입니다.

그리스도인들로 인하여 내적 갈등을 갖게 된 것은 하나님의 역사하심이었습니다. 하나님께 버림받은 심령은 죄로 인하여 무감각한 상태에 놓여 있기 때문에 어떤 갈등도 갖지 않는 것이 특징입니다. 그렇다면 바울이 그리스도인들로 인하여 내적 갈등을 가지고 있었다는 것은 하나님께서 그의 양심을 각성시키시고 계시다는 증거가 되는 것입니다. 이와 같은 사실은 우리가 삶의 여정에서 신앙의 문제로 양심의 부담을 느끼고 있을 때 이와 같은 때야말로 하나님께서 우리를 위하여 역사하고 계시는 때라는 것을 믿어야 할 것입니다.

주님은 이처럼 미리 모든 것을 준비해 놓으시고 바울을 만나셨습니다. 그러므로 그는 결코 주님을 피할 수 없었습니다. 여기 한 사람을 구원으로 인도하시기 위하여 하나님께서 섭리적으로 역사하시는 것을 우리는 하나님의 주권적 역사라고 합니다. 따라서 한 사람의 회심은 이와 같은 하나님의 주권적 역사의 결과인 것입니다.

사도행전 9장 15절은 이와 같은 사실을 확인해 줍니다. 본문은 하나님께서 '아나니아'에게 바울에 대하여 말씀하신 것을 기록하고 있습니다. 하나님은 '아나니아'에게 바울은 장차 이방인들에게 복음을 전하기 위하여 선택한 하나님의 그릇이라고 말씀하셨습니다. "이 사람은 내 이름을 이방인과 임금들과 이스라엘 자손들 앞에 전파하기 위하여 택한 나의 그릇이라(행9:15)" 하나님은 자신의 뜻을 이루시기 위하여 바울을 섭리로 인도하셨으므로 바울은 하나님의 주권에 항복할 수밖에 없었습니다. 그러므로 바울의 회심은 전적으로 하나님의 주권적 역사로 인한 것입니다. 특별히 우리는 바울을 통하여 하나님께 선택받은 사람도 생의 여정 가운데 때로는 하나님을 대적할 수 있다는 사실을 깨닫게 됩니다.

그리고 이런 깨달음은 우리로 하여금 어떤 사람에 대해서도 선입견을 가지고 그릇 판단하지 말 것을 교훈합니다. 주님은 회심한 바울을 섬세하게 인도하셨습니다. 주님은 회심한 바울에게 성으로 들어가라고 말씀하셨습니다. 그리고 그곳에 이르면 자신에게 행할 일을 가르쳐 줄 사람을 만나게 될 것이라고 말씀해 주셨습니다. 또한 주님은 같은 시간에 다메섹에 살고 있는 '아나니아'를 불러 그에게 '직가'라는 곳에 가서 바울을 만나도록 하셨습니다.

'아나니아'는 바울을 만나서 하나님의 지시하시에 따라 그에게 안수하였습니다. 그때 성령의 역사로 바울의 눈에서 비늘 같은 것이 떨어져 시력을 회복할 수 있었고, 또한 음식도 먹을 수 있게 되어 건강도 회복 할 수 있었습니다. 그 후 바울은 다메섹에서 그리스도인들과 함께 며칠 머물며 그들과 교제하고 그곳의 유대인들에게 복음을 전했습니다. 주님은 이처럼 바울의 회심을 위하여 인도하셨고 또한 회심 후에도 그의 삶을 인도해 주셨습니다.

특별히 바울이 회심한 후에 주님께서 성령의 역사로 사람과 환경을 통하여 그를 인도하셨다는 것은 주목할 만한 일입니다. 이것은 우리가 영적으로 연약하여 스스로 서지 못할 때 주님은 우리를 인도해 주시기 위하여 영적으로 성숙한 사람들과 합당한 환경을 은혜의 수단으로 사용하신다는 것을 말해 주기 때문입니다.

바울은 다메섹에서 복음을 증거 하였지만 유대인들로 인하여 그 일을 계속할 수 없었습니다. 그리스도인들을 체포하기 위하여 다메섹에 온 바울이 그리스도교로 개종하였을 때, 유대인들은 그를 배신자로 여기고 죽이려 했습니다. 그래서 그리스도인들은 밤중에 그를 성벽 아래로 달아 내림으로 유대인들로부터 오는 위험을 피할 수 있도록 해 주었습니다. 이후 바울은 다메섹에서 곧 바로 예루살렘으로 올라갔고 그 곳에서 그리스도인들과 교제하기 원했습니다.

그러나 제자들은 그의 회심을 믿지 못하고 오히려 두려워하여 그를 피했습니다. 이때 바나바는 바울의 보증인이 되어 그를 모든 그리스도인들에게 천거했습니다. 뿐만 아니라 바나바는 이후에도 바울을 안디옥 교회에 천거하여 그곳에서 이방인을 위한 선교사로 세움을 받도록 도와주었습니다. 이처럼 바울의 생애에서 스데반과 바나바는 중요한 인물이었습니다. 하나님은 이 두 사람을 통하여 바울에게 향하신 자신의 뜻을 이루어 가신 것입니다.

하나님은 스데반을 통하여 바울의 회심을 인도하셨고 또한 바나바를 통하여 이방인을 위한 사도로 세움을 받을 수 있도록 인도하셨습니다. 바울은 예루살렘에서도 유대인들에게 복음을 전했습니다. 이로 인하여 바울은 예루살렘에서도 유대인들로부터 죽음의 위협을 당하게 되었습니다. 그래서 예루살렘교회 성도들은 바울을 구하기 위하여 그를 가이사랴로 데리고 가서 그의 고향 다소로 보냈습니다. 그는 이곳에서 최소한 3-14년 동안 침묵의 시간을 가졌을 것입니다.

그는 이 침묵의 기간 중 아라비아에 얼마간 머물렀는데, 어떤 사람들은 이때 그가 시내산에 머물렀을 것이라고 말하기도 합니다 (갈1:17,18). 바울은 이처럼 회심 즉시 복음 증거를 원하였지만 아직 하나님의 때가 이르지 않았기 때문에 그의 앞에 문이 열리지 않았습니다. 그는 먼저 그 자신이 받아들인 복음의 진리에 대하여 보다 더 깊이 알고 확신하는 시간이 필요했습니다.

그래서 하나님은 섭리적으로 그를 침묵의 시간으로 인도하신 것입니다. 이와 같은 사실은 '하나님은 우리가 무엇을 하기 전에 먼저 무엇이 되기를 원하신다'는 것을 말해 줍니다. 하나님은 바울이 전도자가 되기 전에 먼저 자신이 믿고 있는 진리에 대하여 확신

하기 원하셨고 다른 사람에게 복음을 전하기 전에 자신이 먼저 진실한 그리스도인이 되기 원하셨습니다. 어떤 사람도 가진 것이 없이 다른 사람에게 무엇을 나누어 줄 수 있고, 스스로 견고히 서지 못하고 약한 사람을 붙들어 줄 수 없습니다. 그러므로 우리가 보다 더 큰일을 위해서는 보다 더 철저히 준비되어야 하는 것입니다. 바울의 회심을 통하여 모든 사람에게 적용되는 몇 가지 영적 원리들을 정리해보면 다음과 같습니다.

첫째, 회심은 하나님의 직접적인 역사의 결과입니다. 사울이 바울이 된 것은 하나님의 역사하심의 결과였습니다. 마찬가지로 우리가 회심한 것도 하나님의 역사하심의 결과입니다. 즉 한 사람의 생애 가운데 하나님의 역사가 선행 될 때 비로소 회심이 일어날 수 있다는 의입니다. 이와 같은 사실을 확신하는 것은 중요합니다. 이런 확신은 회심한 사람으로 하여금 회심의 사건을 자신에게 일어난 가장 확실한 하나님의 역사하심으로 받아들일 수 있게 하기 때문입니다. 이렇게 하여 회심은 회심한 자에게 체험적 신앙이 되는 것입니다. 그리고 이 체험적 신앙은 우리를 끊임없이 하나님의 임재 앞으로 인도하여 더 큰 체험으로 나가게 해 줍니다.

둘째, 하나님은 회심을 위하여 하나님의 사람들을 도구로 사용하십니다. 하나님은 바울을 회심시키기 위하여 스데반과 바나바를 도구로 사용하셨습니다. 이와 같은 사실은 모든 그리스도인들에게 믿지 않는 사람들에 대하여 책임 의식을 갖게 합니다. 만일 스데반이나 바나바 또는 당시의 그리스도인들이 하나님의 말씀에 따라 빛과 소금으로서 살지 않았더라면 바울의 완악한 마음을 변화시킬 수 있었을까요?

만일 '아나니아'가 말씀에 순종하여 위험을 무릅쓰고 바울을 만나기 위하여 직가라 하는 곳에 가지 않았더라면 바울이 그리스도인으로서 정상적으로 성장할 수 있었겠습니까? 어쩌면 오늘의 세대에 그리스도인들의 무책임한 삶으로 인하여 구원받기로 예정된 수많은 사람들의 구원이 계속 보류되고 있는지도 모릅니다. 반대로 바울이 회심한 후, 하나님께서 허락해 주신 영적으로 성숙한 사람들의 인도를 거부하였더라면 하나님의 인도하심을 받을 수 있었을까요? 그러므로 이와 같은 사실들은 모든 그리스도인들로 하여금 믿지 않는 자들에 대하여 책임감을 갖게 하고 동시에 자신의 영적 성장을 위하여 영적 지도력에 순종할 것을 교훈 합니다.

셋째, 하나님은 일보다 사람됨을 우선하십니다. 바울이 회심한 후 복음을 증거 하기 원했지만 하나님은 그것을 막으시고 장래에 보다 더 큰일을 하기 위하여 자신을 준비할 수 있는 침묵의 시간을 주셨습니다. 어떤 사람도 준비됨이 없이는 쓰임 받을 수 없습니다. 여기 준비된다는 것은 하나님의 사람, 신앙의 사람이 된다는 것을 의미합니다. 우리가 이와 같은 사실을 알고 있다면 복음을 위한 열정을 가지고 있지만 문이 열려 있지 않을 때 이로 인하여 낙심하지 않을 것입니다. 오히려 우리는 이와 같은 때 하나님의 때를 기다리며 자신을 준비하는 일에 힘쓸 것입니다.

결론적으로 바울과 같이 강퍅하고 무자비한 죄인이던 사람이 예수님을 만나고 성령으로 세례를 받고 성령으로 충만 받으면 변화되고 바뀌게 됩니다. 변화되고 바뀌는 것으로 끝나는 것이 아니고 예수님의 일꾼으로 하나님의 살아계심을 증명하는 사람으로 인생을 살아가게 되는 것입니다. 그러므로 우리는 주변에 강퍅한 사람들을 거부하거나 멀리하지 말고, 기도해야 합니다. 바울과 같이 예수님을 만나고 성령으로 세례를 받고 성령으로 충만 받아서 변화되고 바뀌게 해주십사고 기도해야 합니다.

그 어느 누구든지 예수님을 믿고 성령으로 세례를 받고 기도하다가 성령의 불세례를 받으면서 성령으로 충만해지면 변하지 않을 수가 없습니다. 나라가 바뀌기 때문입니다. 마귀가 지배하는 나라에 살다가 성령하나님께서 지배하시는 하늘나라가 되기 때문입니다. 우리 모두 사람의 외모나 성격을 보고 이렇다 저렇다 평하시지 말고 전도합시다. 기도합시다. 전도하여 예수님을 믿고 성령으로 세례를 받고 성령의 불세례를 받아 성령으로 충만하면 바뀌게 됩니다.

17장 성령 불 받고 인생이 바뀌었어요.

(갈 2:20)"내가 그리스도와 함께 십자가에 못 박혔나니 그런즉 이제는 내가 사는 것이 아니요 오직 내 안에 그리스도께서 사시는 것이라 이제 내가 육체 가운데 사는 것은 나를 사랑하사 나를 위하여 자기 자신을 버리신 하나님의 아들을 믿는 믿음 안에서 사는 것이라"

성령으로 세례를 받고 지속적으로 예배에 참석하여 성령으로 기도하다가 보면 성령의 불세례를 받게 됩니다. 성령의 불세례는 자신 안 지성소에 주인으로 계시는 예수님이 주시는 것입니다. 성령으로 불세례가 지속적으로 흘러나오는 상태가 성령으로 충만한 상태입니다. 이 상태로 인생을 살아가노라면 성령께서 인생을 바꾸어지게 인도하십니다.

성령으로 불세례를 받으면 인생이 바뀌는 것입니다. 성령님이 주인이 되셨기 때문입니다. 필자역시 성령의 불세례를 받고 인생이 바뀐 것을 체험하면서 목회를 하고 있습니다. 하나님은 우리가 하나님과 같은 영적인 수준이 되기를 소원하십니다. 우리의 영적인 수준을 높이기 위하여 성령으로 인도하며 훈련하는 것입니다.

신령한 그리스도인이 되어야 하나님과 교통할 수가 있기 때문입니다. 신령한 그리스도인은 어디서나 성령의 불로 충만한 영의 상태를 유지할 줄 아는 성도입니다. 길을 걸어가든지 차를 타고 가든지 심령에 성령의 불을 충만하게 하는 성도입니다.

우리가 신령한 사람, 성령의 사람이 되기 위해서는 어떻게 해야 될까요? 우리가 알아야 될 것은 우리가 예수를 믿었다는 것은 하나의 종교를 받아들인 것이 아니라 완전히 옛 사람은 죽고 새 사람으로 살아났다는 것을 알아야 합니다. "누구든지 그리스도 안에 있으면 새로운 피조물이라 이전 것은 지나갔으니 보라 새것이 되었도다." 아예 육의 사람은 십자가에 못 박아서 죽어 버렸습니다. 그러므로 지나간 때의 주인이 육의 사람입니다. 육의 사람은 지나간 때의 주인입니다.

옛날에 예수를 믿기 전에는 육의 사람이 완전히 주인 노릇해서 우리를 붙잡아서 마음의 욕심과 육신의 정욕대로 끌려가고 마귀의 종이 되게 만들었는데 예수님께서 십자가를 통하여 이 육의 사람을 죽여 버리고 믿는 우리는 성령으로 말미암아 하나님과 교통하는 영의사람으로 살아났습니다. 신령한 영의 사람이 살아 일어나게 된 것입니다. 그러므로 이제 예수 믿는 우리들에게는 이 신령한 사람이 우리의 삶의 주인인 것입니다.

육의 사람이 주인이 아닙니다. 예수님께서 주인된 신령한 사람이 주인입니다. 신령한 사람은 예배를 드리며 설교를 듣는 중에도 심령에서 성령의 불이 올라옵니다. 이 신령한 사람의 주인인 성령의 힘을 얻어서 육의 사람 마귀의 종이 된 육의 사람이 올 때 이를 쳐서 물리쳐야 되는 것입니다.

그러므로 갈라디아서 5장 1절에 "그리스도께서 우리로 자유케 하려고 자유를 주셨으니 그러므로 굳세게 서서 다시는 종의 멍에를 메지 말라"고 말하는 것입니다. 다시 종의 멍에를 메지 마라. 다시 육의 노예가 되고 마귀, 귀신의 종이 되지 마라. 율법의 종이 되지 마라. 그렇게 말하고 있는 것입니다. 주께서 십자가를 통해서 육의 사람을 멸하고 마귀를 정복했기 때문에 예수를 믿고 신령한 사람이 주인으로 살아 일어나고 신령한 사람은 하나님의 성령의 힘을 입어서 사는 것입니다.

그리고 이 신령한 사람은 그 가슴속에 하나님의 길과 하나님의 법을 바로 새겨서 굳세게 잡고 있어야 되는 것입니다. 하나님의 길이라는 것은 바로 예수님의 길이 아닙니까. 예수님께서 십자가에서 용서받는 길, 성령의 불세례 받고, 성령 충만 받는 길, 병 고침 받는 길, 그리고 축복 받는 길, 영생 얻는 길로서 우리에게 들어오는 것입니다. 예수님이 바로 우리의 길인 것입니다.

그러나 이 길을 바로 가자면 이 길을 지켜 주는 하나님의 계명과 성령의 법이 필요한 것입니다. 우리나라가 잘 살려면 군대가 있어서 대적을 막아 줘야 하는 것처럼, 우리가 예수 믿고 하나님이 인도하는 축복의 길에 들어섰으면 이 길에서 떠나지 않도록 지켜줄 군대가 필요한 것입니다. 그 군대가 바로 하나님의 계명이요, 성령의 법인 것입니다.

오늘날 많은 사람들이 예수를 믿고 구원받는 길에만 들어서면 자기를 하나님께서 지켜주시는 줄로 압니다. 그러나 성령의 지배와 장악이 없이는 지킬 수가 없습니다. 따라서 육체가 들어오고 마귀가 들어와서 그만 은혜의 길에 있는 우리들을 좇아내 버리고 길 잃어버린 자가 되고 도로 멸망 받게 하는 때가 많습니다.

그러나 우리 속에 예수 믿고 우리가 길을 가졌으면 이 길을 지켜 줄 수 있는 군대인 하나님의 계명과 성령의 법이 우리 마음을 지켜야 되는 것입니다. 하나님의 계명과 성령의 법이 우리 마음을 지키게 하려면 성령님을 찾아야 합니다. 우리가 계명을 지키므로 구원을 받는 것은 아닙니다만, 성령께서 우리가 계명을 지키도록 우리를 인도하시는 것입니다.

그러므로 하나님의 십계명과 성령의 법이 우리의 마음을 점령해서 원수로부터 우리를 지켜 주는 것입니다. 계명의 법과 성령의 법 이것이 바로 죄와 사망의 법에서 우리를 해방시켜 주는 것입니다. 그렇기 때문에 오늘날 우리는 예수만 믿을 뿐 아니라 우리 마음속에 십계명도 외우고 성령님을 인정하고 환영하고 모시어 드리고 성령께 의지해야 합니다. 그래서 계명과 성령이 우리를 둘러 진치고 우리를 지켜 주어서 우리가 그리스도의 길에서 떠나가지 않도록 그렇게 만들어야만 하는 것입니다.

그리고 우리가 혹시 죄를 범하면 곧장 회개해야 합니다. 요한 일서 2장 9절에 "만일 우리가 우리 죄를 고백하면 저는 미쁘시고 의로우사 우리 죄를 사하시며 모든 불의에서 우리를 깨끗케 하실 것이라"고 말씀하고 있는 것입니다. 한 시라도 신속히 회개해서 육체와 마귀가 틈타지 못하도록 해야 되는 것입니다.

그리고 우리는 성령 충만한 삶을 살아야 되는 것입니다. 성령으로 살면 성령으로 행하라고 했는데 성령으로 사는 생활이란 말씀이 충만한 삶이요, 기도가 충만한 삶인 것입니다. 우리가 성실하게 영과 진리로 예배를 드리고 하나님 말씀을 늘 공부하고 읽고 말씀을 듣고 묵상하기를 힘쓰면 말씀 충만, 성령으로 기도하면 성령의 불세례와 성령 충만으로 이어지는 것입니다.

그래서 하나님의 성령이 우리와 같이 계시고 우리가 늘 성령님을 예배드리고 인정하고 환영하고 성령께 의지하면 계명과 성령이 우리를 예수 그리스도의 은혜의 길속에서 걸어가게 만들어 주는 것입니다. 그 나라와 그 의를 구하게 해 주시고 영혼이 잘됨같이 범사에 잘되며 강건한 삶을 살 수 있도록 우리를 육체와 마귀와 세상에서 지켜 주는 것입니다. 우리는 천국에 올라갈 때까지 부활의 몸을 입을 때까지 육체 안에서 신음하며 끝없이 투쟁을 계속 해야만 합니다. 조금이라도 자만하거나 방심하면 옛 주인 육의 사람이 마귀와 손을 잡고 우리를 종으로 삼으려고 우는 사자와 같이 덤벼드는 것입니다. 우리는 항상 이 육체를 쳐서 십자가를 통하여 복종시키고 성령을 의지하므로 신령한 삶을 계속 살아야만 되는 것입니다. 그렇게 할 때 우리는 참으로 빛과 소금이 되고 우리 주 예수님을 기쁘시게 할 수 있는 마음의 준비가 될 수 있습니다.

우리는 이 땅에서 육으로 태어났지만 그대로 있으면 멸망하고 맙니다. 예수를 믿어 영으로 다시 태어나야 되는 것입니다. 그래서 하나님의 자녀가 됩니다. 이것은 육신으로나 사람의 뜻으로 태어나는 것 아닙니다. 하나님으로 태어난 속사람, 영의 사람, 신령한 사람으로 우리는 다시 태어났습니다. 그리고 이 신령한 사람은 예수를 중심으로 삽니다. 예수의 길에 들어서서 세상을 살아 나갑니다. 성령의 지배와 장악과 인도함을 받게 됩니다.

예수의 길속에 바로 용서가 있고 성령 충만이 있고 필요도 있고 축복도 있고 천국도 있습니다. 예수의 길에서 우리가 살아나갈 때 끊임없이 육이 쳐들어오고 마귀가 우리를 도로 넘어뜨리려고 할 때 우리를 지켜주는 군대가 바로 하나님의 계명이요, 성령의 법인 것입니다. 우리가 하나님의 계명으로 무장하고 하나님의 성령으로 무장하고 있으면 이 모든 육과 마귀를 쳐서 복종시켜 영광스러운 승리의 삶을 살게 되는 것입니다.

필자가 예수님을 만나서 목회자가 된 사연입니다. 어느 날 양구 부대 교회 강단에서 대표 기도를 하는데 강단에 서니까, 음성이 들리는데 "너 그러다가 목사 된다." 는 음성을 들은 지 정확히 7년이 지나 하나님의 호출이 왔습니다. 주변의 많은 사람들이 목사가 되어야 한다는 것입니다. 심지어는 같이 근무하던 장교들도 목사가 되어야 한다는 것입니다.

제가 마음을 정하게 된 것은 어느 권사님이 하시는 말씀이 집사님 같은 분이 저 김해에 살고 계시는데요, 그분이 목사가 되어 하나님의 일을 하라는 하나님의 소명을 거역하다가 지금 병이 들었는데 그것도 간에 암이 걸려 3개월밖에 살지 못한다고 하니까 지금에야 목회를 하겠다고 하는데 집사님! 그분이 살아서 목회를 할 것 같습니까? 그때가 1995년 10월 쯤 되는 것 같습니다.

그래서 기도원에 가서 하나님이 저에게 직접 징표로 보여주시면 목사가 되겠다고 금식하며 기도를 했는데, 저는 하나님의 소리를 듣지 않으려고 정신을 바짝 차리고 기도를 하는데 음성을 들릴 리가 만무하지 않습니까? 기도하기로 정한 날이 지나 집으로 돌아가려고 준비를 하는 데 계속 방언기도가 끊어지지 않고 나왔습니다.

차를 탈 때까지 계속 방언기도가 나왔는데 차를 타고 이제 음성을 듣지 못했으니 목사가 되지 않아도 되겠다, 할렐루야! 하고 기분이 좋아서 그만 마음을 놓고 방언 기도하는 것에 몰입되어 기도하다가 비몽사몽간에 환상이 보이기 시작하더니 그림이 많이 보이고 지나가고 했습니다. 마치 비행기를 탄 것 같이 하늘 위에서 땅을 바라보면 보이는 것같이 여러 건물들과 산들 바다를 지나 갔습니다.

그러다가 아무도 없는 건물에 들어가 강대상 앞에 서니 사람들이 금방 모여들었습니다. 꼭 2002년 월드컵을 응원할 때 시청 앞에 사람이 모이는 장면을 방송사에서 빨리 돌아가게 하는 것과 똑같았습니다. 별별 사람들이 다 모여 있었습니다. 그리고 사람들이 다 차자 다른 지어진 교회 건물로 제가 들어갔습니다.

거기서도 사람들이 막 모여들면서 금방 가득하게 찾습니다. 이제 또 다른 간물인데 이번에게 아주 큰 건물이라 전체를 한 번에 보여주지 않습니다. 한 군데 한 군데 나누어서 보여주시는데 마치 우리나라에서 가장 크다고 하는 ○○○기도원 성전과 같은 것을 보여 주시는데 사람들로 가득하게 찾습니다. 그리고 다시 걸어서 조그마한 산에 올라갔는데 올라가 보니 세 사람이 십자가에 달려 있었습니다.

그래서 제가 군복을 입고 지나가면서 어떤 분이 예수님 인가요? 했더니, 가운데 십자가에 달려 피를 흘리고 계시는 분이 내가 예수다 하며 손을 내밀며 말씀하셨습니다. 그분이 저에게 손을 내미시는데 손에 종이 말은 무엇을 나에게 주어 내가 막 받아드는데 옆에 같이 차에 계시던 분이 내릴 때가 되었다고 깨어서 준비하라고 해서 깨워서 깨어났습니다.

지금도 생각하면 정말 신비스럽습니다. 어떻게 십자가에 달린 주님과 이야기하고 나니 차에서 내릴 시간이 되었는가 말입니다. 이것은 도저히 사람의 이론으로는 해석이 안 됩니다. 그래서 성경을 보니 예수님이 십자가에 달릴 때 양편에 강도가 있었으니 세 사람이 맞습니다.

그래도 저는 집에 돌아가 사모에게 귀신들이 나를 목사 되게 하려고 헛것을 보여 주었다고 했습니다. 그러나 기도를 하면 할수록 정확하다는 감동이 오고 또 사건을 말하지 말고 입을 다물고 있으라고 감동을 주어 아무에게도 말을 하지 않고 있었습니다.

그러다가 2002년 8월경에 기도하니까 이제 말을 해도 된다는 감동이 와서 기록하고 간증하기 시작을 했습니다. 필자가 약속 한 대로 예수님을 만났으니 순종하고 목회를 시작한 것입니다. 목회를 하면서 하나님께서 살아계신다는 증표를 수없이 체험했습니다. 목회는 하나님께서 하신다는 것입니다. 저는 그저 순종하는 것입니다. 순종하니 하나님께서 기적을 행하시면서 살아계심을 증명하게 하셨습니다.

바울의 경우 바울은 유대인으로 외국에서 출생했고 당시 세계 언어라 할 수 있는 헬라어를 배웠습니다. 폭넓은 헬라 철학과 사상들을 배우고 율법에 능통한 학자로 성장했습니다. 하나님은 그가 아직 주님을 만나기 전부터 이방인들에게 복음을 전할 모든 준비를 하게 하신 것입니다. 우리에게 주신 능력과 은사와 경험들 또한 주님께 드리기를 원한다면 하나님의 나라를 위해 귀하게 써지리라 믿습니다.

바울이 끝까지 순종한 것은 살아계신 하나님을 만났기 때문입니다. 직접 하나님의 살아계심을 체험했기 때문에 여러 가지 핍박을 견디고 순교까지 할 수 있었습니다. 필자역시 하나님의 살아계심을 체험하니 충만한교회에 오시는 분들에게 담대하게 하나님의 살아계심을 증명하고 있습니다.

필자도 성령의 불세례를 받고 마음에서 기름 부으심을 받을 때 성령의 새 술에 취해본 경험이 있습니다. 성령의 강한 불의 역사로 새 술에 취하여 몸을 가누기가 힘들 정도로 흔들리고 입에서 불이 훅훅하고 나오고 새털 같이 가벼운 환희를 체험했습니다. 국민일보에 보니 어느 기도원에서 목회자 치유세미나를 한다고 광고가 나왔습니다. 사모가 목회자 치유세미나이니 가보라고 성화가 심했습니다. 저는 가봤자 고생만하고 돈만 손해나는 것 무엇 때문에 가느냐고 버티다가 결국 성화에 못 이겨 가게 되었습니다.

거기 가서 3일째 되는 날 깊은 기도를 하다가 성령의 새 술에 취했습니다. 저는 솔직하게 말씀드려서 늦게 목사가 된 사람이라 세상 술도 먹어봤습니다. 그런데 세상 술을 먹고 취한 것과 동일하였습니다.

집회를 마치고 밖으로 나와 화장실을 가는데 몸을 가눌 수가 없었습니다. 정말 중심을 잡기가 힘이 들었습니다. 혹시라도 사람들이 오해할까 걱정스럽기도 하였습니다. 목사가 대낮부터 술을 먹고 흔들거리고 다닌다고 할까봐 조심을 많이 했습니다. 구름위에 발을 올려놓는 것같이 푹푹 빠졌습니다. 그것뿐만이 아니었습니다. 입에서는 불이 훅훅 나왔습니다. 한 3시간 정도 지나니까 서서히 안정이 되었습니다. 그리고 난 다음에 교회에 돌아와 목회하다가 치유 센터에 은혜를 받으러 가서 치유를 받는 성도들에게 입으로 불어도 성령의 강한 임재에 몸이 뒤틀리고 악한 영들이 떠나갔습니다. 우우우 하면서 오징어가 구워지면서 오그라드는 현상이 일어났습니다. 정말 대단하였습니다.

그 이야기를 우리 사모에게 했더니 어디서 그런 것을 배워왔느냐고 다른 사람들이 들으면 이단이라고 한다고 하지 말라고 하였습니다. 그래서 배운 것이 아니라 하도 입에서 불이 나와서 불어봤더니 그렇게 되더라고 했더니… 사모가 앞으로 주의하지 않으면 이상한 목사가 된다고 했습니다. 자칫 이단이라는 소리를 들을 수 있다는 것입니다. 그래서 입으로 부는 사역을 하지 않았습니다. 입으로 후~불고 다녔더라면 영락없이 이단이 되었을지도 모릅니다.

필자가 이때부터 이단에 대하여 일 년 동안 연구를 하였습니다. 어떻게 하면 이단이 되고 어떻게 하면 안 되는가? 지금 와서 생각하면 사모를 통하여 나를 영적으로 많이 깨달아 깊어지게 했습니다. 사모가 조금 이상하다고 하면 다른 목회자들에게 흠을 잡히지 않으려고 이론적으로 연구를 하게 되었습니다. 그래서 하나하나 정립이 되고 깨닫게 되었습니다. 깨닫는 만큼씩 영안이 열렸습니다. 지금은 이론적인 것을 알고 성령 사역을 하니 누구에게 시시비비를 당하지 않고 있습니다.

그런데 놀라운 것은 마가의 다락방에 모였던 사람들이 새 방언을 말하기 시작하는데 예루살렘에 유월절 제사를 드리기 위해 세계에 흩어졌던 유대인들이 모였는데 그들은 최소한 15개 나라에서 온 각기 말이 다른 사람들이었습니다. 거기에 모인 외국에 살다 온 유대인들이 놀란 까닭은 평생 유대땅 밖에는 나가 본적이 없고 외국어를 배워본 적이 없는 시골 촌뜨기들이 입을 열어서 외국말로 하나님께 기도하기를 시작했다는 것입니다. 기도할 때 거기에 있는 사람들이 자기 나라 말로 들렸다는 것입니다. 놀랍습니다. "다 놀라 신기하게 여겨 이르되 보라 이 말하는 사람들이 다 갈릴리 사람이 아니냐 우리가 우리 각 사람이난 곳 방언으로 듣게 되는 것이 어찌 됨이냐"(행2:7-8). 기가 막혀 합니다.

"그들이 베드로와 요한이 담대하게 말함을 보고 그들을 본래 학문 없는 범인으로 알았다가 이상히 여기며 또 전에 예수와 함께 있던 줄도 알고"(행4:13). 성령님이 하시는 일은 우리가 판단할 수도 없고 우리가 측량할 수도 없습니다. 영의 세계는 신비하고 놀랍습니다. 우리가 상상할 수 없는 세계가 있습니다. 우리가 경험하지 못한 놀라운 은혜가 있습니다. 그래서 하나님은 이렇게 말씀 하십니다. "하나님이 말씀하시기를 말세에 내가 내 영을 모든 육체에게 부어주리니 너희의 자녀들은 예언할 것이요 저희의 젊은이들은 환상을 보고 너희의 늙은이들은 꿈을 꾸리라"(행2:17).

대표적으로 하나님의 놀라운 영광을 경험한 이사야 선지자를 한 번 돌아봅시다. 그가 살던 시대는 외국열강과 복잡한 힘겨루기를 하던 시대였습니다. 애굽과 앗수르의 세력다툼과 북쪽의 이스라엘과의 전쟁이 뒤엉켜있는 복잡한 때에 웃시야 왕이 죽자 이사야 선지자는 성전에 올라가 기도합니다.

그런 중에 갑자기 하나님의 임재를 경험합니다. 하늘의 문이 열리고 하나님께서 높이 들린 보좌에 앉아 계십니다. 그리고 그 앞에는 스랍들이 여섯 날개를 흔들며 하나님을 찬양하는 놀라운 광경을 보게 됩니다. 그때 이사야 선지자는 두려움과 놀라움에 이렇게 고백합니다. "그때에 내가 말하되 화로다 나여 망하게 되었도다. 나는 입술이 부정한 사람이요 나는 입술이 부정한 백성 중에 거주하면서 만군의 여호와이신 왕을 뵈었음이로다 하였더라"(사6:5).

성령님의 불세례 기름 부으심이 나타나면 우리가 상상할 수 없고 우리가 예측할 수 없는 기묘하고 신기한 놀라운 일로 자신이 바뀐다는 것을 믿어야 합니다. 성령님이 주인되어 자신을 하나님의 사람으로 바꾸신다는 것을 믿어야합니다.

18장 성령 불 받고 은사가 나타나요.

　　(고전 12:8-11)"어떤 사람에게는 성령으로 말미암아 지혜의 말씀을, 어떤 사람에게는 같은 성령을 따라 지식의 말씀을, 다른 사람에게는 같은 성령으로 믿음을, 어떤 사람에게는 한 성령으로 병 고치는 은사를, 어떤 사람에게는 능력 행함을, 어떤 사람에게는 예언함을, 어떤 사람에게는 영들 분별함을, 다른 사람에게는 각종 방언 말함을, 어떤 사람에게는 방언들 통역함을 주시나니, 이 모든 일은 같은 한 성령이 행하사 그의 뜻대로 각 사람에게 나누어 주시는 것이니라."

　성령의 불세례를 받고 성령의 지배와 장악이 되어 성령의 인도를 받으면 성령의 9가지 은사가 나타나게 됩니다. 성령의 은사란 자신의 뜻대로 구하거나 노력함으로 돈으로 살 수 있는 것들이 아니고, 성령께서 그 기쁘신 뜻대로 부여해 주시는 것입니다(고전 12:11). 그 대신 성령이 은사에 대한 사모함을 주십니다. 그러니까 어떤 은사를 받아서 사용하고 싶다면 성령께서 은사를 부여해 주시고자 사모함을 주신 것으로 믿어야 합니다. 성령의 은사는 사모한다고 나타나는 것이 아니고, 먼저 성령의 세례와 성령의 불세례를 받고, 은사를 사용할 수 있는 상황이 주어졌을 때 믿음으로 담대하게 행할 때 은사가 실제로 나타나는 것입니다. 방언은사는 입을 열어 소리내어 기도하지 않으면 나타나지 않습니다. 상황이 주어졌을 때 담대하게 행할 때 은사가 나타나는 것입니다.

많은 사람들이 성령 세례만 체험하기 때문에 쓰임 받다가 점점 성령의 은사의 나타남이 약해지다가 나중에 이상하게 됩니다. 자신 안 지성소에서 성령의 불세례가 나와서 자신의 전인격이 정결하게 되고, 그 다음에 성령의 은사들이 나타나게 해야 합니다. 성령의 불세례로 정결함과 은사가 우리에게 같이 부어져야 합니다. 그래야 우리가 주님을 위해서 강력하게 쓰임 받을 수 있습니다. 성령 세례와 불세례가 나타나기를 간절하게 구하십시오. 성령의 권능이 성령의 은사가 나타나기를 간절하게 구해야 합니다.

자신을 통하여 성령의 나타남을 구하십시오. "성령님, 저를 통해서 나타나 주십시오. 저를 통해서 지식의 말씀으로, 지혜의 말씀으로, 병 고치는 은사로, 능력 행함으로, 영분별로, 예언으로 저를 통해서 나타내 주십시오." 예수를 믿고 성령의 세례를 받을 때, 그리스도의 몸 된 교회의 지체로서 교회와 성도를 섬기기 위해 한 가지 이상의 은사가 주어졌다고 보는 것이 맞습니다.

예수께서 물로 세례를 주지 않고, 성령으로 세례를 주는 역사를 하시고, 교회를 세우시고, 하나님 나라 확장을 요구 하셨습니다. 비록 이 은사들이 즉각적으로 나타나거나 활용되지는 않는다 할지라도, 모든 자연적 능력과 은사들이 신생아에게 잠재되어 있듯이 거듭난 성도들에게도 잠재되어 있다고 봅니다. 따라서 중요한 문제는 이미 주어진 은사를 어떻게 발견하고 개발하여 교회에 활용할 것인가 하는 것입니다. 은사가 있는 성도는 무엇보다 말씀과 성령으로 심령으로 치유하여 열매가 좋게 해야 합니다. 성령으로 기도하여 심령을 정화하면서 하나님과 친밀하게 지내는 것이 더욱 중요합니다. 은사가 있다고 다된 것이 아니라는 것입니다.

첫째로 지혜의 말씀의 은사. 지혜의 말씀의 은사는 하나님께서 주시는 초자연적인 통찰력을 통하여 당면한 문제를 해결하는 능력입니다. 한 아기를 놓고 두 여인이 서로 자기 아이라고 싸울 때 솔로몬은 아이를 반으로 나눠가지라는 지혜로운 말을 했습니다. 하나님께서 그에게 지혜를 주셨기 때문입니다.

하루는 예수님을 함정에 빠뜨리려는 사람들이 예수님에게 와서 가이사에게 세금을 바치는 것이 옳은 지 물었습니다. 가이사에게 세금을 바치라고 하면 민족 반역자로 몰고, 바치지 말라고 하면 로마에 대한 역적으로 몰려는 심산이었습니다. 난처한 질문을 받은 예수님은 가이사의 것은 가이사에게 바치고 하나님의 것은 하나님께 바치라는 지혜로운 말로 위기를 넘겼습니다. 그리고 현실 문제를 해결할 수 있는 하나님의 지혜의 말씀을 말할 수 있습니다. 예를 든다면 이스라엘 백성들은 마라의 쓴 물을 마시고는 즉각 원망과 불평을 터뜨립니다(출15:24절). 모세가 고통 속에서 기도할 때 하나님께서는 모세의 눈을 열어 한 나무를 보게 하시더니, 그 나무로 쓴 물을 달게 하셨습니다(25절). 그리고 하나님은 스스로를 "나는 치료하는 여호와임이니라"고 말씀하십니다(26절). 우리 하나님은 인생을 치료해 주시고 회복해주시는 사랑의 하나님이심을 믿으시기 바랍니다. 하나님께서는 우리 인생들의 실망과 슬픔과 아품을 씻어주시고 고쳐주시려고 이미 한 나무를 예비해 놓으셨습니다. 모세에게 한 나무를 지시하여 보게 하시고, 그 나무를 물속에 던져 넣으므로 마라의 쓴 물을 달게 하신 것입니다. 이것이 지혜의 말씀의 은사입니다. 이 은사는 성령의 감동에 따라 순종할 때 기적이 일어납니다. 지혜를 구하면 주시겠다고 약속했습니다(약1:15).

둘째로 지식의 말씀의 은사. 지식의 말씀의 은사는 성령님에 의해서 하나님의 말씀과 하나님의 뜻을 깨닫는 능력입니다. 하나님만이 알고 계시는 비밀을 성령으로 깨닫는 은사입니다. 아나니아와 삽비라가 땅을 팔고 땅값 얼마를 감추었습니다. 베드로는 바로 이 사실을 알고 아나니아를 책망했습니다. 베드로는 마치 아나니아와 삽비라가 한 일을 몰래 카메라로 찍은 것 같이 정확히 알고 있었습니다. 베드로가 지식의 은사를 받았기 때문입니다.

고모, 삼촌, 형제, 자매나 사촌, 친구 및 불신자들과 하루 종일 논쟁해도 안 되는 일이 적당한 때 지식의 말씀을 통해 그들의 심령에 주님을 막고 피하는 모든 장애물을 넘어 역사할 수 있습니다. 현실문제가 있으면 반드시 원인이 있습니다. 성령으로 원인을 알아내어 해결하는 것도 지식의 말씀입니다.

제가 이런 일이 있었습니다. 월요일이었습니다. 아침 8시 20분쯤 되었는데 전화가 왔습니다. 전화를 받으니 우리 교회에 다니는 권사님의 며느리가 전화를 한 것입니다. 숨을 몰아쉬면서 하는 말이 목사님! 아버님이 지금 숨이 넘어가십니다. 빨리 와보세요. 그래서 사모를 대동하고 아파트에 갔습니다. 안으로 들어가 보니 집사님은 숨을 몰아쉬면서 소파에 누워있고 권사님과 아들과 며느리 손자들이 바닥에 앉아서 임종을 기다리는 것입니다. 순간 제가 성령님에게 질문을 했습니다. 성령님 어떻게 해야 합니까? 성령께서 감동하시기를 사망의 영을 몰아내고, 호흡이 정상으로 돌아오라고 선포하라는 것입니다. 그래서 집사님의 가슴에 손을 얹고 "성령이여 임하소서. 내가 나사렛 예수 이름으로 명하노니 사망의 영은 떠나갈지어다. 사망의 영은 떠나갈지어다. 호흡은 정상으로 돌아올지어다. 호흡은 정상으로 돌아올지어다." 그러면서 얼굴을 보니 시퍼렇던 입술이 점점 붉어지는 것입니다. 그러면서 호흡이 정상으로 돌아왔습니다. 호흡을 정상으로 쉬면서 일어서더니 소파에 앉는 것입니다. 권사님이 하시는 말이 이렇습니다. "목사님! 숨을 정상으로 쉽니다. 살았습니다." 그러니까, 아들과 며느리 손자들이 하나가 되어 박수를 치는 것입니다. 집사님은 이후로 5년을 더 사시다가 천국에 가셨습니다.

이렇게 급박한 상황에서 성령의 지식의 말씀을 들으려면 당황하지 말아야 합니다. 편안한 상태에서 성령님에게 질문하는 것입니다. "성령님 어떻게 해야 합니까?"성령이 임재한 편안한 상태에서 성령님에게 질문하면 레마의 말씀으로 응답하여 주십니다. 그러면 담대하게 선포하면 문제가 풀어지는 것입니다.

셋째로 영분별의 은사. 성령의 나타남으로 인해 영감이나 감동으로 느끼고 말(명령)이나 행동을 하게 되므로 상대에게서 눈에 보이는 형상이 나타나는 것입니다. 그러나 조심해야 할 것이 있습니다. 귀신

의 영에 접신 된 자도 잘 봅니다. 그래서 자신의 영적인 상태를 분별
해야합니다. 상대방의 영적인 상태도 볼 수 있어야 속지 않습니다. 귀
신도 귀신같이 사람의 심령을 정확히 보고 압니다(행16:16-18).

영을 분별한다는 것은 그리 어렵지 않다는 것입니다. 짜증을
잘 낸다면 짜증내는 영입니다. 혈기를 잘 낸다면 혈기 내는 영입
니다. 질병이 있다면 질병의 영입니다. 가난하다면 가난의 영입니
다. 슬픔에 잘 빠지면 슬픔의 영입니다. 이간질을 잘 한다면 이간
질의 영입니다. 나타나는 현상과 성령의 인도로 알 수가 있습니다.
"각 사람에게 성령의 나타남을 주심은 유익하게 하려 하심이라(고
전12:7)" 귀신의 영을 보거나 환상을 보는 것은 영의 의식단계에
서 분별되는 것이요, 느낌이나 영감이나 확신은 마음과 육체의 전
이단계에서 이루어집니다. 이러한 성령의 가르침을 마음과 육체가
훈련이 되어 있지 못하면 받아드리지 못하고, 마음이 인식을 하더
라도 이성이 해석을 제대로 못하면 즉 마음과 육체에 사탄이 침입
하였거나 말씀에 바로 서지 못하면 문제가 야기되는 것입니다.

고로 성령으로 충만하여 혼(이성)과 육이 성령에 장악 당해야 정
확한 영분별이 됩니다. 자꾸 영을 깨우는 말씀을 들어야 영이 인식
을 잘하고 민감해져서 분별이 잘됩니다. 믿음은 들음에서 나며 들
음은 그리스도의 말씀으로 말미암느니라. 그래서 영분별 은사만을
강조 할 것이 아니라 심령이 성령과 말씀으로 치유되는 것을 더 중
요하게 여겨야합니다.

영을 잘 분별하려면 심령을 깨끗하게 정화시켜야합니다. 영과

혼을 분별하는 것은 숨어있던 자아가 빛 가운데 드러나서 우리의 눈이 뜨여진 후, 즉 내 자신이 영혼의 병든 부분을 고침 받은 후, 회개하는 청결한 심령이라야 영을 분별하게 되고, 영적인 세계를 이해하게 됩니다. 자아의 추한 모습을 많이 보면 볼수록 영적인 안목은 더 분명해 지고, 자아의 추한 모습이 벗겨지면 벗겨질수록 더욱 분명해 집니다.

넷째로 믿음의 은사. 믿음의 은사는 구원을 얻는 믿음 이상을 말합니다. 믿음의 은사는 하나님의 초자연적인 역사를 믿는 믿음입니다. 성령님으로 발원한 믿음입니다. 성령의 감동을 받아 선포하고 행동하고 그대로 될 것을 믿는 믿음입니다. 여호수아는 믿음으로 태양을 멈추게 했습니다. 모세는 믿음으로 홍해 바다를 갈랐습니다. 하나님의 명령대로 모세가 바다 위로 손을 내밀었더니 여호와께서 큰 동풍을 불게 하셨고, 바닷물이 물러가기 시작했습니다. 그리고 바다 한 가운데로 길이 나게 되었습니다. 그러자 이스라엘 백성들이 바다 가운데를 마른 땅처럼 걸어가게 되었고, 물은 그들의 좌우에 벽이 되었다고 성경은 말합니다.

나중에 애굽 사람들, 바로 왕의 말들, 병거들과 마병들이 다 이스라엘 자손들을 추격하기 위해 그 바다 가운데로 들어왔습니다. 하나님은 그 순간에 불과 구름 기둥으로 애굽 군대를 어지럽게 해서 이스라엘을 추격하지 못하도록 막았습니다. 그리고 이스라엘 자손들이 홍해를 다 건너자 하나님은 모세에게 "네 손을 내밀어 물이 애굽 사람들과 그들의 병거와 마병들 위에 다시 흐르게 하라"고 했습니다. 모세는 하나님의 명령에 따라 지팡이를 든 그의 손을 다시 바다 위로 내밀자, 그 순간 바다의 힘이 회복되었습니다. 바닷물이 애굽 사람들 위에 덮쳤고 그들은 그곳, 바다에서 다 죽게 되었습니다. 하나님은 이렇게 이스라엘 자손들을 애굽 사람의 손에서 구원하셨습니다. 이스라엘 자손들은 하나님께서 애굽 사람들에게 행하신 그 큰 능력(기사와 이적)을 두 눈으로 똑똑히 보고 여호와 하나님을 경외하며 하나님과 그의 종 모세를 믿고 따르게 되었다고 성경은 말합니다.

여호수아는 믿음으로 여리고 성을 무너트렸습니다. 사도들은 믿음으로 죽은 자를 살렸습니다. 죠지 뮬러는 믿음으로 수만명의 고아들을 돌보았습니다. 겨자씨만한 믿음만 있어도 산을 옮길 수 있습니다. 믿는 자에게는 능치 못함이 없기 때문입니다. 능력주시는 자 안에서 모든 것을 할 수 있습니다. 믿음의 은사를 구하십시오. 믿음이 오면 입으로 선포하고 행하십시오. 그러나 믿음과 욕심을 구별해야 행해야 합니다. 욕심으로 구하면 이뤄지지 않습니다. 믿음은 반드시 성령으로 발원한 믿음이어야 이루어집니다.

다섯째로 병 고치는 은사. 병 고치는 은사는 성령의 능력으로 사람들의 병을 치료하는 능력입니다. 예수님은 자기를 찾아오는 모든 사람들의 병을 고쳐주셨습니다. 신유의 은사를 받은 사람이 직접 병을 치료하는 것이 아니라 예수님의 치료 행위에 도구로 사용되어지는 것입니다. 병든 사람에게 손을 얹은즉 나으리라고 했습니다(막 16:18). 병자들에게 믿음으로 손을 얹으십시오. 예수님이 채찍에 맞음으로 우리가 나음을 얻었습니다(사53:5). 병자들을 위해서 기도할 때 죄를 서로 고하십시오. 의인의 간구는 역사 하는 힘이 많기 때문입니다(약5:16). 육신의 병보다도 더 해로운 것은 영적인 병입니다. 신유의 은사를 받은 이들은 아픈 이들의 육신의 병을 고치는데 만 관심을 두지 말고 영혼의 병을 고치는데 더 큰 관심을 가져야 합니다. 성령의 사람이 되게 해야 한다는 말입니다.

병 고치는 은사란 첫째로 성령의 초자연적인 능력으로 병을 고치는 것을 뜻합니다. 둘째로 신유란 병세가 조금씩 조금씩 호전되는 것이 아니고, 회복기를 거치면서 고쳐지는 것도 아니라 단번에 완치되는 것입니다. 지금까지 말씀 드린 대로 앉은뱅이가 일어날 때도 단번에 일어났고, 중풍 병자가 일어날 때도 단번에 일어났습니다. 죽은 다비다가 살아날 때도 단번에 살아났습니다. 조금씩 조금씩 회복된 것이 아닙니다. 이것이 성경이 가르치는 신유의 역사입니다. 셋째로 환자에게 믿음을 요구하지 아니합니다. 앉은뱅이에게도, '애니아'에게도, '다비다'에게도 안수를 받으면 일어날 것이라는 믿음이 있거나 의식이 있은 것이 아닙니다. 다만 하나님이 주신 은사를 통하여 "일어나라"하니 일어난 것입니다. 은사를 가진 사람이 일방적으로 고쳐 준 것입니다.

그러면 요즘은 어떠합니까? 신유의 은사를 가졌다는 사람이 안수만 하면 단번에 일어납니까? 그런 경우를 보셨습니까? 우리는 흔히 믿으라고 믿음을 강요하는 경우를 많이 봅니다. 또 죄를 회개하라고 하는 경우도 봅니다. 그러나 성경이 가르치는 신유는 그런 것이 아닙니다. 만일 이상에서 말씀드린 것처럼 성경적인 것이 아닌데도 자신이 신유의 은사를 가졌다고 주장하는 사람들이 있으면 이런 사람은 모두 거짓말을 하든지 아니면 신유의 은사가 어떤 것인지도 알지 못하면서 떠드는 사람들이라고 생각해도 틀리지 않습니다.

넷째로 신유의 은사는 성령의 능력으로 병을 고치기는 하지만 모든 병을 다 고치는 것은 아닙니다. 앞서 예수님은 모든 병을 다 고쳤다고 하였지만 신유의 은사는 그렇지가 않습니다. 사도 바울은 그의 손수건과 앞치마가 병을 고치기도 하고 마귀를 내어 쫓기도 하였습니다. 그러나 그렇지 못한 경우도 있습니다. 그의 동역자 '에바브라디도'가 병들어 거의 죽게 되었을 때(빌 2:25-27), 그는 신유의 능력으로 고치지 않습니다. 바울은 또 그의 젊은 동역자 '디모데'가 가지고 있는 만성 위장병을 고쳐주지 못하고 오히려 포도주를 조금씩 약으로 복용하라(딤전 5:23)고 가르칩니다. 또 바울은 병든 '드로비모'를 밀레도에 남겨 두고 떠났다(딤후 4:20)고 하였습니다. 바울 사도와 같은 능력 있는 사람이 어찌하여 이렇게 하였을까요? 그 해답은 간단합니다. 은사는 모든 병을 다 치유할 수 없다는 것입니다. 어떤 사람은 말하기를 신유는 모든 병을 다 치유하지만 단 한 가지 궁극적인 병은 치유할 수 없다고 합니다. 그 궁극적인 병은 바로 죽는 병입니다. 다섯째로 병 고치는 신유의 은사는 분명히 하나님의 능력이지만 병 고치는 능력은 모두 다 하나님의 능력은 아닙니다. 때로는 마귀적인 것도 있고, 주술일 수도 있고, 때로는 심령과학적인 것도 있다는 것을 알아야 합니다.

여섯째로 능력 행함의 은사. 능력 행함의 은사란 한마디로 보통의 인간으로서는 행하기 어려운 놀라운 능력을 행하는 것들입니다. 예를 들어 문둥병을 낫게 하는 것, 앉은뱅이를 걷게 하는 것, 가뭄이 들게도 했다가 비가 오게도 하는 것, 태양을 멈추는 것 등이 이 은사의 범주에 속하는 것입니다. 능력 행함의 은사가 신유의 은사와 유사한 점이 많은데 이 둘은 분명히 다르다는 것입니다. 신유의 은사는 주로 질병과 관계가 있지만 능력 행함의 은사는 주로 이적 혹은 기적과 관계가 되는 것입니다. 능력 행함의 은사와 신유의 은사는 유사점이 많기 때문에 구별을 하기가 매우 어렵습니다. 예를 들어서 앉은뱅이가 나았을 때 그것이 신유의 은사에 의한 것인지 능력 행함의 은사에 의한 것인지를 정확하게 판별을 하기가 매우 어렵습니다만, 대개 순간적인 것은 능력 행함의 은사에 의한 것이고 지속적인 치료는 신유의 은사에 속한 것으로 분류를 하고 있습니다.

그리고 "은사가 복합적으로 나타날 수도 있습니다. 그러므로 어떤 은사의 한계를 정해두고 있는 것입니다" 라고 해석을 하는 것은 올바른 것이 아닙니다. 능력 행함의 은사 역시 하나님의 영광을 위하고 성도들의 유익을 위해서 교회의 덕을 세우기 위해서 성령님께서 성도들에게 주시는 것이므로, 모든 것은 하나님을 위해서 행하고 자신을 통해서 놀라운 역사가 일어난다고 교만해지면 안 됩니다. 성령이 임하시면 권능을 받는다고 했습니다(행1:8). 성령 충만을 구하십시오. 권능을 받아서 능력을 행하십시오. 예수님의 이름으로 마귀를 물리치십시오. 예수님의 이름으로 앉은뱅이를 일으키십시오.

일곱째로 방언의 은사. 방언의 은사는 영으로 기도하는 능력입니다. 방언의 은사는 우리의 영성 생활에 도움이 됩니다. 방언으로 기도하면 장시간 기도할 수 있습니다. 방언의 은사를 사모하십시오. 방언의 은사를 받은 이들 가운데는 방언의 은사를 못 받은 이들을 무시하는 경향이 있습니다. 방언의 은사를 받지 못한 분은 그분 나름대로 다른 은사를 받은 것입니다. 조화를 이루는 것이 중요합니다. 방언 기도하는 것에 의해서 영이 자랍니다. 방언 기도를 통해 나의 영이 하나님과 교통을 하게 되고, 이 하나님과의 계속적인 교통을 통해 나의 영이 성장을 하게 됩니다. 그리고 영이 성장하게 되면 그 만큼 하나님을 더 가까이 체험하게 됩니다.

　　여덟째로 방언 통역의 은사. 고전12:10에 통역이란 말로 번역된 헬라어는 'hemeneia'입니다. 학자들은 그 말은 '번역하다'라고 하기 보다는 '말한 것을 설명하다'라는 의미라고 봄이 마땅합니다. 이 은사는 성령을 통한 초자연적인 계시로서, 그리스도인들로 하여금 이미 '방언'으로 말하여진 내용을, 그에 대한 역동적인 동의어를 사용하여 그의 말을 듣고 있는 사람들에게 이해가 가능한 언어로 전달할 수 있게 하는 능력을 말합니다. 이 은사는 외국어를 통역하듯 분명한 말씀으로 통변되는 것이 아닙니다. 방언의 통변은 직관적으로 주어지는 느낌으로 주어지기 때문에 한마디의 방언이 열 마디의 통변으로 주어질 경우도 있고, 열 마디의 방언이 한마디의 통변으로 주어질 경우도 있습니다.

　　아홉째로 예언의 은사. 예언은 미래에 생길 어떤 일보다는 하나님의 생각을 깨달아서 언어로 전달하는 은사입니다. 그 사람에게 하나님이 원하는 일을 알려줘서 하나님이 원하는 길을 가게 하는 것입니다. 그래서 인생을 성공하게 하는 것입니다. 천국 가서 잘했다 칭찬받고 면류관을 받게 하는 것입니다. 예언은 하나님께서 사람에게 자신의 뜻을 전하려고 선택하신 방법이십니다. 예언은 특수한 사역자만 하는 은사가 아니라, 모든 성도들에게(성령세례) 주신 보편적인 은사입니다. 그러므로 사모하고 기도하고 훈련하면 은사가 나타납니다.

결론적으로 성령의 은사는 모두 좋은 선물입니다. 고린도전서 12장의 은사는 성령으로 세례를 받을 때 9가지 은사가 모두 우리 안에 은사(선물)로 주어졌습니다. 내면에 주어진 은혜의 선물들이 역사하기 위하여서는 주신 것을 믿고 승복하고 믿음으로 실시하며 훈련하는 길뿐입니다. 방언의 은사는 입으로 발설하지 않으면 언제까지나 잠정적으로 있을 뿐입니다. 신유의 은사 역시 내게 주어진 것을 믿고 손을 얹고 기도할 때 치유의 기적이 일어나는 것입니다. 은사는 어떤 수고의 결실이나 메달이 아니라 은혜입니다.

자기가 예언의 은사를 은혜로 청해야 합니다. 은사는 선물로 주시는 것이지만 간구해야 받는 것입니다. 은사가 능력으로 나타나 사역화 될 수 있도록 기도 받고, 기도하고 훈련해야합니다. 당신이 주님께로부터 받기를 사모하는 은사가 무엇입니까? 은사를 사모하십시오. 성령은 우리에게 은사를 사모하는 마음도 주십니다. 하나님은 은사를 선물로 주시면서 하나님의 일을 하도록 하십니다.

19장 성령 불 받고 귀신이 떠나갔어요.

(막 16:17-18)"믿는 자들에게는 이런 표적이 따르리니 곧 그들이 내 이름으로 귀신을 쫓아내며 새 방언을 말하며 (18) 뱀을 집어올리며 무슨 독을 마실지라도 해를 받지 아니하며 병든 사람에게 손을 얹은즉 나으리라 하시더라."

성령의 불세례를 받으면 나라가 바뀌기 때문에 귀신들이 항복하고 떠나는 것입니다. 성령의 불의 역사가 자신을 지배하니 자신 안에 역사하던 귀신들이 떠나가는 것입니다. 귀신을 축귀하려면 성령의 불세례를 받는 것이 중요합니다. 자신이 몰입하며 기도하여 성령의 불세례와 충만을 받아야 귀신이 물러가는 것입니다. 하나님은 귀신에게 고통을 당하는 성도를 해방하여 주시기를 원하십니다. 지금 교회에는 축귀에 대한 올바른 지식이 없어서 영육으로 고통을 당하는 성도가 많습니다. 귀신축사는 사람의 힘으로 하는 것이 아닙니다. 반드시 성령의 권능을 힘입어야 가능한 일입니다. 성령의 권능은 축사를 하는 사역자도 힘입어야 합니다. 귀신으로 고통을 당하는 성도도 성령으로 장악이 되어야 합니다.

그러므로 축귀사역의 열쇠는 성령의 권능을 힘입는 것입니다. 사역자 자신이 어떻게 하면 성령의 권능을 힘입을 수 있는지를 알아야 합니다. 또, 사역자 자신에게 임재 하여 계시는 성령의 역사를 피 사역자에게 전이 시켜 환자를 성령으로 장악하게 하는 비결도 터득하고 있어야 합니다. 이를 위해서 사역자는 성령의 강한 불의 역사가 자신의 영(지성소)에서 타올라야 합니다. 성령의 불은 사역자에게 역사하는 성령의 불만큼 환자에게 전이되기 때문입니다. 그러므로 사역자가 성령의 강한 불의 역사가 자신 안의 지성소에서 나온다면 축귀사역을 좀 더 수월해질 것입니다.

몇 년 전 추석집회를 놓고 기도를 했습니다. "성령님 추석집회를 어떻게 했으면 좋겠습니까?" 성령께서 집중정밀치유를 해보라고 감동을 하시는 것입니다. 개별 집중치유는 한 번도 해보지 않은 것입니다. 그래서 특별 집중정밀치유라고 제목을 정하고 집중치유 받을 분은 예약을 하라고 했습니다. 생각지도 못하게 호응이 좋아 정원을 초과했습니다. 4-6명씩 개별로 상당히 긴 시간 동안 환자들 스스로 성령으로 기도하게 하고 안수하며 성령의 역사가 일어나게 하는 것입니다.

3일 동안 했는데 말로 표현할 수 없는 역사가 일어났습니다. 상황을 요약해서 정리하면 이렇습니다. 안수기도를 하고 30-60분 사이에는 상처가 치유되었습니다. 악~악~악~ 하면서 분노가 터져 나왔습니다. 40대 중반의 여성은 손가락을 입어 넣고 빨면서 엄마를 찾았습니다. 야~ 이 새끼야~ 그래 잘났다. 잘 났어! 하면서 욕을 해대는 여성도 있었습니다. 잠재의식이 치유되는 현상입니다. 으흐응~ 으흐응~ 으흐응~ 하면서 앓는 소리를 하는 70대 여성도 있었습니다. 이렇게 잠재의식의 상처가 치유가 되었습니다. 상처가 치유되고 70분정도 되니, 이제 세대의 영들이 축사되었습니다.

아이고~ 아이고~ 아이고~ 곡을 하면서 떠나는 귀신도 있었습니다. 나갈게 나가면 되잖아~ 하면서 떠나는 귀신도 있었습니다. 손발이 오그라들면서(중풍) 떠나가는 귀신도 있었습니다. 아이고~ 아이고~ 내가 지금까지 여기에서 50년간 살았는데 어디로 가라는 거야! 하소연을 한동안 하다가 떠나가기도 했습니다. 그래 간다. 이 새끼야~ 가면 되잖아 하면서 떠나기도 했습니다. 오십견을 일으키던 귀신은 악~ 악~ 하면서 어깨통증을 일으키며 떠나갔습니다. 현장에서 오십견, 허리디스크, 근육통 복부통증 등등이 치유가 되었습니다.

허리와 근육에 강한 통증을 유발하며 떠나갔습니다. 약 90분정도까지 세대의 영들이 별별 희한한 행동과 소리를 하면서 떠나갔습니다. 늦은 분들은 120분까지 악한 영들이 떠나갔습니다. 제가 이 사역을 하면서 깨달은 것은 성령이 충만하다고 자부하는 사람들에게도 귀신이 역사하고 있었다는 것입니다. 이 귀신들이 떠나가는데 90-120분 정도의 시간이 걸린다는 것입니다. 그래서 성령께서 필자에게 하라고 감동하신 시간이 맞아떨어진다는 것입니다.

그러므로 축귀를 하려면 2시간 이상 성령의 깊은 기도를 하고 성령님이 지배하고 장악해야 한다는 것입니다. 한마디로 쉬운 사역이 아니라는 것입니다. 성령이 역사하여 성도를 지배하고 장악하니 귀신들이 쉽게 떠나가더라는 것입니다. 그러므로 다음에 제시되는 대로 성령의 깊은 임재가 축사사역에서는 무엇보다도 중요하다는 것입니다. 축귀를 하려면 다음과 같이 해야 합니다.

첫째, 본인이 인정해야 합니다. 환자가 자신에게 악한 영이 역사한다는 것을 인정해야 합니다. 자신에게 일어나는 일련의 현상들이 악한 영에 의하여 일어난다고 인정하고 축귀를 사모해야 합니다. 축귀는 마음을 열지 않으면 절대로 할 수가 없습니다. 사역자가 아무리 성령의 권능이 강해도 피사역자가 축귀를 거부하는 마음이 조금이라도 결부가 되면 축귀는 되지 않습니다. 본인이 기도하지 않으면 축사는 할 수가 없습니다. 그러므로 무엇보다도 환자가 귀신축사를 인정해야 합니다. 만약에 환자가 인정하지 않았는데 억지로 축귀를 할 경우 축사가 되지 않을뿐더러, 축귀가 이루어지더라도 다시 들어오게 됩니다. 이를 방지하게 위하여 여러 실증의 예화를 들어가면서 말씀을 전해야 합니다.

환자에게 자신에게 일어나는 현상이 귀신역사라는 것을 인정하도록 해야 하기 때문에 무엇보다도 실증과 말씀이 있어야 합니다. 보편적으로 처음에 인정하려고 하지 않지만 말씀을 듣고 기도를 시작하면 성령의 감동으로 인정하는 경우도 있습니다. 사역자는 너무나 빨리 안 된다고 속단하지 말고 말씀을 전해야 합니다.

둘째, 성령으로 세례와 불세례를 받아야 합니다. 환자에게 역사하는 귀신은 사람보다 강한 영적인 존재입니다. 고로 축귀사역을 하는 사역자나 축귀를 받는 환자 모두가 성령으로 장악되어 영의 상태가 되어야 귀신이 떠나갈 수 있는 조건이 되는 것입니다. 성령은 귀신보다 강한 분이기 때문에 성령의 역사에 의하여 귀신이 정체를 폭로하는 것입니다.

그런데 문제는 성령의 세례라는 영적인 활동을 잘 이해하지 못한다는 것입니다. 그래서 예수를 믿으면서도 귀신에게 고통을 당하는 것입니다. 예수를 믿을 때 성령님이 믿게 했으니 믿을 때 성령으로 세례를 받았다는 관념적인 논리를 그대로 믿는 것입니다. 그리고 일반적으로 성도들이 성령세례를 한번만 받으면 끝나는 줄 알고 있습니다. 그래서 한번 체험했다고 계속 자신이 성령으로 충만한 줄로 믿어버립니다. 한마디로 성령의 불세례와 성령으로 충만하려고 노력을 하지 않는 것입니다.

그러니 자신에게 역사하던 귀신이 완전하게 떠나가지 않고 고통을 가하는 것입니다. 다른 한편은 성도들이 뜨겁게 기도했다고 성령세례 받았다고 합니다. 몸이 찌릿찌릿 했다고 성령세례 받았다고 합니다. 이는 성령을 체험한 것입니다. 방언기도가 터졌다고 성령세례 받았다고 합니다. 일반 성도들이 방언 기도하고 성령의 불받으면 다된 것으로 알고 있는 것이 문제입니다.

자신에게 역사하던 귀신은 성령으로 세례를 받은 다음부터 떠나가기 시작합니다. 성령세례를 받고 지속적으로 기도하다가 성령의 불세례를 받으면서 귀신이 떠나가는 것입니다. 성령께서 자신을 장악하는 만큼씩 귀신이 떠나가는 것입니다. 그러므로 자신에게 역사하던 귀신이 완전하게 떠나가게 하려면 지속적으로 성령으로 불세례를 받으면서 축귀하야 합니다. 한번 성령세례 받았다고 귀신은 떠나가지 않습니다. 사람은 육성이 있기 때문입니다.

셋째, 성령의 지배와 장악이 되어야 합니다. 성도에게 역사하는 귀신은 사람보다 강한 존재입니다. 자신에게 역사하는 귀신은 사람의 능력으로 쫓아내지 못합니다. 반드시 성령으로 세례를 받아 초자연적인 성령의 역사가 자신을 지배하고 장악해야 귀신이 떠나가는 것입니다. 절대로 육적인 상태에서는 귀신은 떠나가지 않는 것입니다. 반드시 성령으로 전인격이 장악이 되어 영적인 상태가 되어야 떠나갑니다. 그러므로 사역을 하는 사역자도 성령의 불로 장악이 되어야 합니다. 왜냐하면 사역자에게 임한 성령의 역사가 피사역자에게 전이되어 성령으로 장악되기 때문입니다. 축귀 사역에서 무엇보다도 중요한 것이 성령의 지배와 장악입니다.

사역자가 성령의 불세례를 받아 성령의 역사가 지성소에서 흘러나오면 축귀는 더 잘됩니다. 피사역자를 성령으로 깊게 지배하고 장악시킬 수가 있기 때문입니다. 그러므로 사역자는 피사역자가 성령으로 장악될 때까지 인내하면서 기다려야 합니다. 피사역자가 성령으로 장악되게 하려면 기도하게 해야 합니다. 환자가 기도하지 않으면 절대로 성령으로 장악될 수가 없습니다. 기도하도록 지도를 해야 합니다. 환자가 스스로 기도하지 않으면 절대로 귀신으로부터 해방 받지 못한다고 강조해야 합니다.

피사역자는 성령으로 임재 시키는 비결은 두 가지가 있습니다. 첫째로 여러 사람을 한꺼번에 축귀하는 경우는 찬양을 합니다. 통성기도를 하도록 합니다. 실증 있는 말씀을 40-60분 이상 전합니다. 찬양을 2-3곡을 부르면 좋습니다. 마음이 열려야 성령께서 강하게 역사하시기 때문입니다. 그리고 성령의 역사하시도 록 피사역자들에게 호흡을 들이쉬고 내쉬면서 주여! 하라고 합니다. 지속적으로 호흡을 들이쉬고 내쉬게 해야 합니다.

사역자는 성령의 역사가 나타나는 기도를 합니다. 보편적으로 10분정도 되면 성령의 역사가 나타나기 시작을 합니다. 피사역자들에게서 성령의 역사가 나타는 것이 눈으로 보이면 명령을 합니다. "예수이름으로 명하노니 위로 올라와라. 귀신은 떠나가라. 기침으로 떠나가라." 하면서 기도합니다. 두 번째는 2-3명을 동시에 축사할 경우는 이렇게 합니다. 찬양을 합니다. 기도합니다. 간단하게 주의사항을 알려줍니다. 그리고 환자를 앉거나 눕게 하고 호흡을 들이쉬고 내쉬라고 합니다. 사역자가 성령의 역사를 요청합니다. 좀 더 빨리 역사가 되게 하려면 손을 이마에 올리면 됩니다.

손을 이마에 올리지 않아도 성령의 역사는 나타납니다. 성령의 임재가 되어 눈으로 성령의 역사가 나타나기 시작하는 사람부터 축귀를 시작하는 것입니다. 소리를 크게 한다고 귀신이 떠나가는 것이 아닙니다. 성령의 역사가 강하게 나타나면 귀신은 소리 없이 떠나갑니다. 전적으로 성령께서 귀신을 축귀하는 것입니다. 그러므로 사역자나 피사역자 모두 성령으로 충만해야 합니다.

넷째, 내적치유가 되어야 합니다. 축귀 사역을 하다가 보면 어떤 귀신은 성령의 지배만 되면 떠나갑니다. 그러나 상처가 있으면 귀신이 떠나가지 않습니다. 이때에는 상처를 치유해야 합니다. 상처의 치유역시 성령께서 하시는 것입니다. 상처가 잠재의식에 형성되어 있기 때문입니다. 사역자는 성령의 인도에 따라 행동하면 됩니다. 더 자세한 것은 "내적치유 쉽게 하는 법"을 참고 바랍니다.

다섯째, 죄의 처리가 필수이다. 귀신은 죄가 해결되기 전에는 절대로 떠나가지 않습니다. 죄는 자신이 지은 죄도 있을 수 있습니다. 또 자신도 모르는 조상이 지은 죄도 있을 수 있습니다. 조상이 지은 죄라면 이렇게 회개합니다. 자세한 기도문은 "가계가 축복받는 선포기도"을 참고하기를 바랍니다.

여섯째, 성령으로 장악이 되어야 합니다. 성령의 지배가 되어 축귀를 하면서 내적치유도 합니다. 죄도 회개를 합니다. 지속적으로 하다가 보면 성령으로 장악이 완전하게 됩니다. 그러므로 사역자는 인내하면서 성령으로 완전하게 장악이 될 때까지 기다려야 합니다. 성령으로 완전하게 장악이 되면 귀신이 쉽게 떠나갑니다. 기침을 하면서 떠나기도 합니다. 호흡으로 떠나기도 합니다. 그러나 알아야 할 것은 자신의 정체가 폭로된 귀신만 떠나갑니다. 그러므로 환자가 자신에게도 귀신이 있다는 것을 인정하는 것이 무엇보다도 중요한 것입니다.

그래서 성령의 은사인 지식의 말씀으로 찾아내어야 합니다. 제가 지금까지 축귀사역을 하면서 체험한 바로는 자신이 정체가 폭로되지 않는 귀신은 절대로 떠나가지 않고 숨어있는 것이 보통이

였습니다. 축귀 사역의 성공여부는 무엇보다도 성령의 깊은 임재로 귀신의 정체를 폭로하는 것입니다. 보통 실전의 체험이 부족한 사역자들이 하는 식으로 "이 사람에게 역사하는 귀신아 떠나가라. 귀신아 떠나가라." 하면서 소리쳐도 꼼작도 하지 않고 버티고 있습니다. 그래서 사역자는 순간순간 성령께서 알려주시는 레마를 받으면서 사역을 해야 합니다. 한마디로 떠나갈 시기가 되지 않은 귀신은 버티고 있다는 것입니다. 성령의 지배를 기다려야 합니다.

일곱째, 귀신이 떠나는 시기가 있다. 필자가 지금까지 축귀 사역을 하면서 체험한 바로는 귀신이 떠나는 시기가 있다는 것입니다. 그래서 하나님에게 마음과 시간을 많이 드려야 한다는 것입니다. 그런데 많은 성도들이 쉽게 빨리 축귀를 하려고 합니다. 그러나 자신이 영적으로 완전하게 변하여 하나님이 원하시는 수준이 되지 않으면 귀신은 떠나가지 않습니다. 하나님은 문제를 통해서 성도를 영적으로 깊은 사람으로 만들어 가십니다.

그러기 때문에 영적인 수준이 되지 않으면 귀신이 떠나가지 않는 것입니다. 귀신을 빨리 떠나보내려고 기도만 많이 한다고 귀신이 떠나가지 않습니다. 자신의 전인격이 영적으로 변하여 말씀의 비밀을 많이 깨달아야 합니다. 말씀 속에서 영적인 원리들을 찾아내서 적용할 수 있는 수준이 될 때 귀신은 떠나갑니다.

여덟째, 단번에 할 수 있는 사역이 아니다. 축귀사역은 단번에 할 수 있는 사역이 아닙니다. 어디까지나 하나님의 시간표에 맞추어야 합니다. 그런데도 많은 사역자들이 지금도 단번에 축귀를 하려고 날을 세워가며 축귀를 합니다. 절대로 축귀는 단번에 되지 않는 것입니다. 피사역자가 영적으로 변하는 만큼씩 귀신이 떠나가기 때문입니다. 이는 하나님의 방법입니다. 필자도 사역초기 환자 한사람을 붙잡고 6-8시간씩 사역을 했습니다. 이렇게 오랜 시간 축귀를 하면 어느 정도 회복이 됩니다.

그러나 환자가 귀신을 방어할 수 있는 영적인 능력이 없기 때문에 2-3일만 지나면 다시 침입하여 똑같아집니다. 이럴 때는 정말로 힘이 빠지게 됩니다. 그러나 영적으로 보면 맞습니다. 환자가 영적인 능력이 약하여 육체가 되기 때문에 귀신이 다시 침입하는 것입니다. 그래서 제가 알려드리는 방법을 가지고 환자 스스로가 영적으로 바르게 설수 있도록 영성훈련을 해야 합니다. 절대로 단번에 정상으로 회복되지 않습니다. 이렇게 오랜 시간 축귀를 하게 되면 환자도 고생스럽지만 사역자의 체력이 많이 소진이 되게 됩니다. 지혜롭게 하나님의 방법으로 사역을 하면 사역자도 편하고 피사역자도 영적으로 변하면서 사역을 할 수가 있습니다.

아홉째, 인내할 줄 알아야 합니다. 축귀를 행하는 사역자나 피사역자 할 것 없이 인내해야 합니다. 우리가 영적으로 변하는 것도 인내해야 합니다. 지신이 변하고 있다면 하나님에 역사하고 계시는 것입니다. 그러므로 순간에 완전하게 치유가 되지 않더라도 낙심하지 말고 인내하면서 기다려야 합니다. 하나님에게 마음과 시간을 드리면서 인내하며 기다려야 합니다. 성령의 역사에 맞기면서 기다리면 자신이 영적으로 깊은 성도가 되는 것을 몸으로 느끼고 눈으로 보게 됩니다.

우리는 신명기 7장 17-24절 말씀을 비밀을 알아야 합니다. "네가 혹시 심중에 이르기를 이 민족들이 나보다 많으니 내가 어찌 그를 쫓아낼 수 있으리요. 하리라마는 그들을 두려워하지 말고 네 하나님 여호와께서 바로와 온 애굽에 행하신 것을 잘 기억하되, 네 하나님 여호와께서 너를 인도하여 내실 때에 네가 본 큰 시험과 이적과 기사와 강한 손과 편 팔을 기억하라. 네 하나님 여호와께서 네가 두려워하는 모든 민족에게 그와 같이 행하실 것이요. 네 하나님 여호와께서 또 왕벌을 그들 중에 보내어 그들의 남은 자와 너를 피하여 숨은 자를 멸하시리니, 너는 그들을 두려워하지 말라, 너희의 하나님 여호와 곧 크고 두려운 하나님이 너희 중에 계심이니라. 네 하나님 여호와께서 이 민족들을 네 앞에서 조금씩 쫓아내시리니, 너는 그들을 급히 멸하지 말라. 들짐승이 번성하여 너를 해할까 하노라. 네 하나님 여호와께서 그들을 네게 넘기시고, 그들을 크게 혼란하게 하여 마침내 진멸하시고, 그들의 왕들을 네 손에 넘기시리니 너는 그들의 이름을 천하에서 제하여 버리라. 너를 당할 자가 없이 네가 마침내 그들을 진멸하리라."

하나님이 우리가 영적으로 성장하고 자라는 만큼씩 귀신을 몰아내시는 것입니다. 성령의 인도에 따라 인내하면서 기다려야 합니다. 하나님에게 마음과 시간을 드리면서 자신이 하나님이 원하시는 수준을 만들면 자신에게 역사하던 귀신은 모두 떠나가는 것입니다.

열 번째, 귀신을 축귀하고 불면증을 치유했어요. 어려서 물이나 불이나 교통사고, 천재지변을 당한 경우에 상처가 무의식에 그대로 남아 있습니다. 많은 분들이 이렇게 사고를 당한 분들이 영적인 상처로 전환되어 영적인 문제로 고생하는 분들이 많습니다. 우울증이나 불면증이나 정신적인 문제로 고생하는 분들이 많습니다. 내가 내적치유 하다가 어려서 물에 두 번 빠져서 사경을 헤매다가 구출되었고, 불속에서 한 번 구출된 경험이 있는 60세 된 목사님을 내적치유와 축귀를 통하여 치유한 경험이 있습니다.

이 목사님이 불면증으로 2년을 고생하시다가 저의 충만한 교회 성령치유 집회에 연속적으로 참석했습니다. 여러 곳을 다니면서 치유를 받으려고 했지만 불면증을 치유 받지 못하다가 국민일보 광고를 보고 참석하기 시작했습니다. 몇 개월 동안 열심히 다니면서 능력과 치유를 받았습니다. 그런데 어느날 아마 밖의 날씨가 영하 8도 정도 내려갈 때인데 집회를 마치고 집으로 가려고 하는데 내가 보니까 땀을 비가 내리듯이 흘리면서 몸을 가누지를 못하는 것이었습니다.

그래서 내가 그냥 가시면 안 된다고 잠시 안정을 취하고 가시라고 의자에 앉게 했습니다. 그리고 머리에 손을 얹고 안수하며 기도를 했습니다. 그러니까, 성령께서 이렇게 감동을 하시는 것입니다.

"어려서 심하게 놀란 일이 있다. 본인에게 한번 물어보아라." 그래서 본인보고 어렸을 때 놀란 일이 있는지 생각하여 보라고 했습니다. 그랬더니 한 참을 눈을 감고 생각을 하더니 "목사님 이제 생각이 났습니다. 제가 물에 두 번 빠져서 죽을 뻔 했는데 하나님의 은혜로 살아나왔습니다.

그리고 불에도 한번 들어가서 타죽을 뻔 했습니다." 그래서 제가 안수를 시작했습니다. 성령이여 임하소서. 성령이여 사로잡으소서. "불속에 집어넣고, 물속에 집어넣어 죽이려고 했던 귀신아 내가 예수 이름으로 명하노니 정체를 밝히고 나와라. 정체를 밝히고 나와라." 하니까 한참을 흐느끼니 서서히 정체를 드러내기 시작을 했습니다. 온몸이 부르르하고 한참을 떨었습니다. 숨을 몰아쉬더니 기침을 한동안 사정없이 하다가 떠나갔습니다. 목사님 얼굴을 아주 평안한 상태가 되었습니다.

그렇게 줄 줄 줄 흐르던 땀이 싹 멈추었습니다. 축귀를 한 후에도 계속 다니면서 은혜를 받았습니다. 목사님이 사모에게 축귀를 받고 2년 동안 고통당하던 불면증을 치유 받았다는 것입니다. 이와 같이 축귀와 신유는 연결이 됩니다. 축귀를 하고 불치의 병을 치유 받는 경우가 많습니다. 그런데 불치병이 있는 분들이 한번 집회 참석하여 치유 받을 수는 없습니다. 지속적으로 말씀을 듣고 성령으로 기도하면서 성령의 불세례와 충만을 받아 성령으로 자신이 장악이 되어야 깊은 속에 숨어있던 귀신이 정체를 드러내는 것입니다. 빨리는 사역자나 환자의 욕심입니다. 기다려야 합니다.

20장 성령의 불 받고 영안이 열렸어요.

(고전 2:10)"오직 하나님이 성령으로 이것을 우리에게
보이셨으니 성령은 모든 것 곧 하나님의 깊은 것까지도 통
달하시느니라"

성도가 성령의 불세례를 받고 성령의 불로 충만 받아 성령의 지
배와 장악이 되어 성령의 인도를 받으면 성령께서 영안이 열린 삶
을 살아가도록 역사하십니다. 성령께서 영안이 열리도록 역사하
시는 것입니다. 영적인 세계에 관심을 가짐과 동시에 영적인 궁금
증이 생깁니다. 능력은 어떻게 받을까? 환상은 어떻게 열릴까? 영
적인 세계에 무엇이 존재할까? 영안은 어떻게 열릴까? 성령은사
는 어떻게 해야 받을 수 있을까? 영들은 어떻게 분별할까? 방언 기
도는 어떻게 받게 될까? 이런 궁금증을 해결하기 위하여 책도 읽고
집회도 참석하여 영의 눈이 뜨이게 됩니다.

세상에서 불신자로 살아갈 때는 영이 육에 눌려서 기능을 제대
로 발휘하지 못합니다. 한마디로 갑갑한 인생입니다. 복음을 전도
받고 교회에 나와 예수 믿고 성령으로 세례를 받으면서 처음으로
느끼는 영적인 체험을 하는 것입니다. 인간이 본능적으로 세상을
살아가다가 말씀을 통하여 성령이 운행하시어 빛이 비치고 영적인
눈이 열리며 깨닫기 시작하는 것입니다.

많은 분들이 예수를 믿고 교회에 와서 처음 성령으로 세례를 받

으면서 회개의 눈물을 흘립니다. 처음 하나님을 만나는 단계입니다. 저도 처음으로 하나님을 만나 회개의 눈물을 1박 2일 동안 흘렸습니다. 정말 주체 못 할 정도로 회개의 눈물을 흘렸습니다. 순간 영이 깨어남으로 지금까지 체험하지 못한 신비한 것들이 보이게 됩니다. 이즈음에 내가 꿈속에서 보니 내 배가 자꾸 불러 오는 것입니다. 아 내가 임신을 했구나~ 아기를 어디로 낳지 하고 걱정을 하는데 갑자가 내 배가 갈라지면서 검은 치타가 죽어서 나오는 것입니다. 그것이 무엇이겠습니까? 혈기입니다. 성령을 체험하니 혈기가 죽어서 나오는 것입니다. 아직 그래도 세상에서의 행동하던 육성이 펄펄 살아있는 시기입니다. 아무것도 모르면서 아는 척을 잘 하는 시기이기도 합니다.

그러나 땅의 사람이 하늘의 사람으로 바꾸어지는 첫 경험이므로 여러 영적인 신비한 체험들이 마음속에 강하게 자리하게 됩니다. 이때에 주의해야 할 것은 나쁜 영의 전이가 된다는 것입니다. 영들의 전이에 대한 자세한 지식은 제가 집필하여 출간한 "영적피해 방지하기" "영들을 보는 눈을 개발하라" "영안열림의 혼동과 구별하는 법"책을 읽어보시면 상세하게 알 수 있을 것입니다. 이 책에는 영들이 어떻게 전이 되는지와 일대일 사역자에게 자주 나타나는 영적손상과 대처 방법에 대하여 제시하고 있습니다.

예수 믿고 교회에 들어와 성령으로 불세례를 받으면 사람 속에 있던 신령적인 요소가 깨어납니다. 이때부터 성령께서 인도하십니다. 영의 눈이 열리니 영적인 것에 관심을 가지기 시작합니다. 툭

하면 자기에게 나타난 영적인 현상을 가지고 상담을 하려고 합니다. 신비한 음성을 들으려고 합니다. 기도 할 때 무엇인가 보이고, 또 보려고 하고, 영물들이 보인다고 자랑도 하기 시작합니다. 영혼이 혼탁하여 혼란스러운 꿈을 많이 꾸기도 하는 시기입니다. 꿈에 뱀이 나타나기도 하고 무당이 보이기도 합니다. 어느 분은 자신이 기도할 때 환상으로 보니 입에서 뱀이 나왔는데 이것이 무엇이냐고 물어보는 사람도 있습니다. 이는 심령상태를 보여준 것으로 자신 안에 귀신이 있으니 쫓아내라는 것입니다. 자신이 아직도 마귀의 영향 하에 있다는 것을 환상으로 보여준 것입니다. 저도 이 시기에 말로 표현하기 힘든 영적인 현상을 체험했습니다.

기도할 때 얼굴이 일그러진 사람이 나타나 하! 하! 하! 하면서 달려들기도 했습니다. 중이 목탁을 탁탁 치면서 기도를 방해하기도 했습니다. 여자가 머리를 풀어 젖히고 흐느끼면서 울기도 했습니다. 어느 목사님은 호흡을 깊게 하면서 기도를 하니 몸이 뒤틀리는데 이것이 무슨 현상이냐고 질문하기도 합니다. 이는 자신 안에 있는 악한 영의 역사가 성령의 역사에 의하여 밖으로 드러나면서 나타나는 현상입니다. 자기 교회에서 목요일 밤에 기도를 하는데 눈을 감고 기도하면 곡하는 소리가 들린다는 것입니다. 눈을 뜨고 보면 아무도 곡하면서 기도하는 사람이 없었다는 것입니다. 그래서 권사가 하나님에게 기도하니 천사가 기도를 도우면서 기도하는 소리라는 것입니다. 이것은 곡하는 사람 속에 있는 귀신이 곡하면서 기도하는 것입니다.

많은 분들이 이 시기에 이런 경험을 합니다. 자신의 나름대로 판단하여 기도할 때 영물들이 보이고, 환상도 보이니 자신이 제일 믿음이 좋은 사람이라고 스스로 판단하여 교만하게 행동하는 시기입니다. 이는 옛 사람이 죽지 않고 그대로 있기 때문에 자연스럽게 나타나는 현상입니다. 교회에 나와 나름대로는 불같은 성령도 체험했고 열심히 믿음 생활한다고 해도 아직 성령의 불세례와 성령충만을 받지 못하여 육신에 속하여 환경을 의식하며 살아가는 것입니다. 예수를 믿어도 자신의 자아와 혈기가 남아서 자기 힘으로 어떻게 해보려고 열심히 노력하는 것입니다. 예수를 이용하여 육적인 만족을 얻으려고 합니다. 그러다가 자신의 뜻대로 되지 않는 인생을 깨닫고 자신의 능력으로 세상을 이기기는 역부족하다는 것을 알게 됩니다. 그래서 능력이 있다는 사람을 추종하고 찾는 단계입니다. 능력이 있다는 사람을 분별도 하지 않고 의지합니다. 성도는 빨리 이 단계를 넘어서야 합니다. 일부 성도들은 이 단계에 머물러서 예수를 믿으면서도 오만가지 문제로 고생을 합니다.

성도는 교회에 나와서 축복만 받으려고 하지 말고 말씀과 성령으로 영의 눈을 열어 하나님이 원하시는 수준에 도달하려고 노력해야 합니다. 성령님은 성도를 하나님이 원하시는 영적인 수준이 되게 하려고, 영적인 일에 관심을 갖도록 인도합니다. 저의 경우 성령께서 영적인 궁금증을 주셨습니다. 영적세계를 알아야 한다는 성령의 감동이 저를 주장했습니다. 영적세계에 대하여 연구하고 몰입을 하다가 보니 영적인 세계에 대한 이론이 정립되고 영적세계가 열렸습니다. 실제 귀신을 쫓아낼 수 있는 권능이 나타났습니다. 영분별을 어떻게 할까! 영분별을 할 수 있도록 하기 위하여 기도했습니다. 영분별 세미나도 참석했습니다. 이렇게 영분별을 하려고 몰입하고 집중하다가 보니 영을 분별할 수 있게 되었습니다.

영안은 어떻게 하면 열릴 수가 있을까 고민하면서 기도하다가 보니 영안의 이론이 깨달아지고 영안이 서서히 열어졌습니다. 깨달은 것으로 책을 집필하여 두 권을 출간했습니다. 어느날 기도하니까, 내 마음 속에서 영들의 전이가 어떻게 이루어질까! 잘못된 영의 전이가 이루어지면 무슨 현상이 나타날까! 하는 감동이 저를 주장했습니다. 영들의 전이에 대하여 관심을 갖다가 보니까, 영적 전이에 대한 이론이 정립되고 영들의 전이에 대하여 깨달아지기 시작했습니다. 우리는 성령께서 관심을 갖도록 인도하시는 분야에 전문가가 되려고 의지적인 노력을 해야 합니다. 그 분야에 대한 책도 읽고 체험도 하면서 성령의 인도에 적극성을 보여야 합니다. 성령은 자신의 인도에 적극성을 보이면 전문가가 되도록 감동하시고 훈련을 하십니다. 성령의 인도로 차츰 하나님이 원하시는 수준에 도달하게 되는 것입니다. 성령의 인도하시는 분야에 적극적인 관심을 같다가 보면 생명의 말씀과 성령으로 영적 민감성이 개발되기 시작을 합니다.

영적으로 민감하다는 것은 영적인 일에 관심이 남다르게 많다는 것을 의미합니다. 관심이 많아야 발전이 있는 법입니다. 세상의 일에도 관심과 흥미를 가지고 있어야 성공할 수 있는 것입니다. 관심과 흥미가 있으면 그 일에 깊이 관여하게 되고 그에 따라서 여러 형태의 도움을 받을 수 있게 됩니다. 무슨 일이든 전문가가 되기 위해서는 먼저 관심과 흥미로부터 시작하는 것처럼 영적 성장 역시 관심과 흥미로부터 시작하는 것입니다.

관심이 있게 되면 그 일에 모든 것을 걸게 됩니다. 관심과 흥미가 있게 되면 오로지 그 일만 생각하게 됩니다. 세상에서도 관심과 흥미가 그 일에 깊이 빠지게 만들고, 그렇게 해서 해당분야 전문가가 되는 것입니다. 이처럼 영적인 일에도 마찬가지로 관심과 흥미가 있어야 영적 발전이 이루어지는 것입니다. 그런데 이렇게 민감해지면 우리 마음속에 스스로를 통제하려고 하는 생각이 일어나게 됩니다. 이런 생각이 드는 것은 절제하고 균형을 유지하기 위한 것이라고 봅니다. 너무 지나친 것 역시 바람직하지 못하기 때문입니다. 관심과 흥미를 가지는 것은 좋지만 너무 지나치면 해로울 수 있기 때문입니다. 우리는 이런 교육을 항상 받고 자랐습니다. 모든 일을 절제하고 적당히 해야지 너무 깊이 빠지는 것은 위험하다는 식의 교육을 받고 있기 때문에 한 가지 일에 너무 깊숙이 빠져 드는 것은 바람직하지 못하다고 생각하는 것입니다.

그런데 이런 일반적인 생각은 평범한 사람들에게 해당하는 말입니다. 일반인들은 자신이 하는 일이 따로 있습니다. 그래서 어떤 일에 빠지게 되면 자신이 하는 일을 소홀히 하게 됩니다. 그래서 적당한 수준에서 절제를 하는 것입니다. 그러나 전문가가 되고자 하는 사람은 이런 편견에서 벗어나야 합니다. 하나님에게 쓰임을 받으려면 영적인 일에 깊숙하게 빠져 들어가야 합니다. 몰입하고 집중해야 영적인 안목이 성령으로 열리는 것입니다. 영적인 관심이 자신을 영적인 성도로 만들어가는 것입니다. 꿈이 있어야 꿈이 이루어지는 것입니다. 꿈을 이루려고 노력하니 꿈이 이루어지는 것입니다. 마찬가지로 영적인 관심이 영적으로 만드는 것입니다.

영적으로 깊어져서 하나님과 친밀하게 지내려면 평범한 수준을 넘어서야 합니다. 세상에서도 자신이 하는 일에 완전히 빠져들지 않으면 절대로 전문가가 될 수 없습니다. 영적인 일에 깊은 자가 되려면 오로지 영적인 일에 관심을 가지고 자나 깨나 그 일에만 골몰해야 합니다. 자나 깨나 오로지 영적인 일에 정신을 집중하고 그 변화에 민감해야 합니다. 사람들이 무어라 해도 신경 쓸 필요가 없습니다. 사람들의 눈치를 보고 그들의 말에 신경을 쓰는 것은 아직 육신적인 성도이기 때문입니다. 영적인 성도가 되어 하나님의 선물을 받으려면 오로지 성령의 인도에만 관심을 갖아야 합니다. 적당히 하라, 너무 깊이 들어가지 말라는 것은 마귀의 소리입니다. 모세가 바로에게 이스라엘 백성을 이끌고 삼일 길쯤 광야로 가서 제사 드리겠다고 하였으나, 바로가 너무 멀리 가지 말라고 합니다 (출8:27-28). 삼일 길 쯤 들어가야 세상이 보이지 않는 것입니다.

영의 눈을 뜨기 위해서는 반드시 성령으로 세례를 받아야 합니다. 그런데 성령으로 세례를 받게 되면 이해하지 못할 두려움이 자신을 주장하게 되는 경우가 많습니다. 우리가 신앙생활을 하면서 가장 극복하기 어려운 부분이 영적 두려움일 것입니다. 우리는 알지 못하는 세계에 대해서 막연한 두려움을 지니고 있습니다. 특히 영적 세계는 일반적으로 잘 알려져 있지 않기 때문에 모든 것이 생소하고 낯설기만 합니다. 특별하게 성령체험은 더욱 생소하고 두렵고 불안하게 합니다. 그러므로 자연적으로 막연한 두려움을 가지고 있는 것입니다. 많은 사람들이 이런 막연한 두려움 때문에 성령으로 세례를 받아 영적 변화를 얻기를 달갑지 않게 생각합니다. 영적인 것을 깨닫고 싶어서 집회에 가려다가 잘못되면 어쩌나 하고 가지 않습니다. 막연하게 두려워하며 가지 않기 때문에 영적 변화를 체험하지 못하는 것입니다. 변화란 성장을 의미하며 성장이란 새로운 세계에 들어가는 것을 말합니다. 영적인 사람으로 변화하기 위해서는 먼저 두려움을 이기는 법을 배워야 합니다. 두려움을 이기는 길은 담대하게 부딪치고 들어가는 것입니다. 담대하게 뛰어 들어가지 않으면 죽을 때까지 영적으로 변하지 않습니다.

영적인 일은 많은 오해를 불러올 수 있습니다. 영적인 일은 생소하기 때문입니다. 왜냐하면 다수가 영적이지 못하기 때문입니다. 우리는 영적이란 말을 자주 종교적이라는 말과 혼동합니다. 세속적인 일이 아닌 종교적인 일을 하는 것을 영적인 일이라고 표현하지만, 사실 엄격하게 말하면 그 말은 틀립니다. 종교적인 일과 영적인 일은 근본적으로 다릅니다. 전혀 영적이지 않은 사람들도 종교적인 일을 할 수 있습니다. 거듭나지 않고 영적 감동과 흥미를 전혀 느끼지 못하는 사람이라 할지라도 종교적인 일은 얼마든지 할 수 있습니다. 열심만 있으면 종교적인 일은 얼마든지 할 수가 있습니다. 그러나 영적인 일은 성령으로 세례 받고 성령의 불세례를 받지 않고는 할 수 없는 일이며, 성령의 움직임을 파악하지 못하고는 전혀 할 수 없는 일입니다. 영이신 하나님에게 쓰임을 받아야 하기 때문입니다.

영적 세계에는 하나님만 계시는 것이 아니라 무수한 악령이 존재합니다. 그러므로 이런 악령에 대해서 두려움을 가지고 있습니다. 악령에 대한 지식이 부족한 사람들은 막연한 두려움을 가지고 있습니다. 이들은 세속적인 지식으로 인해서 마귀에 대해 거부감과 두려움을 지니게 됩니다. 그래서 영적인 눈이 열리지 않게 됩니다. 예수를 믿으나 성령의 역사를 이해하지 못하는 육신적인 신앙인이 되는 것입니다.

두려움은 무지에서 비롯됩니다. 성장과 변화에 대한 올바른 지식이 없기 때문에 자신에게 이상한 변화가 나타나면 두려워합니다. 혹시 잘못되는 것이 아닌가 하고 의심합니다. 다른 사람이 자신들과 다른 행동을 하게 되면 색안경을 쓰고 봅니다. 영적 지식이 부족하기 때문에 자신에게나 주변에서 나타나는 변화를 제대로 이해하지 못하고 두려워합니다. 한국 교회 성도들이 영적인 일에 지식과 체험이 부족하기 때문에 막연하게 두려워하는 것입니다. 영적인 일과 영적 세계는 보이지 않기 때문에 목회자와 성도들의 관심밖에 있기 때문입니다. 육의 눈에 보이지 않기 때문에 발전하지 못하는 세계입니다. 예수님이 어두운 바다를 걸어서 제자들이 타고 있는 배로 다가왔을 때 제자들은 두려워하면서 떨었습니다.

영적인 변화는 예고하고 찾아오는 것이 아닙니다. 성령님은 처음 성도를 장악하실 때 비인격적으로 역사하십니다. 그래서 두려워하는 것입니다. 그러나 성도가 어느 정도 장악이 되면 인격적으로 역사하십니다. 그래서 우리가 생각하지 못한 이상한 변화는 언제라도 우리 가운데 나타날 수 있습니다. 그러므로 우리가 경험하지 못한 것에 대한 지식들을 풍성하게 갖추는 것이 두려움을 이기는 비결입니다. 많은 영적 지식들은 자신의 삶 속에서 다가오는 영적 변화를 자신 있게 맞이할 수 있게 해 줍니다.

우리는 많은 사람이 가는 길이 안전하다고 여깁니다. 다수결의 원칙은 진리처럼 여깁니다. 다수의 선택은 항상 안전하다는 그릇된 상식을 가지고 삽니다. 이것은 우리의 두려움이 만들어낸 잘못된 결론입니다. 성경은 소수의 진리를 자주 언급합니다. 그리고 그 소수의 진리 편에 설 용기를 얻기를 권합니다. 영적인 일은 소수의 편에 서는 일입니다. 그러므로 모험이 따릅니다. 베드로가 물 위에 발걸음을 옮겨놓는 일은 전적으로 모험입니다. 상식을 초월하는 일을 오로지 모험으로 행동했습니다. 영적인 일에는 이런 모험이 절대로 필요하기 때문에 두려움이 없어야 합니다.

하나님의 능력을 덧입는 일은 두려움을 극복했을 때 가능해집니다. 모든 사람들이 불가능하다는 일을 믿음으로 도전하여 성취시키는 일이 능력을 행하는 일입니다. 성공에 대한 아무런 보장이 없습니다. 그렇기 때문에 용기가 필요한 것입니다. 결과를 예측할 수 없는 일을 하는 것은 어리석은 행동임에는 분명합니다. 그러나 이런 일을 할 수 있는 것은 하나님께서 하신다는 믿음이 있기 때문입니다. 믿음은 두려움을 극복하는 힘이지만 그 믿음을 얻기까지 넘어야 할 산이 많습니다. 두려움을 극복하여 믿음의 길로 나가는 데에는 우리의 노력으로는 사실 불가능합니다. 두려움을 이기기 위해서는 오로지 하나님의 은혜가 필요합니다. 하나님의 은혜는 그냥 얻어지는 것이 아니라 극심한 시험을 통해서 얻어지는 것입니다. 성령의 인도를 받으면서 훈련하며 극복해야 가능합니다.

두려움을 통과하지 않고서는 절대로 영적 성장이 이루어질 수 없습니다. 영적 변화는 사람들에게서 오해도 받을 수 있고, 자신 스스로도 두려워하게 됩니다. 특히 영적세계에 대한 논리가 발전하지 못하는 이유입니다. 두려움을 이기지 않고서는 성장할 수 없기 때문에 하나님은 우리를 강제로 막다른 길로 이끌어 가지 않으면 안되게 하시는 것입니다. 그러므로 우리 스스로 영적 변화에 대해서 담대할 필요가 있습니다. 이미 경험한 지도자들의 경험을 자신의 것으로 해서 담대함을 만들어내야 합니다. 선배들의 영적 지식은 담대함을 얻게 하는데 많은 도움이 됩니다. 성도는 체험과 진리를 깨달은 목회자를 잘 만나야 영적인 눈이 빨리 열리게 됩니다.

하나님은 성도와 목회자의 담대함을 기르기 위하여 꿈이나 환상이나 실제 체험을 통하여 영적인 존재들이 실제로 존재하고 있다는 것을 깨달아 알게 하십니다. 이를 위하여 하나님은 성령으로 세례를 받음과 거의 동시에 성령으로 인도하시면서 영적인 눈을 열어 가십니다. 필자의 체험으로는 성령께서 귀신의 공격에 대하여 알게 하십니다. 귀신의 공격을 알게 함과 동시에 천사들이 돕고 있다는 것도 알게 합니다. 제가 하나님의 부름을 받고 신학을 할 때 이런 꿈을 꾸었습니다. 제가 어느 비포장 길을 가는데 길에 빨간 지렁이가 길에 쫙 깔려있어서 발을 내 딛을 수가 없었습니다. 발거름을 옮기지 못하고 머뭇거리자, 천사들이 몰려와서 지렁이를 모두 집어 먹어버렸습니다. 그때 제가 깨달은 것은 제가 하나님의 뜻을 이루기 위하여 성령님을 따라가는 길에 어떤 장애물이 나타나도 모두 천사가 도와주니 갈 수 있다는 것을 보여주신 것이라고 믿었습니다. 그 꿈을 꾸고 하나님의 뜻을 이루기 위하여 가는 길에 어려움이 찾아오더라도 하나님이 천사를 동원하여 보호하여 주신다는 담대함을 가질 수 있었습니다.

　어느날 꿈에 진 흙창 길을 자전거를 타고 가는데 자전거가 나가지를 않는 것입니다. 자전거 페달을 아무리 강하게 발로 돌려도 자전거가 나가지를 않는 것입니다. 힘이 너무 들어서 길 옆을 보니까, 콘크리트로 만든 배수로가 보였습니다. 배수로를 보니까, 시커먼 뱀이 머리를 내밀면서 혀를 날름거리를 것입니다. 그래서 막대기로 끄집어냈습니다. 길로 잡아내 가지고 발로 아무리 밟아도 죽지 않고 점점 커지는 것입니다. 그래서 습관적으로 천사들이 나를 도와라, 하니까! 신장이 늘씬하게 큰 천사 넷이 군대 지프를 몰고 와서 지나가니까, 그렇게 크던 미물이 납작하게 되는 것입니다. 미물이 납작하게 됨과 동시에 진 흙창 길이 단단하고 평탄한 길로 변하는 것입니다. 자전거를 타고 가는데 너무나 쉽게 잘 나가는 것입니다. 제가 그 꿈을 꾸고 깨달은 것은 내가 하나님을 따라가는 길이 어렵고 힘이 드는 것은 악한 마귀 귀신이 방해하기 때문이라는 것을 알게 되었습니다. 당신도 하나님의 뜻을 따라가는 길이 어렵고 힘이 드는 것은 마귀 귀신이 방해하기 때문입니다. 성령으로 세례 받아 권능을 개발하고 성령의 인도를 따라가며 때로는 천사를 동원하여 방해하는 마귀 귀신을 몰아내기를 바랍니다.

제가 하루는 새벽에 기도하다가 비몽사몽이 되었는데 얼굴이 일그러진 험악하게 생긴 놈이 저에게 이렇게 말하는 것입니다. 야! 강 목사, 자네가 그렇게 병을 잘 고친다면서 하더니 내 병도 고쳐 보아라, 하면서 달려드는 것입니다. 내가 습관적으로 "내가 예수님의 이름으로 명하노니 더러운 귀신은 물러갈지어다." 하고 대적하니 순간 없어지는 것입니다. 이는 성령께서 저의 담대함을 기르기 위해서 훈련하는 것이라고 생각을 했습니다.

어느날 꿈에 뱀과 지하실에서 싸우는 것입니다. 한창 싸우다가 뱀을 지하실 밖으로 내던졌습니다. 그러자 뱀이 밖으로 내동댕이 쳐지고, 저는 지하실에서 나왔습니다. 그 일이 있은 후부터 귀신을 축귀하는 것이 쉬워졌습니다.

어느날은 꿈속에서 사람들과 같이 잠을 잤습니다. 꿈을 깨고 일어나려는데 보니까, 뼈만 앙상하게 남은 죽은 사람의 뼈가 내 옆에 누워 있는 것입니다. 꿈속에서도 제가 놀랐습니다. 성령님은 우리의 담대함을 기르기 위하여 꿈속에서 훈련을 하십니다.

성령의 권능이 부족한 채 영적인 사역을 하면 귀신에게 당한 다는 것도 깨달아 알게 하십니다. 제가 '남묘호랭개교'를 믿던 집사를 오후에 불러서 3시간 동안 축귀를 했습니다. 성령님의 지배가 되니까, 목구멍이 아주 크게 확장이 되면서 황소울음을 17번을 하면서 귀신이 떠나갔습니다. 축귀를 하고 피곤하여 저녁 9시부터 강단 앞에 침대위에서 잠을 자려고 했습니다. 막 잠이 들려고 하는데 시커먼 놈 둘이 저에게 와서 목을 눌렀습니다. 가위눌림을 당한 것입니다. 어떻게 강하게 누르던지 숨을 쉴 수가 없었습니다. 윅윅하고 소리를 지르니까, 뒤에서 자던 사모가 무슨 일이냐고 소리를 지르는 것입니다. 그러자 떠나가는 것입니다. 그 일을 당한 후 저는 이렇게 생각을 했습니다. 성령의 강한 무장 없이 축귀를 하면 더 강한 귀신들에게 당할 수가 있구나, 체험으로 깨달아 알았습니다. 그 후 성령으로 기도를 많이 하고 사역을 하니 그런 일을 당하지 않았습니다. 성령께서는 성령의 강한 무장 없이 축귀를 하면 귀신에게 당할 수 있다는 것도 깨달아 알게 하여 대비하게 하십니다.

충만한 교회에서는 매주 토요일 10:00-12:30까지 1주전 예약하여 집중내적치유 시간이 있습니다. 상처나 질병이 깊고 권능이 나타나지 않는 분들이 참석하시면 기적적인 영육의 치유와 능력을 받습니다. 반드시 1주전에 전화하시고 예약해야 합니다.

병원이나 세상 방법으로 해결하지 못하는 무슨 문제든지 해결을 받겠다는 믿음을 가지고 예약하고 오시면 15가지 질병과 문제도 모두 치유 받습니다. 천국을 누리고 싶은 분은 믿음을 가지고 오시기만 하면 무슨 문제라도 치유되고 해결이 됩니다.

21장 성령의 불 받고 불치병이 치유 됐어요.

(막16:17-18)"믿는 자들에게는 이런 표적이 따르리니 곧 저희가 내 이름으로 귀신을 쫓아내며 새 방언을 말하며, 뱀을 집으며 무슨 독을 마실찌라도 해를 받지 아니하며 병든 사람에게 손을 얹은즉 나으리라 하시더라.

성령의 불세례를 받으면 성령의 지배 속에 들어가기 때문에 성령의 권능으로 불치의 질병들이 치유 되는 것입니다. 전적으로 성령님이 불치병을 치유하시는 것입니다. 성령의 지배로 하나님의 나라가 되니 질병을 일으키던 흑암이 떠나가니 질병들이 치유되는 것입니다. 예수님은 우리의 질병을 치유하여 주시기를 원하십니다. 그러나 무조건 치유하여 주시지를 않습니다.

질병을 치유 받을 수 있는 믿음의 상태를 보시고 치유하여 주십니다. 고로 우리는 주님이 원하시는 영적인 수준이 되려고 해야 합니다. 치유를 받으려면 하나님께서 치유하시는 근본 이유를 바르게 알아야 합니다. 치유를 통하여 하나님의 살아계심을 믿고 하나님의 자녀로서 살아계신 하나님을 증명하면서 살아가도록 하기 위해서 치유하시는 것입니다. 그렇기 때문에 치유에 목적을 두지 말고, 치유 받아 하나님의 성전으로 살아가겠다는 바른 동기가 있어야 합니다.

하나님은 절대로 하나님의 인격으로 변화되지 않은 사람을 치유하지 않으십니다. 문제를 통하여 하나님을 찾아서 하나님의 인격으로 변화될 때까지 기다리시는 것입니다. 순수하게 하나님의 음성에 순종하는 사람이 되기를 기다리시는 것입니다. 분명한 것은 하나님께서 부르신 것은 온전하게 치유하여 하나님의 살아계심을 증명하게 하기 위하여 부르신 것입니다. 그러므로 치유가 될 때까지 성령의 인도를 받으면서 인내할 줄을 알아야 합니다. 자기는 빨리 치유받기를 원하지만 하나님의 시간표에 맞추어야 한다는 것입니다. 치유만 받으려고 이 목사 저 목사에게 안수만 받으려면 생각을 버려야 합니다. 오히려 더 시간이 오래 걸리게 됩니다. 하나님은 치유보다 변화를 측정하시고 기다리시는 것입니다. 살아있는 성령의 역사로 변화되는 것에 목적을 두고 인내해야 합니다. 그러면 분명하게 치유가 됩니다. 치유하여 강건하게 하시려고 부르신 것이기 때문입니다. 다음과 같은 요소들이 충족 되어야 합니다.

첫째, 거듭나서 하나님의 자녀가 되어야 하는 것이다. 예수님을 주인으로 모시지 않으면 주님께서 치료해 주시지 아니하십니다. 왜냐하면 죄인이기 때문입니다. 죄인은 하나님의 은혜를 받을 수가 없습니다. 죄인에게는 성령님이 역사하시지 않습니다. 하나님의 은혜는 죄가 사해져서 의인이 되어야 받을 수가 있습니다. 하나님이 의로우신 분이기 때문입니다. 고로 죄인은 하나님 앞에 나갈 수가 없습니다. 죄인이 하나님을 만나면 죽는 것입니다.

그래서 반드시 예수를 믿고 원죄가 사해져야 합니다. 마태복음

15장 21절에서 28절에 보면 예수께서 두로와 시돈 지역으로 휴식하려 가셨습니다. 제자들과 가는데 한 여인이 고함 고함을 칩니다. 내 딸이 흉하게 귀신 들렸으니 내 딸을 고쳐 주옵소서. 주님이 아무 대답도 안했습니다. 이 여인이 제자들을 붙잡고 호소를 합니다.

주님께 이야기해서 내 딸을 좀 고쳐 주옵소서. 제자들이 와서 저 여인이 저렇게 울고 부르짖으니 고쳐 주시지요. 주님이 하신 말씀이 난 이스라엘의 잃어버린 양 이외에는 보냄을 받지 아니하였다. 그런데 그 여인이 예수님 앞에 와서 길을 막고 엎드려서 주여! 나의 딸을 고쳐 주옵소서. 그때 주님이 하신 말씀을 귀 기울어 들어야 합니다. 자녀에게 줄 떡을 취하여 개에게는 주지 아니한다. 치료는 자녀에게 주는 떡이다. 부모가 자녀에게 떡을 안 주는 부모 보았는가? 자식에게 하루 세끼를 주지 않는가, 양식을 주지 않는가? 자녀에게 주는 떡은 바로 치료인 것입니다.

치료는 마땅히 자녀들이 밥을 먹듯이 주님이 주신다는 것입니다. 그러나 자녀이외에 개에게는 주지 않는다고 말씀했습니다. "여인은 맞습니다. 그런데 개들도 자녀의 상 밑에 떨어지는 부스러기는 얻어먹습니다." 그 위대한 신앙 고백을 했기 때문에 "오 여자여 내 믿음이 크도다. 내 믿음대로 될지어다." 그래서 그는 비록 자녀가 아니었지만, 그 위대한 믿음의 고백 때문에 부스러기를 얻어먹고 그 딸이 정신병에게 고침을 받았습니다. 그러나 원래 주님은 병 고침을 자녀에게 주는 떡이라고 말했습니다.

그러므로 우리가 예수 그리스도를 구주로 모시고 죄를 사함 받고, 성령으로 거듭나서 하나님의 자녀가 되면 자녀로써 아버지에게 병을 고쳐 달라고 기도하는 자격이 부여되는 것입니다. 자녀가 아니고 죄인이 와서 병을 고쳐 달라고 하면 하나님께서는 병을 고쳐줄 의무와 책임이 없습니다. 자녀에게 떡을 주는 것은 부모의 책임이지만은 자녀가 아닌 사람에게 떡을 주는 것은 의무와 책임은 아닌 것입니다. 그렇기 때문에 우리가 병 고침을 받기 위해서는 반드시 회개하고 예수를 구주로 모시고 하나님의 자녀가 되는 것입니다.

둘째, 성령세례를 받고 성령의 불세례를 받아야 합니다. 성령은 성도가 예수를 믿을 때 마음 안에 오십니다. 마음 안에 오신 성령은 성도가 성령으로 세례 받기를 고대하고 계십니다. 성령으로 세례를 받을 때 비로소 성령이 성도의 전인격을 장악하기 때문입니다. 그 성령이 전인격을 지속적으로 장악하고 통치하는 것이 성령의 충만입니다. 이 성령이 성도의 마음 안에서 육으로 역사할 때 성령의 권세로 마귀는 정체를 드러내고 떠나가는 것입니다.

그래서 성도가 성령으로 세례를 받아야 권능 있는 성도가 되는 것입니다. 그래서 예수님은 불과 성령으로 세례를 받으라고 하시는 것입니다. 그러나 성령이 예수를 믿게 했다고 성령으로 세례 받는 것은 아닙니다. 믿는 것과 세례를 받는 것은 다르며, 성령님이 내주하는 것과 성령의 세례를 받는 것도 다른 것입니다. 물세례를 받는 것이 적당히 넘어갈 수 있는 문제가 아니듯이 성령의 세례도 마찬가지입니다. 성령세례와 성령의 불세례도 다릅니다.

성경에서 성령과 관련하여 사용된 심오한 진리 중의 하나는 "성령으로 세례 받으라."라는 것입니다. 성령 세례란 예수 그리스도께서 주시는 것입니다. 성령의 세례란 성령에 의해서가 아니라 주 예수에 의해 행해지는 그리스도의 사역입니다. "내가 말을 시작할 때에 성령이 그들에게 임하시기를 처음 우리에게 하신 것과 같이 하는지라 내가 주의 말씀에 요한은 물로 세례를 베풀었으나 너희는 성령으로 세례를 받으리라 하신 것이 생각났노라 그런즉 하나님이 우리가 주 예수 그리스도를 믿을 때에 주신 것과 같은 선물을 그들에게도 주셨으니 내가 누구이기에 하나님을 능히 막겠느냐 하더라 그들이 이 말을 듣고 잠잠하여 하나님께 영광을 돌려 이르되 그러면 하나님께서 이방인에게도 생명 얻는 회개를 주셨도다 하니라 (행 11:15-18)"

성령으로 세례를 받을 때 성령이 예수 그리스도의 이름으로 임하므로 성령으로 세례 받는 것은 체험으로 느낄 수 있습니다. 성령으로 세례 받을 때 성령의 권능이 함께 임합니다. 권능은 하나님의 일을 행하는 데 능력 있는 사람으로 준비시킵니다. 성령으로 세례를 받을 때 전인격이 장악됨으로 질병이 치유되기 시작하는 것입니다. 그러므로 질병을 치유 받으려면 성령세례는 필수적으로 받아야 합니다. 자세한 것은 "성령의 불 받는 법" "성령의 불로 불세례 받는 법"과 "성령의 불로 충만 받는 법" 그리고 "불같은 성령의 기름 부으심"을 읽어보시기를 바랍니다.

성령으로 세례 받음은 하나님의 영으로 사로잡히는 것입니다.

성령 세례는 성도의 마음을 그리스도에 대한 이해와 사랑과 신뢰로 가득 차게 하며, 성령이 삶의 주관자가 되게 하며, 하나님의 자녀로서 하나님의 부름에 적합하도록 능력을 부여합니다. 하나님의 영으로 사로잡혀야 질병이 치유되고 영육에 역사하던 마귀가 물러가는 것입니다. 성령 세례를 받으시기를 바랍니다. 성령세례라는 것은 내가 하나님의 역사하심을 몸으로 느끼고 눈으로 보았다는 것입니다. 초자연적인 성령의 사람이 되었다는 것입니다.

셋째, 진실로 회개를 하고 내적치유를 해야 하는 것입니다. 왜냐하면 병은 아담의 타락한 죄로 말미암아 온 심판입니다. 원래 아담과 하와는 병들지 않고 죽지 않는 몸을 가지고 있었습니다. 그러나 그들이 하나님께 범죄 함으로 말미암아 너는 흙이니 너는 흙으로 돌아가라고 말했습니다. 사람의 몸이 흙으로 돌아가기 위해서는 병들어 와야 되는 것입니다.

창세기 2장 17절에서 "선악을 알게 하는 나무의 실과는 먹지 말라 네가 먹는 날에는 정녕 죽으리라 하시니라" 창세기 3장 19절에 "네가 얼굴에 땀이 흘러야 식물을 먹고 필경은 흙으로 돌아가리니 그 속에서 네가 취함을 입었음이라. 너는 흙이니 흙으로 돌아갈 것이니라 하시니라"고 말했습니다. 범죄 했기 때문에 몸이 흙으로 돌아가고 병들어 고통을 당합니다. 로마서 5장 12절에 "이러므로 한 사람으로 말미암아 죄가 세상에 들어오고 죄로 말미암아 사망이 왔나니 이와 같이 모든 사람이 죄를 지었으므로 사망이 모든 사람에게 이르렀느니라"고 말했습니다.

아담이 지은 죄 때문에 영도 하나님께 분리되어 사망에 이르고, 육체와 영이 이르는 사망도 사람에게 다가오는 것입니다. 그러므로 온 세상에 죄가 바로, 육체의 병으로 그 열매를 맺고 있는 것입니다. 직접적인 죄로 병이 오기도 합니다. 아담과 하와로 말미암아 보는 간접적인 인류에 내린 형벌로써 병이 있지만은 직접 내가 죄지어서 당하는 하나님의 채찍의 병도 있습니다.

성경 요한복음 5장 14절에 보면, 38년 된 병자가 베데스타 연못가에 기다리다가 예수님을 만나고 그 병이 나았습니다. 그 이후에 예수께서 성전에서 그 사람을 만나 이르시되 내가 나았으니 더 심한 것이 생기기 않게 다시는 죄를 범치 말라고 말했습니다. 죄를 지으면 하나님과 관계가 없는 사람이 되기 때문입니다.

이 사람은 38년 동안 병들었는데 이것은 죄 때문에 그렇게 된 것입니다. 그러나 용서받고 고침 받고 난 다음에 주님이 경고하셨습니다. 더 심한 것이 오지 않도록 죄 짓지 말라고 하셨습니다. 죄를 지으면 다시 재발한다는 것입니다. 야고보서 5장 14절로 16절에 보면 "너희 중에 병든 자가 있느냐 저는 교회의 장로들을 청할 것이요 그들은 주의 이름으로 기름을 바르며 위하여 기도할지니라. 믿음의 기도는 병든 자를 구원하리니 주께서 저를 일으키시리라 혹시 죄를 범하였을지라도 사하심을 얻으리라 이러므로 너희 죄를 서로 고하며 병 낫기를 위하여 서로 기도하라 의인의 간구는 역사하는 힘이 많으니라."고 말씀하고 계십니다.

오늘날 전 세계적으로 성적인 병인 에이즈가 얼마나 무섭습니까? 아프리카는 에이즈로 말미암아 침몰되어가고 있습니다. 이것은 직접적으로 사람들이 성적인 방종의 죄 때문에 일어난 것입니다. 깨끗한 가정생활을 했으면 에이즈와 같은 이런 병이 침입할 수가 없습니다. 죄 때문에 죄의 결과로 이런 결과가 다가오게 된 것입니다. 그러나 자신이 죄인이라는 것을 알고 회개하고 주님께로 나오면 주님께서 널리 용서하시고 우리 병을 고쳐 주시는 것입니다. 우리는 우리가 병에 들면 먼저 내가 하나님께 무슨 죄를 지었는지 깊이 생각해보고 회개해야하는 것입니다.

회개하지 않고 병만 고쳐 달라고 하면 안 되는 것입니다. 회개는 예수님을 주인으로 영접하고 성령으로 세례 받고 성령 충만 받아 하나님께로 돌아가는 것을 말하는 것입니다. 하나님이 죄인의 병을 고칠 수가 없으십니다. 하나님은 영이시고 의인이기 때문에 예수를 믿어 죄가 사해진 의인만 치유하십니다.

그래서 너희 죄를 서로 고하며 병 낫기를 위해 기도하라고 말씀하고 있는 것입니다. 치유를 받으려면 성령이 역사할 수 있는 영적인 상태가 되어야 합니다. 영적인 상태가 되기 위하여 말씀과 성령으로 내면의 상처를 치유해야 합니다. 그리고 자아를 부수어야 합니다. 자아는 자신이 인생을 살아오면서 터득하고 배운 것입니다. 예수를 믿기 전에 이방신을 섬기던 습관도 자아가 될 수가 있습니다. 내가 치유사역을 하다가 보니 예수를 믿기 전에 잡신을 섬기면서 터득한 이론들을 알게 모르게 작용하여 성령의 깊은 임재를 방해하는 것을 보았습니다.

이 자아가 부수어져 성령님이 주인되어야 성령이 마음껏 역사하는 심령이 됩니다. 그 다음에 혈통을 통하여 역사하는 악한 영들을 축귀해야 합니다. 그래야 비로소 성령이 역사할 수 있는 영육의 상태가 되는 것입니다. 성령이 마음껏 역사할 수 있는 영육의 상태가 되면 질병이 치유되기 시작하는 것입니다.

넷째, 병을 고침 받기 위해서는 안수기도를 많이 받는 것이 좋다. 예수님도 안수를 통하여 질병을 치유하셨습니다. 안수는 될 수 있으면 자주 많이 받는 것이 좋습니다. 왜냐하면 능력안수는 자꾸 받으면 받을수록 쌓이기 때문입니다. 자꾸 안수를 받아서 성령의 능력이 자신을 장악하면 질병이 치유되기 때문입니다. 고로 질병치유를 받으려면 안수를 많이 받아야 합니다. 질병치유 사역을 하는 사역자는 안수를 두려워하면 안 됩니다.

사람의 머리에 손을 얹고 기도한다는 것은 대단한 일입니다. 정말 하나님의 사람이라면 죄 지은 더러운 손으로 남의 머리 위에 손을 얹고 기도할 수 없습니다. 성도의 머리 위에 손을 얹고 기도하는 그것은 종교적인 요식행위가 절대로 아닙니다. 그것을 통해서 하나님의 신령한 성령의 역사가 정신의 질환, 육체의 질환, 영적인 연약함까지도 회복되는 놀라운 역사가 있습니다. 질병으로 고통당하는 성도들에게 부탁 합니다. 할 수만 있다면 목사님께 나아가 안수기도를 자주 받아야 합니다. 자신을 가르치고 인도하시는 목사님께 안수기도를 받겠다는 것은 깊은 신뢰의 표시입니다. 마음이 열린 것입니다. 안수를 받는 것은 겸손의 표시입니다. 담임목사님이 안수해도 하나님이 직접 안수해 주신다는 믿음으로 받아야 합니다.

이상한 부흥회나 신비주의 은사집회가 열리는 곳에 가서 함부로 머리를 내밀지 말고, 가장 가까운 자신의 교회 목사님으로부터 자주 안수기도를 받을 필요가 있습니다. 그리고 공인된 치유목회자에게 안수를 받아야 합니다. 내가 지금까지 성령으로 신유사역을 하면서 체험한 것은 안수를 자주 받으니 만병이 치유되더라는 것입니다. 전화로도 기도를 받으면 좋습니다. 필자는 자신합니다. 어떠한 질병의 환자라도 겸손하게 낮아져서 하나님의 은혜로 치유를 받겠다고 의지를 다하여 나오면 모두 치유가 된다는 것입니다.

질병의 치유는 자신의 육신에 있는 죄 성이 말씀과 성령으로 씻기고 태워졌을 때 병이 치유되는 것입니다. 자신이 성령의 사람으로 변하지 않으면 질병은 치유되지 않는 것입니다. 성령으로 사람으로 변해야 하나님의 역사가 자신을 장악하여 병이 고쳐지는 것입니다. 성령의 사람이란 자신은 죽고 성령님이 주인된 성도를 말합니다. 할 수만 있으면 자신을 낮추어서 안수를 받는 것이 좋습니다. 자꾸 예수님 앞에 나와서 머리를 숙이고 안수를 받으면 받을수록 겸손해지는 것입니다. 마음이 열리는 것입니다. 마음이 열리니 성령의 역사가 질병을 치유하는 것입니다. 질병의 치유는 전적으로 땅(육)의 사람이 하늘(영)의 사람으로 변할 때 순간 일어납니다.

장로나 목사는 기름을 바르고 기도하라고 야고보서 5장에 말했다. 야고보서 5장 14절에 "너희 중에 병든 자가 있느냐 저는 교회의 장로들을 청할 것이요 그들은 주 이름으로 기름을 바르며 위하여 기도할지니라" 장로들이 할 직분이 무엇인가? 장로들은 그 지역에 약하고 병든 자를 심방하며 병든 자에게 기름을 바르면 위하여 기도해서 고쳐주는 이런 역할을 하는 것이 장로의 사역인 것입니다. 장로의 사역이란 감시하고 사람들 앞에 굴림에서 지배하고 다스리는 것이 아닙니다. 병들고 고통 받는 자를 찾아가서 기름을 바르고 안수하여 치료해 주는 그리스도의 치료의 사역을 하는 것이 바로 장로의 직분인 것입니다.

오늘날도 그러므로 우리 병든 자를 위해서 우리 장로들은 기름을 바르며 위하여 기도해 주고 치료의 역사를 해야 하는 것입니다. 또 우리 평신도라도 마가복음 16장에 따라서 아픈 자들이 오면 그들에게 가서 손을 얻고 기도를 해주어야 합니다. 마가복음 16장 17절에서 18절에 "믿는 자들에게는 이런 표적이 따르리니 곧 저희가 내 이름으로 귀신을 쫓아내며 새 방언을 말하며 뱀을 집으며 무슨 독을 마실지라도 해를 받지 아니하며 병든 사람에게 손을 얹은즉 나으리라 하시더라"고 말했습니다. 믿어야 치유 받습니다.

손을 얹는다는 것은 믿음을 합친다는 것입니다. 믿음을 합쳐서 간절한 마음으로 기도를 해야 합니다. 어떤 사람들은 손을 얹으라고 했는데 손을 안 얹고 손으로 때려가지고서 환자들을 멍이 들게 하고 죽이기까지 하는데 그것은 말도 안 되는 소리입니다. 손을 얹는다는 것은 사랑으로써 손을 붙잡아 주고 손을 얹어주는 사랑의 손길이지 때리는 손이 아닌 것입니다. 자신의 힘으로 병이 고쳐지는 것이 아니고 성령의 권능으로 질병을 치유합니다.

그러므로 부드러운 손을 얹어서 함께 믿음을 합쳐서 안수 기도를 받으면 하나님의 치료의 역사가 나타나는 것입니다. 필자가 지금까지 신유사역을 하면서 체험한 바로는 안수를 하면 더욱 치유가 잘 되더라는 것입니다. 안수를 하면서 성령이 역사하시면 귀신을 축사해야 합니다. 모든 질병이 귀신의 영향으로 오는 것이라서 축귀를 하는 것은 아닙니다. 그러나 일부는 귀신의 영향으로 오는 질병이 있습니다. 그러므로 귀신을 축귀해야 합니다. 귀신의 축귀와 질병의 치유는 많은 연관이 있습니다. 강한 신유는 귀신축귀가 될 때 일어납니다. 귀신이 떠나면 질병도 치유가 되었습니다.

다섯째, 성령의 불 받고 열 가지 병을 치유 받은 간증. 저는 여전도사로 하나님에게 쓰임을 받다가 정년이 되어 퇴임을 했습니다. 전도사를 20년을 했습니다. 전도사 하고 은퇴를 하고 병원에 가서 종합검진을 하니 질병이 열 가지가 있다는 것입니다. 당뇨병, 고혈압, 근육통, 요통, 허리디스크, 위장병, 화병, 두통, 불면증, 무릎관절염 등입니다. 의사가 하는 말이 모두 스트레스로 온 것이라 마음을 안정하고 쉬어야 한다는 것입니다. 약을 먹어도 몇 년을 먹어야 치유가 될 병이라는 것입니다.

그래서 하나님에게 기도하여 치유를 받겠다고 했습니다. 기독교 신문을 보니 '성령내적치유'를 한다는 광고가 눈에 들어왔습니다.

장소를 알아 참석을 했습니다. 성령의 은혜를 받지 못하다가 성령을 체험하면서 치유를 받으니 너무나 좋았습니다. 첫날 기도를 하니 성령께서 내가 너의 병을 치유해 주겠다고 감동하시는 것입니다. 하루하루 다니면서 너무나 많은 은혜를 받았습니다. 그렇게도 무겁던 몸이 가벼워지기 시작을 했습니다. 어느 날은 어깨 근육통이 사라졌습니다. 어느 날은 요통이 사라졌습니다. 어느 날은 그렇게 아프던 허리가 시원해졌습니다. 무릎이 아파서 계단을 제대로 올라가지 못했는데 통증이 없어졌습니다. 체험적으로 계속 질병이 치유되고 있는 것이 느껴졌습니다. 그렇게 여섯 달을 다녔습니다. 남편이 하는 말이 너무나 얼굴이 평안하고 좋아졌다는 것입니다. 그러면서 다시 병원에 가서 검진을 받아보자는 것입니다.

그래서 검진을 예약하여 검진을 받았습니다. 결과를 받아보고 놀랐습니다. 당뇨정상, 혈압정상, 위장 정상 모든 것이 정상으로 치유가 되었다는 것입니다. 남편을 부둥켜안고 감사했습니다. 내가 체험하게 된 것은 성령으로 장악이 되니 질병이 모두 치유가 되더라는 것입니다. 하나님은 지금도 치유의 역사를 일으킨다는 것입니다. 시간을 투자하여 집중적으로 치유를 받으니 불치의 질병들이 치유가 되더라는 것입니다. 하루 이틀 치유를 받아서는 효과가 적고 집중적으로 치유를 받아야 한다는 것을 알았습니다. 성령하나님께서 저를 장악하시니 치유가 되더라는 것입니다. 치유하신 하나님에게 감사와 영광을 돌립니다. 이제 남은 생을 하나님의 영광을 드러내는 일에 집중하겠습니다. 인천 정○○은퇴전도사

22장 성령 불 받고 우울증이 치유됐어요.

(왕상 19:5-8) "로뎀 나무 아래에 누워 자더니 천사가 그를 어루만지며 그에게 이르되 일어나서 먹으라 하는지라 (6) 본즉 머리맡에 숯불에 구운 떡과 한 병 물이 있더라. 이에 먹고 마시고 다시 누웠더니 (7) 여호와의 천사가 또 다시 와서 어루만지며 이르되 일어나 먹으라. 네가 갈 길을 다 가지 못할까 하노라 하는지라 (8) 이에 일어나 먹고 마시고 그 음식물의 힘을 의지하여 사십 주 사십 야를 가서 하나님의 산 호렙에 이르니라."

성령으로 세례를 받고 지속적으로 예배에 참석하여 성령으로 기도하다가 보면 성령의 불세례를 받게 됩니다. 성령의 불세례는 자신 안 지성소에 주인으로 계시는 예수님이 주시는 것입니다. 성령으로 불세례가 지속적으로 흘러나오는 상태가 성령으로 충만한 상태입니다. 이 상태로 지속적으로 예배에 참석하면서 성령으로 기도하노라면 성령께서 우울증을 치유하십니다.

영적 우울 정신적인 질병의 발생은 가족력의 영향이 큽니다. 영적이고 정신적인 문제로 고통을 당하는 분들은 이미 자신의 내면에 잠재하여 있던 요소들이 드러난 것입니다. 이런 유형의 사람들의 가족력을 조사해 보면 조상 중에 무당이 있다든지, 남묘호랭객교를 믿었든지, 천리교를 믿었다든지, 절에 스님이 있다든지, 우상을 지독하게 섬겼다든지, 절에 재물을 시주 했다든지, 부모가 알코

올 중독자이거나 영적이고 정신적인 질병으로 고생하다가 돌아간 사람이 있다든지, 등등의 원인이 반드시 있었습니다. 이런 사람들은 태아시절에 귀신이 침입을 하여 자리 잡고 있기도 합니다. 유아시기에도 학대나 심한 놀람을 통하여 침입을 합니다. 상처를 많이 받은 사람들입니다. 이런분이 영적정신적인 문제 보균자들입니다.

이렇게 잠재하여 있던 영적정신적인 문제들이 사업 파산, 결혼 실패, 직장해고, 학교공부 스트레스, 충격적인 상처, 놀람 등 자신이 감당할 수없는 충격을 받거나 장기간 스트레스를 받아 체력이 급속이 저하되었을 때 밖으로 나타납니다. 그래서 저는 균형 잡힌 영성이 되어야 한다는 말을 많이 합니다. 영-혼-육이 균형이 잡혀야 정상적인 생활을 할 수가 있다는 말입니다.

우리가 스트레스를 받으면 체력의 소모가 많이 됩니다. 체력이 떨어지니 자신 속에 잠재하여 있던 영육의 문제가 드러나는 것입니다. 정상적으로 지내던 사람이 갑자기 불안하고, 초조하고, 두려워서 잠을 자지 못하고, 가위눌림을 당하고, 헛것이 보이기도 하고, 간질을 하고 발작을 하면서 괴성을 지릅니다. 머리가 깨질 것과 같이 아프기도 합니다. 정상적인 생활을 할 수 없는 지경에 이르게 됩니다. 그래서 영적인 문제라고 단정하고 귀신만 떠나보내려고 축사만 받으려고 합니다. 유명하다는 목사를 찾아가 안수를 받습니다. 한 번에 쉽게 해결을 받기 위해서 돌아다닙니다. 이렇게 이리저리 돌아다니다가 치유의 시기를 놓치는 경우가 허다합니다.

그러다가 영적인 분야를 잘 알지 못하는 사역자를 만나 금식도 합니다. 금식은 금물입니다. 본문에 엘리야와 같이 먹고 마시고 어루만지고 하여 기력을 회복해야 합니다. 체력이 소진되어 문제가 발생했는데 금식을 하면은 기름 탱크에 불을 붙이는 것과 마찬가지입니다. 더 악화된다는 것입니다. 이때에는 당황하지 말고 환자를 안정을 시키고 우선 체력을 보강해야 합니다. 빠른 시간에 체력을 보강할 수 있는 보약이나 다른 보양 식품을 먹여야 합니다. 그래서 체력을 회복시켜야 합니다. 그러면서 정신적인 문제를 바르게 전문으로 치유하는 사역자에게 가서 말씀과 성령으로 치유를 받으면 바로 정상이 됩니다. 안수를 받아 안정을 해야 합니다.

치유는 무조건 축귀만 한다고 치유가 절대로 되지 않습니다. 비전문가의 축귀는 오히려 더 악화될 수가 있습니다. 주의해야 합니다. 영적, 정신적인 문제 치유가 그렇게 쉽고, 단순하지 않습니다. 환자 스스로 말씀 듣고 기도를 하도록 해야 합니다. 본인의 영의 힘으로 일어서게 해야 합니다. 환자가 영적 자립을 해야 하므로 시간이 걸립니다. 급하게 생각한다고 빨리 치유되는 것이 절대로 아닙니다. 축사만 하면 당시에는 치유가 된 것 같은데 시간이 지나면 재발을 합니다. 영적 자립능력이 없기 때문입니다. 그런데 이와 같은 전문적인 치유를 일반 성도들이나 목회자는 잘 이해하지 못합니다. 그래서 영적치유를 받겠다고 1년 이상 돌아다니면서 이 사람 저 사람에게 안수와 축귀만 받으면서 돌아다니게 됩니다. 이러다가 치유의 시기를 놓쳐서 환자가 사람 노릇을 못할 정도로 심각해 질수가 있으니 주의 하지 않으면 안 됩니다.

제일 좋은 것은 사전에 예방하는 것입니다. 이런 가족력이 있다면 미리 성령이 충만한 교회에 가셔서 전문적인 치유사역자의 도움을 받아가며, 성령으로 기도하며 성령의 역사로 문제의 잠복된 요소들을 배출하는 것입니다. 교회나 다닌다고 예방되는 것은 절대로 아닙니다. 살아계신 성령의 역사가 있고, 생명의 말씀이 증거되는 교회라야 사전에 영적인 진단을 하여 치유될 수가 있습니다.

침입한 귀신은 나이에 상관없이 정체를 드러냅니다. 바른 아이들은 중2에 드러냅니다. 보통 중2병이라고 합니다. 고등학교 1-2학년 17살(고1)에 제일 많이 드러냅니다. 학업에 스트레스가 심하기 때문입니다. 20살에 드러냅니다. 24살에 드러냅니다. 결혼하여 잦은 부부불화가 있을 때 드러냅니다. 27살, 32살, 36살, 38살 43상 등등 한 번 침입한 귀신은 인내하며 기다리다가 취약한 시기가 되면 반드시 정체를 드러냅니다. 말씀과 성령의 역사로 정기적인 영적 진단과 내적치유와 축귀하는 예방 신앙이 중요합니다. 상처가 있고 영적으로 깔끔하지 못한 가족력을 가진 분들은 교회를 잘 정해야 합니다. 성령의 역사가 강한 교회에서 신앙생활을 하면서 미리 영적 진단하여 치유해야 하기 때문입니다. 예방신앙이 중요합니다. 숨어있던 귀신은 자신들이 원하는 시기인 영-혼-육의 비정상적인 상태가 되면 반드시 정체를 드러내기 때문입니다.

첫째, 우울정신적인 질병 치유. 잠재의식 속의 영적이고 심리적이고 우울증을 발생하는 독소를 녹여서 배출하여 영·혼·육이 건강하게 하려면 성령의 강한 역사가 있어야 가능한 것입니다. 치유가 되려면 성령의 불세례가 일어날 수 있는 영육의 상태가 되어야 합니다. 성령의 불세례 없이는 영육의 문제의 치유가 되지 않기 때문입니다. 치유의 관건은 성령의 불의 역사가 일어나게 하는 것입니다. 성령의 불의 역사가 일어나게 하려면 해야 합니다.

1) 예수를 영접해야 죄를 용서받고 치유 받을 수 있다. 예수를 영접하므로 마음 안에 주인으로 임재하신 성령의 역사로 치유가 이루어지기 시작합니다. 모든 치유는 성령의 능력으로 됩니다. 자신에 내재하는 인간의 영의 자생능력이라 하고, 예수를 믿어 내면으로 들어오신 하나님의 영은 인간의 능력을 초월하여 나타나는 초자연적인 권능으로 역사합니다. 성령의 능력이 이때부터 나타납니다. 그래서 사람은 할 수 없으나 할 수 있는 하나님의 권능이 나타나서 성령이 충만하게 됩니다. 성령의 권능은 나타나는 상태와 조건을 만들어야 나타납니다.

2) 성령의 세례를 받아야한다. 성령의 역사가 있는 진리의 말씀을 들어야 합니다. 그 조건과 상태는 여러 가지이지만 첫째 의지를 발동시켜야 합니다. 성령으로 세례를 받아야 산다는 의지를 발동하게 하여 성령세례를 받는 것이 제1의 원리요, 그 다음은 말씀과 성령으로 내적 치유하는 것이 제2의 원리요, 귀신 추방이 제3 원리입니다. 전적으로 성령께서 역사하시는 것입니다. 그리하여 생각이 바뀌고, 마음이 감동되어, 믿음이 생겨서, 본인의 의지가 발동되어, 몸이 움직여지고, 행동으로 옮겨지는 과정을 거쳐야 합니다.

이 영적 원리는 모든 것에 적용됩니다.

성령 세례란 예수 그리스도께서 주시는 것입니다. 성령의 세례란 성령에 의해서가 아니라, 주 예수에 의해 행해지는 그리스도의 사역입니다(행 11:15-18). 성령으로 세례를 받을 때 성령이 예수 그리스도의 이름으로 임하므로 성령으로 세례 받는 것은 확실한 체험으로 느낄 수 있습니다. 옆에 있는 다른 사람도 자신이 성령으로 세례를 받는 것을 보고 알게 됩니다. 성령 세례를 받으면 하나님께서 전인격을 지배하고 장악하시기 시작하십니다. 이때부터 성령으로 지배와 장악되면서 잠재의식의 영적이고 심리적이고 우울증을 발생하는 독소가 녹아지고 배출되기 시작합니다.

영적이고 심리적이고 우울증을 발생하는 독소 뒤에 역사하는 귀신은 우리보다 강합니다. 자신의 힘으로 우울증을 치유할 수가 없습니다. 반드시 우울증을 일으키는 더러운 영보다 한 차원 강한 성령의 역사로 장악이 되어야 떠나가는 것입니다. 잠재의식은 반드시 성령의 역사가 일어나야 영적이고 심리적이고 우울증을 발생하는 독소가 현실로 드러나서 밖으로 배출되는 것입니다. 잠재의식에서 역사하는 영적이고 심리적이고 우울증을 발생하는 독소 뒤에 역사하는 귀신을 몰아내려면 먼저 성령으로 세례를 받아야 합니다. 그래야 성령의 역사로 잠재의식이 치유되기 때문입니다.

성령 세례는 실제적으로 몸과 마음으로 느끼고 체험해야 합니다. 옆에 있는 다른 교우들도 자신이 성령으로 세례 받는 것을 보고 알 수가 있습니다. 성령의 세례를 받게 되면 다음으로 성령의 불세례가 나타나면서 지배하시고 장악하시기 시작합니다. 성령께서 불로 역사하면서 자신의 상처를 치유하고 자아를 부수십니다. 성령께서 영적이고 심리적이고 우울증을 발생하는 독소 뒤에 역사하는 귀신을 떠나보내십니다. 우울증을 일으키는 귀신이 떠나가니 영이 깨어나 영안이 열리기 시작합니다. 영안이 열리니 자신이 이렇게 고통을 당하는 것은 영적이고 심리적이고 우울증을 발생하는 독소 위에 역사하는 귀신이라고 깨달아 알게 됩니다. 깨달아 알게 되니 스스로 기도하여 성령 충만 받으려고 하는 것입니다. 스스로 기도하니 영적이고 심리적이고 우울증을 발생하는 독소가 녹아지고 배출되기 시작을 하는 것입니다. 모든 것이 성령의 초자연적인 권세로 되는 것입니다. 그래서 성령으로 세례를 받고 권능을 받아서 사용해야 비로소 영적이고 심리적이고 우울증을 발생하는 독소를 녹이면서 배출할 수가 있는 것입니다.

3) 성령의 인도로 말씀을 잘 깨달아 들을 수 있어야한다. 성령으로 말씀을 깨달으라는 것입니다. 성경에서는 내 뜻과 정성과 힘을 다하여 하나님을 섬기라 했고(신28장), 크게 사모하는 자에게 제일 좋은 길을 보여 준다고 했습니다(고전12:31). 네가 낫기를 원하느냐고 예수님은 말씀했습니다(요5:6). 영과 진리로 예배하는 자에게 찾아온다고 했습니다(요4:23). 모든 영적인 일에 진심으로 구하고 구하면 얻을 것이요, 찾고 찾으면 찾을 것이고 두드리면 열립니다.

강한 순종과 믿음과 승리의 의지를 발동시키고 행동으로 옮기십시오. 행동으로 옮기지 못하게 하는 장애요인(죄)이 자신에게 있습니다. 이것을 깨닫고 제거하십시오. 귀신의 병과 정신병의 구분을 잘 해야 합니다. "그러나 내가 하나님의 성령을 힘입어 귀신을 쫓아내는 것이면 하나님의 나라가 이미 너희에게 임하였느니라(마 12:28)", "하나님의 나라는 먹는 것과 마시는 것이 아니요 오직 성령 안에 있는 의와 평강과 희락이라(롬 14:17)", "하나님의 나라는 말에 있지 아니하고 오직 능력에 있음이라(고전 4:20)"

4)성령의 역사가 지성소에서 일어나야 한다. 이는 호흡을 배꼽 아래까지 깊게 들이쉬는 기도를 통하여 성령의 깊은 임재에 들어가야 합니다. 사역자에게 역사하는 성령의 역사를 환자에게 전이시키는 작업을 해야 합니다. 사역자는 환자의 머리와 등에 손을 얹고 안수를 합니다. 환자에게 호흡을 들이쉬고 내쉬라고 합니다. 호흡을 깊게 하게 하는 이유는 환자가 마음을 열게 하기 위함이고, 성령의 역사가 잘 일어나도록 하기 위함입니다.

한 3분정도 이렇게 안수하면 대부분의 환자에게 사역자에게 역사하는 성령이 전이되게 됩니다. 환자가 능동적으로 성령의 역사를 환영하고 받아 들여야 합니다. 그래야 빨리 성령께서 장악을 하십니다. 성령께서 장악을 하여야 치유가 되기 시작을 합니다. 사역자는 절대로 서두르지 말고 성령의 역사가 환자를 완전하게 장악할 때까지 기다려야 합니다. 치유는 전적으로 성령님의 사역입니다. 사역자가 치유하는 것이 아닙니다. 성령께서 장악하지 못하면 치유되지 않습니다. 그러므로 사역자는 불필요한 에너지를 소비하지 말고 성령께서 역사하실 때가지 기다려야 합니다. 성령께서 장악하시면 사역자에게 감동을 주십니다. 사역자는 성령께서 감동하시는 대로 순종하면 치유가 되는 것입니다.

5) 앞의 과정을 거친 다음에 영적이고 심리적인 독소가 쌓인 원인을 성령께 질문해야한다. 영상기도를 하면서 영적인 그림을 그리라는 말입니다. 전체의 그림을 보면서 자신의 문제의 원인이 어디에 있는지를 찾아야합니다. 시간이 많이 걸릴 수가 있습니다. 왜냐하면 성령께서 완전하게 장악을 한 다음 원인을 알 수 있고 치유도 되기 때문에 하나님의 시간표를 따라 기다려야 합니다. 급하다고 되는 일이 아닙니다. 전적으로 하나님의 뜻을 따라야 합니다.

6) 성령께서 알려주는 질병의 원인에 따라 조치를 해야 한다. 죄악은 회개하고, 상처를 준 사람은 용서하고, 가문의 유전은 절단하고 원인을 제거해야 합니다. 악한 영의 역사라면 귀신을 축사해야 합니다. 그리고 지속적인 치유를 받아야 합니다. 쉽게 되고 끝나는 치유가 아니라 시간과 노력이 필요한 사역입니다.

7) 이때부터 영적이고 심리적인 독소가 녹아지고 배출되며 독소 뒤에 역사하는 귀신을 축사하고 잠재의식을 정화한다. 지속적으로 해야 합니다. 온전하게 해결이 될 때까지 치유해야 합니다. 절대로 이만하면 되었다는 인간적인 생각을 따라가지 말고 성령으로 온전하게 지배되고 장악되어 성령의 인도를 받는 성도가 되어야 합니다. 성령으로 지배와 장악을 받으면서 내면의 상처와 스트레스와 혈통으로 흐르는 영적인 독소를 잠재의식에서 드러내서 정화하고

현재의식으로 드러내어 배출해야 합니다.

성령께서 완전하게 지배와 장악이 되는데 시간이 많이 걸립니다. 필자는 영적우울정신적인 질병을 치유하기 위하여 매주 토요일 개별집중정밀치유를 합니다. 이 치유를 하면 깊은 곳의 상처와 스트레스와 혈통으로 흐르는 영적인 독소가 정체를 폭로하면서 배출이 됩니다. 배출이 되면 될수록 우울증이나 정신적인 문제나 영적인 문제가 신기할 정도로 해결이 되어 환자가 예수님의 참 평안을 몸으로 마음으로 느끼게 됩니다. 우울증이나 정신적인 문제나 영적인 문제는 약이나 심리적인 방법이나 기타 인간적인 기교로는 치유가 불가능합니다. 진리의 말씀과 성령의 역사로 깊은 치유를 해야 합니다. 상처가 잠재의식에 형성되어 있기 때문입니다.

8) 하나님과 영적인 관계를 지속하며 감사해야한다. 예수를 믿고 성령으로 거듭난 성도라도 육체를 가지고 있습니다. 그렇기 때문에 언제라도 잠재의식에 독소가 쌓일 수가 있다는 것입니다. 항상 성령의 역사가 자신의 심령으로 흘러나오도록 자신 안에 성전에 계시는 하나님께 집중해야 합니다. 걸어 다니는 성전의식을 가지고 살면서 영과 진리로 예배를 드려야 합니다.

둘째, 정신적이고 영적이며 우울증을 일으키는 독소의 배출시 유의 사항. 우울증이나 정신문제를 치유하려면 기도가 바르게 되어야 합니다. 그런데 소리를 내지 않는 마음의 기도나 묵상기도는 효과가 없습니다. 환자가 의지적으로 소리를 내서 기도를 해야 합니다. 호흡을 들이쉬고 내쉬면서 아랫배에서 나오는 소리로 주여! 를 지속적으로 해야 합니다. 묵상기도를 하면 잡념에 사로잡혀서 기도를 할 수가 없습니다. 우울증이나 정신적인 문제가 있는 분들은 성경도 소리를 내어 읽어야 합니다. 주기도문도 소리를 내어 암송해야 합니다. 찬양도 소리를 내어 불러야 합니다. 소리를 내는 이유는 소리를 냄으로 마음의 문이 열려 자신 안에 하나님께 집중할 수 있기 때문입니다. 마음의 문이 열려 하나님께 집중하니 밖에서 역사하는 성령과 자신의 안에서 역사하는 성령이 자신을 장악하여 성령으로 불세례를 받게 됩니다. 성령으로 불세례를 받아 성령이 환자를 장악해야 그때부터 비로소 치유가 되기 시작하는 것입니다. 좌우지간 환자가 소리를 내어 기도 하도록 해야 합니다. 환자가 마음을 열고 기도하지 않으면 치유가 되지를 않습니다.

성령으로 세례를 받아 성령으로 기도가 되기 시작하면 이제 자신의 문제에 대한 원인을 찾아야 합니다. 문제의 원인은 성령님이 알고 계시니 성령님에게 지속적으로 문의를 하는 것입니다. 자꾸 내가 왜 이럽니까? 내가 왜 이럽니까? 하고 계속 묻는 기도를 하다가 보면 성령께서 문제의 원인을 알려주십니다. 원인을 알았으면 해결을 해야 합니다. 자신에게 일어나고 있는 문제의 원인에 따라 회개하고 용서하라는 말입니다. 자신의 인생에 문제를 일으키는 귀신은 법적인 권리를 가지고 들어와서 역사하는 것입니다. 이 법적인 권리는 죄입니다. 이 죄를 해결하기 전에는 인생의 문제에 역사하던 귀신은 떠나가지 않습니다. 반드시 성령의 강한 지배 하에 회개와 용서가 있어야 떠나가는 것입니다.

성령의 강한 지배 안에서 자신에게 일어나고 있는 영육의 문제들을 찾아내고 회개하고 끊어내고 귀신을 몰아내야 합니다. 머리로 외워서 입으로 하는 기도는 효과가 적습니다. 육적인 상태에서는 인생의 문제에 역사하는 귀신이 떠나가지 않습니다. 영적인 상태, 성령의 강력한 지배 하에서 예수 이름으로 명령할 때 인생에 고통을 주던 영들이 물러갑니다.

성령의 지배 하에 조상이나 자신이 죄를 짓는 장면을 눈으로 직접 그리면서 지성소에서 나오는 깊은 기도를 해야 합니다. 깊은 차원의 기도를 하면서 회개할 것은 회개하고, 용서할 것은 용서해야 성령의 역사로 귀신이 떠나갈 수 있는 조건이 됩니다. 우리에게 역사하는 마귀는 우리보다 강한 영적인 존재입니다. 고로 마귀보다 강한 성령의 지배 하에 예수 이름으로 회개도 하고 용서도해야 역사하던 마귀, 귀신이 성령의 권세로 떠나가는 것입니다. 성령이 자신을 완전하게 장악을 해야 역사하던 귀신이 떠나가는 것입니다.

셋째, 우울증치유간증. 저의 가족은 외할머니도 우울증으로 젊은 나이에서부터 고생하시며 사셨습니다. 그렇게 지내시다가 늙으셔서는 치매가 걸려 10여 년간 사람노릇을 하지 못하고 짐승 같은 고통당하시다가 돌아가셨습니다. 저희 어머니도 지금 우울증으로 고생을 하며 지내고 계십니다. 저 역시 나이 스물에 우울증이 생겨서 7년 동안 정신 신경과 약을 먹었습니다. 그래서 정신이 멍하고 사람 노릇을 못하고 지냈습니다. 정신신경과 의사 선생님의 말로는 평생 정신신경과 약을 먹으며 살아야 한다고 했습니다. 결혼해도 결혼 생활도 힘이 들것이고 아이를 출산도 어려울 것이라고 했습니다.

그러다가 국민일보 광고를 보고 충만한 교회를 알게 되었습니다. 광고에 우울증이 치유가 되었다는 간증을 보고 충만한 교회를 찾게 되었습니다. 어머니와 함께 찾아가서 치유집회에 참석했습니다. 처음에는 정신 신경과 약의 영향으로 목사님의 말씀에 집중하지 못했습니다. 설교 말씀이 하나도 들리지 않았습니다. 잡념이 많이 생기고 졸려서 도저히 말씀이 들리지를 않았습니다. 그러나 강 목사님은 저에게 꼭 치유된다는 의지를 가지고 계속 다니라고 하시면서, 기도 시간에는 숨을 들이쉬고 내쉬면서 주여! 숨을 들이쉬고 내쉬면서 주여! 숨을 들이쉬고 내쉬면서 주여! 하며 아랫배에서 나오는 소리를 내라고 하셨습니다. 기도 시간에 자주 저에게 오셔서 주여! 를 하는지 확인을 자주 하셨습니다.

그러면서 저에게 목사님을 따라서 주여! 를 하라고 주여! 를 계속하게 하셨습니다. 그래서 저도 의지를 가지고 주여! 를 계속 했습니다. 그러기를 한 4주 동안 했습니다. 처음에는 주여! 소리가 잘 나오지 않았습니다. 그런데 자꾸 의지를 가지고 주여! 를 하니까 힘이 들지 않고 잘되었습니다. 그러다가 성령으로 세례를 받았습니다. 막 기침이 나오고 몸이 흔들리고 온 몸이 뜨겁고 방언이 터지는 성령의 불세례를 받았습니다. 그 뒤로는 기도가 잘되고 말씀도 잘 들렸습니다. 머리도 많이 맑아 졌습니다. 이제 주일날도 충만한 교회에 가서 예배를 드리고 치유를 받았습니다. 3개월 정도 지난 것 같습니다. 정신이 맑아지고 상태가 많이 좋아졌습니다.

의사 선생님에게 상황을 말씀드렸더니 약을 약하게 지어주셨습니다. 그 약을 이틀에 한 번씩 약 한달 정도 먹었습니다. 아무런 문제가 없었습니다. 그래서 의사 선생님에게 가서 말씀을 드렸더니 약을 일주일동안 먹지 말라고 하셨습니다. 그래서 약을 먹지 않고 일주일을 아주 기분 좋게 지냈습니다. 병원에 같더니 의사 선생님이 약을 먹지 않고 한 달이 지나고 오라고 하셨습니다. 만약 중간에 증상이 좋지 못하면 바로 오라고 하셨습니다.

한 달을 잘 지냈습니다. 이상이 없었습니다. 그리고 의사 선생님에게 같더니 이제 완전히 우울증이 치유가 되었다는 진단을 받았습니다. 충만한 교회 와서 5개월이 지난 후의 결과입니다. 하나님 정말 감사합니다. 제 우울을 증을 치유하신 주님 감사합니다. 우울증의 가족력은 무섭습니다. 그러나 성령의 역사를 체험하면 완전 치유가 됩니다. 지금 가족력으로 내려오는 우울증으로 고생하는 분들이여 희망을 가지고 가족력의 우울증을 치유를 받으시기를 바랍니다. 그리하여 저같이 평안을 찾으시기를 바랍니다. 예수님은 살아 역사하고 계십니다. 믿으면 치유를 받습니다. 하나님 감사합니다. 그동안 기도를 열심히 해주시며 돌보아 주신 강요셉 목사님에게도 감사를 드립니다. 경기 김○○자매

4부 성령의 불세례는 면역력강화

23장 체온이 정상으로 올라간다.

(행 4:28-31)"하나님의 권능과 뜻대로 이루려고 예정하신 그것을 행하려고 이 성에 모였나이다 (29) 주여 이제도 그들의 위협함을 굽어보시옵고 또 종들로 하여금 담대히 하나님의 말씀을 전하게 하여 주시오며 (30) 손을 내밀어 병을 낫게 하시옵고 표적과 기사가 거룩한 종 예수의 이름으로 이루어지게 하옵소서 하더라 (31) 빌기를 다하매 모인 곳이 진동하더니 무리가 다 성령이 충만하여 담대히 하나님의 말씀을 전하니라."

성령의 불세례를 받고 성령으로 충만하면 만병이 치유됩니다. 성령으로 세례 받고 성령의 불세례를 받으면서 성령으로 충만하면 체온이 0.5도에서 1도가 올라간다는 통계가 있습니다. 성령으로 충만하여 몸이 뜨거워지는 방법은 성령으로 충만하면 몸이 뜨뜻해진다고 믿지 말고, 성령으로 충만하면 몸이 불덩이가 된다고 믿고 성령으로 기도해야 몸이 뜨거워지는 것입니다. 성도들이 성령으로 충만 받으니 암과 같은 불치의 질병이 치유되었다는 통계가 이를 보증하는 것입니다.

실제로 성령으로 충만 받은 말기 암환자가 치유되었다는 사례가 있습니다. 암은 체온이 높으면 활동하지 못하기 때문입니다. 그만큼 성령 충만한 신앙생활은 자신의 건강에도 유익한 것입니다. 스트레스는 만병의 근원입니다. 스트레스를 받으면 체온이 내려가기 때문입니다. 이는 의학적으로도 인정하는 사실입니다. 필자는 예배당에 나와서 드리는 예배는 "영과 진리로 하나님께 예배를 드리고 성령으로 기도하면서 세상에서 삶에서 받은 스트레스를 해소하는 것입니다."라고 자주 말을 합니다. 우리는 아담이 죄를 짓지 않아 하나님과 동행하면서 지내던 에덴동산의 상태로 돌아가야 합니다. 그래야 하나님께서 원하시는 건강한 삶을 살아갈 수가 있습니다.

체온은 건강에 밀접한 관계가 있습니다. 35℃ 이하 저체온 증상 때 암세포 증식 가장 많아진다고 합니다. 하루 30분 이상 꾸준히 운동하면 정상보다 약간 높은 37℃ 유지하면 노폐물 방출 활발하고 혈액도 정화가 된다는 것입니다.

인간은 온혈(溫血)동물입니다. 주위가 아무리 추워도 우리 몸은 일정한 온도(섭씨 36~37도)를 유지합니다. 우리 몸의 온기(溫氣)는 유일한 에너지 공급원인 음식의 소화를 통해 대부분 얻게 됩니다. 몸에서 만들어진 온기는 20%가 간으로 가고, 약 20%는 근육으로 가게 됩니다. 일이나 운동을 하게 되면 근육에 더 많은 온기가 갑니다. 온기 중 45%까지는 주위의 차가운 물건으로 모두 방사됩니다. 그래서 성령으로 기도하고 주기적으로 운종해야 합니다.

차가운 벽이 있는 따뜻한 방이 춥게 느껴지는 것도 이 때문입니다. 우리 몸의 온도는 신체기관의 활동을 보장해주는 효소작용이 바로 37~37.5도에서 일어나기 때문에 일정하게 유지됩니다. 만약 우리 몸의 온기를 만들어내는 핵(오장육부가 몰려 있는 부위) 온도가 3~4도 이상 벗어난다면 인간은 육체적, 정신적인 능력이 현저하게 떨어지게 됩니다. 높아도 안되고 낮아도 안되는 것입니다.

저 체온 증은 운동 부족할 때 잘 생기게 됩니다. 일반적으로 체온이 36~37도일 때 정상 체온이라고 합니다. 겨드랑이 또는 입안의 온도, 직장에서 재는 체온은 0.5도 정도 높은 것이 보통입니다. 저체온은 기본적으로 혈액이 제대로 순환되지 못하거나 신진대사에 장애가 있을 때 발생합니다. 몸이 차갑다는 말은 정상적인 신진대사가 이뤄지지 않고 있다는 것을 의미합니다.

저체온(Hypothermia)의 가장 큰 원인은 운동량 부족일 경우가 많습니다. 성령충만하지 못한 경우입니다. 운동을 하면 근육에서 열이 만들어지고 이들 열에너지는 혈액에 의해 온몸의 세포 곳곳에 분배됩니다. 특히 운동은 몸이 움직이면서 산소를 취하여 노폐물인 이산화탄소와 일산화탄소, 휘발성 유해물을 폐에서 방출합니다. 또 산소는 지방, 콜레스테롤, 불필요한 노폐물 등을 태워버리고 혈액을 정화시켜 암과 같은 질병을 예방합니다.

이런 점에서 전문의들은 하루 30분씩 일주일에 5일 이상 꾸준히 운동할 것을 권유합니다. 하지만 현대인들은 운동하는 시간보다 컴퓨터나 텔레비전 앞에 앉아 있는 시간이 더 많습니다. 움직이지 않고 오랫동안 앉아 있으면 신진대사율이 떨어져 열량이 몸에

비축되고 이는 비만으로 이어지기 쉽습니다. 이는 혈액순환 방해로 이어져 저체온의 원인이 됩니다.

저체온증은 추운 곳에서 오랫동안 서 있어도 나타납니다. 우리 몸은 추위에 노출되면 체온을 높이기 위해 각종 신체반응이 일어나게 됩니다. 그러나 몸을 움직이지 않거나 반응이 일어나지 않으면 핵의 온도가 떨어지기 시작하고 결국 몸이 얼게 되어 저체온증이 생깁니다.

이와 함께 세포 조직에 산소가 부족한 산소 결핍이 생기게 되고 근육이 딱딱하게 굳게 됩니다. 혈압이 떨어지고 심장박동이 약해집니다. 가장 많은 손상을 입는 것은 뇌로 감각이 없어지고 잠이 옵니다. 그리고 마치 따뜻하고 덥다는 환상이 생깁니다. 이 같은 현상이 계속 진행되면 뇌부종이 생기고 숨이 멈추면서 죽음을 맞게 되는 것입니다. 그래서 노인들에게 겨울에는 방한모자를 쓰고 다니라고 조언하는 것입니다.

차가운 물에 오랫동안 있어도 저체온증이 발생할 수 있습니다. 물속의 열전도율은 공기보다 20배나 더 높습니다. 따라서 물은 공기에서보다 11배나 더 빠르게 몸에서 온기를 빼앗깁니다. 8도의 차가운 물속에서는 심장과 호흡이 멈추는 쇼크가 생길 수 있습니다. 저체온이 계속되면 생명이 위태로워 질 수가 있습니다.

저체온 땐 혈류장애로 각종 질환 노출이 됩니다. 저체온은 각종 질환을 유발한다. 체온이 없다는 것은 죽음을 의미합니다. 만약 몸이 차가워져서 체온이 35도 이하로 천천히 하루 이상 걸러 떨어진다면 여러 가지 지병이 나타나게 됩니다.

핵의 온도가 34도 정도(겨드랑이 측정 때 체온이 32도 또는 그 이하)까지 떨어진다면 24시간 안에 죽음이 찾아올 수 있습니다. 그리고 급격하게 핵의 온도가 32도까지 하락한다면 인간은 1시간 안에 목숨을 잃을 수 있습니다. 일반적으로 체온이 27~28도로 측정됐다면 이미 죽었다고 봅니다.

이처럼 체온은 우리 생명과 밀접한 관련이 있습니다. 감기나 폐렴 등의 염증, 류머티즘이나 교원병 등의 자기면역병, 등 거의 모든 질병은 열을 동반합니다. 열은 컨디션이 좋지 않다는 경고이자 질병을 치유하려는 치료 반응이라고 할 수 있습니다.

저체온이 되면 심장의 혈류량이 떨어지게 되고 이에 따라 소화 기능도 저하됩니다. 이는 음식물 흡수에 지장을 주고 이것이 장기화하면 만성질환이 될 수가 있습니다. 또 저체온이 되면 혈관이 좁아지거나 막혀 간이 손상되며 발열기관으로서 제 기능을 수행할 수 없게 됩니다.

사망률과 시간의 상관관계를 살펴보아도 체온과 밀접한 관련이 있습니다. 사망률은 하루 중 체온과 기온이 제일 낮아지는 오전 3~5시에 가장 높습니다. 사람은 체온이 36.5도 이상을 유지해야 건강과 생명을 유지하는데, 체온이 내려가면 세포나 혈액 중의 노폐물을 처리할 수 없어 물질의 화학반응이 충분히 이뤄지지 못하게 되어 중간대사물이나 산독물이 생성되게 됩니다. 그래서 하나님은 쉬지말고 기도하라고 하시는 것입니다.

첫째, 저 체온으로 인해 발생하는 질병

□ 소화기 질환 : 만성 소화 불량, 위, 십이지장 궤양, 위염, 변비, 설사, 치질 등이 발생할 수 있습니다.

□ 갑상선 질환 : 갑상선 기능 항진증 →뇌하수체 주위의 온도가 낮아지면 갑상선을 관장하는 기능이 떨어져 호르몬 과잉 분비되기 때문에 발생하게 될 수 있습니다.

갑상선 기능 저하증 →체온 저하로 갑상선의 기능이 떨어져 필요로 하는 양의 갑상선 호르몬을 만들어 내지 못하여 호르몬 분비가 감소하는 현상을 말하는 것입니다.

□ 간 질환 : 간염. 간경화, 간암, 복수 등이 발생하기도 합니다.

□ 심혈관계 질환 : 협심증 →심장혈관이 수축되거나 혈전이 관상 동맥을 막아 혈액이 제대로 공급되지 않아 산소와 영양 공급이 급격히 줄어들게 되는 현상을 말합니다.

부정맥 저혈압 100/60 이하 →손발 차고, 쉽게 지치게 됩니다.

뇌졸중 / 뇌경색 →뇌혈관이 막혀 발생하게 됩니다.

뇌출혈(중풍) →뇌 조직 내부로 혈액이 유출되어 발생하게 됩니다.

□ 뼈와 관절에 관한 질환 : 퇴행성 관절염, 류마티즘성 관절염 등이 발생하기도 합니다.

□ 암 : 저체온은 암을 유발하는 주요 원인 중 하나로 알려져 있습니다. 암환자의 일부는 침질 방에 들어가 있어도 땀이 나오지 않는다고 합니다.실제로 저체온 증을 보이는 사람 중 상당수가 암이나 당뇨, 저혈압, 심장질환을 앓고 있습니다. 또 매사에

의욕이 없고 게으르며 특별한 병명이 없어도 몸이 쑤시거나 아프다고 호소합니다. 이곳저곳 근육통이 있다고 호소합니다.

암세포는 35도에서 가장 많이 증식하고 39.3도 이상이 되면 죽습니다. 다시 말해 저체온, 몸의 냉기가 암을 만드는 커다란 요인이 됩니다. 암은 우리 몸 가운데서 열이 많이 나는 심장과 비장, 소장에는 생기지 않습니다. 암 종류는 270여종이나 가장 뜨거운 심장과 비장에는 암이 생기지 않습니다.

□ 피부 질환 : 아토피 →몸속의 체온이 낮아져 정상 체온을 유지하려 열을 내기 때문에 발생하거나, 환경오염으로 인한 독소 노출, 영양 불균형, 면역 시스템의 이상 등으로 몸 속 온도가 낮아지면 신체 기능이 오작동 일으켜 생기는 병입니다.

□ 비만 : 잘못된 식습관, 과도한 영양 섭취, 운동 부족 등으로 발생합니다. 저 체온이면 장기의 체온 유지를 위해 지방을 끌어 모아 몸에 축적하며, 다시 심장 기능이 떨어져 혈액 순환이 잘 이루어지지 않고, 또 다시 체온이 떨어져 지방이 축적되는 과정 반복하게 됩니다.

□ 여성 질환 : 생리통, 자궁 내막증, 자궁 경부 질환, 자궁의 혹 등은 몸속의 냉기와 수분 과잉으로 발생합니다. 배꼽 기준으로 위로 향할수록 체온이 낮고, 아래로 향할수록 체온이 높아야 하는데, 허리 아래쪽 저 체온으로 여성 질환이 발생합니다.

□ 남성 질환 : 전립선 비대증 →저 체온이면 혈액 순환이 안 되어 전립선이 굳어지며 활동이 위축되는 현상입니다.

318-성령의 불세례에 숨은 비밀

우리의 체온이 정상이라면 위와 같은 많은 질병을 예방할 수 있습니다. 영과 진리로 예배하며 성령으로 기도하여 성령으로 충만하여 몸을 뜨겁게 하여 면역력을 강하게 만드는 새로운 '성령의 체온면역요법'을 통해 병에 걸리지 않고 건강하게 살아갑시다. 그것이 하나님을 기쁘시게 하는 최고의 선물이 되는 것입니다. 성령으로 충만하여 몸을 뜨겁게 하여 면역력을 높여서 건강하게 하나님의 살아계심을 증명하는 모두가 되기를 바랍니다.

둘째, 성령의 불세례와 성령 충만을 받고 질병을 치유 받는 분들의 간증입니다. 성령 충만으로 체온이 정상으로 올라가니 질병이 치유되더라는 것이 증명된 것입니다. 성령의 불세례가 자신 안 지성소에서 예수님으로부터 타오르면 하나님의 성전이 되고 하나님의 나라가 됨으로 체온이 정상이 됩니다. 체온이 하나님께서 사람을 창조하실 때와 같게 되어 정상이 되니 됨으로 육체와 정신과 마음의 병이 치유가 되는 것입니다.

첫째로 성령의 불세례를 받고 아토피 피부병이 치유 되었습니다. 50년 된 피부병이 치유되었어요. 할렐루야! 주님께 감사드립니다. 충만한 교회 전인치유 훈련을 통하여 많은 은혜를 받았습니다. 우선, 15년간의 목회사역을 통하여 몸과 마음이 많이 피폐해져서 힘든 상태였습니다. 몸과 마음이 병들어 목회를 포기하려는 상태였는데 성령치유 훈련을 통하여 치유 받고 새 힘을 얻었습니다.

특히 50여 년간 태아 때부터 피부병으로 고생을 많이 했는데 치유를 받았습니다. 소문을 듣고 이곳에 와서 시간, 시간, 성령님의 강한 불의 역사로 고질적인 피부병이 깨끗이 나았습니다. 하나님께 영광을 돌립니다. 참고로 이 피부병으로 좋다는 피부병 약, 병원을 수 없이 많이 다녔지만 순간적으로는 나은듯하다가 다시 재발하고 더 심해지기도 했습니다. 강요셉 목사님이 날마다 하시는 말씀이 하나님의 사전에는 불치의 병이 없다는 말씀이 맞습니다. 하나님은 지금도 신유의 역사를 일으키십니다. 하나님의 살아서 역사하십니다. 하나님 정말로 감사합니다. 이선교사.

둘째로 성령의 불세례를 받고 임신이 되었다. 소원하던 임신이 되었어요. 할렐루야! 부족한 저에게도 간증을 할 수 있도록 하여 주신 주님께 찬양을 돌립니다. 전 모태 신앙으로 어려서부터 신앙생활을 해왔기 때문에 신앙에 큰 체험은 없었습니다. 배우자를 전도사님을 만나게 하시어 사역을 함께 하는 가운데 저에게 청천 병력 같은 일이 생겼습니다. 질병이 저에게 찾아온 것입니다. 어디서도 들어보지 못한 병명이었습니다.

머리에 종양이 생겨서 호르몬 문제로 그냥 뇌두면 다른 사람들보다 수명이 단축되고 여러 합병증에 걸린다는 소리를 듣게 되었습니다. 결혼한 지 2년이 다되어 가는데 아이가 생기지 않았습니다. 그것도 이 병 때문에 아이가 안 생길지도 모른다고 의사가 말씀하시더군요. 그래서 직장을 그만두고 병원에 입원 수속을 하고 병실만 나오기를 기다리고 있었습니다.

그 기간 동안 열심히 교회 여러 행사에 봉사를 하며 하나님의 사랑과 은혜를 많이 체험하게 되었습니다. 제가 막상 병에 걸리고 보니 주님을 더욱 간절하게 찾게 되었습니다. 그런데 몇 달을 지났는데도 병실이 나오지를 않는 것이었습니다. 가족들도 걱정을 하고 주위 사람들도 많이 걱정을 하였습니다. 저 역시도 마찬가지로 걱정만 하고 있었습니다. 그 가운데 친척 되시는 사모님의 소개로 충만한 교회를 알게 됐습니다. 처음으로 목회자 치유세미나에 참석하여 많은 은혜를 받고 12주 코스를 저희 전도사님과 함께 훈련을 받게 되었습니다. 훈련받는 가운데 제 병도 가계로부터 흐르는 문제라는 걸 목사님을 통해서 알게 되었습니다.

열심히 말씀을 듣고 또 목사님께서 한 사람 한 사람 안수기도 해주셔서 성령님의 인도하심에 따라 저에게 와있는 악한 영들도 많이 떠나보냈습니다. 주님의 사랑을 많이 체험하면서 마음에 기쁨이 오고 감사가 나오며 평안이 생겼습니다.

그래서 이병이 내 것이 아님을 깨닫고 열심히 훈련받는 가운데 주님께서 저희 가정에 귀한 생명인 아기를 선물로 주셨습니다. 목사님께서 안수기도 해주실 때 계속 제 손을 얹고 목사님 손을 얹고 자궁 쪽에 기도를 많이 해주셨습니다. 안수를 할 때마다 몸이 뜨거워지는 것을 체험적으로 느꼈습니다. 남편 전도사님이 저에게 몸이 많이 뜨거워졌다고 말하는 것입니다. 나중에 목사님께서 저 체온으로 아랫배가 차가워서 아기가 자궁에 착상이 잘 안 되는 몸 상태였다고 말씀해주셨습니다. 할렐루야!

병원에 갔더니 태아가 아주 건강하게 잘 자라고 있다고 합니다. 벌써 14주나 되었습니다. 얼마나 감사한지 모릅니다. 저희 가족들과 주위 분들께서 너무 사랑으로 축복해 주셔서 행복한 가운데 살고 있습니다.

질병도 치유 받고 소원하던 임신도 되었습니다. 물질도 문제도 풀어주시어 생각지도 않은 곳에서 물질이 들어와 생활도 하게 하시니 감사의 나날을 보내고 있습니다. 충만한 교회로 인도해 주신 하나님께 감사를 드립니다. 그리고 한 사람 한 사람 간절한 마음으로 기도해주시는 목사님에게도 감사를 드립니다. 제가 충만한 교회를 알지 못했다면 지금쯤 어떻게 지내고 있을 것인지 생각만 해도 끔찍합니다. 지속적으로 은혜를 받으며 건강한 아이를 출산하여 하나님의 영광을 나타내겠습니다. 정말 하나님은 살아계십니다. 충만한 교회가 부흥성장하기를 바랍니다. 서울 김 사모

셋째로 성령의 불세례를 받고 생리통이 치유되었다. 성령의 불세례를 받으면 체온이 정상이 됨으로 생리통으로 고통당하는 분들이 치유가 됩니다. 할렐루야! 하나님 감사합니다. 생리통을 치유하여 주시니 감사합니다. 저는 매월 달거리를 할 때마다 고통을 말로 표현할 수 없을 정도로 많이 했습니다. 병원에서 수술하면 치유가 된다고 해서 수술도 받았습니다. 그러나 치유되지 않았습니다.

그러다가 충만한교회에 대하여 알게 되었습니다. 집회에 참석하여 목사님의 안수를 받았습니다. 안수를 받을 때마다 그렇게 고

통스럽게 생리통이 없어지는 것입니다. 그래서 토요일 날 하는 집중정밀치유를 받았습니다. 집회에도 꾸준하게 참석하여 말씀 듣고 기도하면서 안수를 받았습니다. 이제 생리통이 없어졌습니다. 참으로 신기합니다. 하나님께 영광을 돌립니다. 종로 이집사

넷째로 성령의 불세례를 받고 류마치스 관절염이 치유되었다. 성령의 불세례를 받고 성령으로 충만 받아 심장병과 류머티즘 관절염을 치유 받은 어느 권사의 이야기입니다. 이 권사는 한창 전쟁 중인 51년도에 태어났습니다. 어머니가 출산하고 보니 여자아이니까 할머니가 이 전쟁 중에 딸을 키워서 무엇 하느냐고 가져다 버리라고 하여 버렸다고 합니다. 버린 후 이틀이 지나서 죽었으면 땅에 묻어주려고 어머니가 현장에 가서 보니 아기가 죽지 않고 살아서 울고 있더라는 것입니다. 그런데 아이가 그때까지 죽지 않고 울고 있기에 명이 긴 아이라고 데려다가 기른 아이가 바로 이 권사입니다.

권사는 이때 두려움과 공포에 시달린 후유증으로 심장병과 류머티즘 관절염으로 많이 고생을 하였습니다. 전철을 타려고 전철역을 가려면 세 계단만 올라가도 쉬어야만 할 정도였다고 합니다. 그러다가 친구들의 권면을 받고 우리 교회에 오셔서 치유를 받았습니다. 자신을 지금까지 괴롭히던 질병을 치유 받을 수 있다는 사모하는 마음으로 맨 앞에 앉아서 은혜를 받았습니다. 성령의 불세례를 체험했습니다. 성령의 불로 충만 받으니 몸이 뜨거워지는 것입

니다. 본인에게 호흡을 들이쉬고 내쉬면서 배에서 나오는 소리로 기도를 하라고 했습니다. 질병을 치유 받고 축귀를 하려면 기도가 바뀌어야 하기 때문입니다. 그래야 성령께서 장악하시고 역사하십니다. 내가 알려준 대로 순수하게 기도를 했습니다. 성령이 완전하게 장악을 했습니다. 그래서 내가 기도시간마다 안수하면서 귀신을 물리쳤습니다. "예수 이름으로 명하노니 심장병을 일으키는 귀신은 떠나갈지어다."하면 막 악을 쓰다가 기침을 한동안 하다가 떠나갔습니다. "또 예수 이름으로 명하노니 류머티즘 관절염을 일으키는 귀신은 떠나갈지어다."하면 막 발작을 하고 기침을 하면서 귀신들이 떠나갔습니다. 몇 주를 성령이 감동하시는 대로 안수하면서 명령을 했습니다. 그러면서 권사의 얼굴이 점점 밝아지는 것을 보게 되었습니다. 몇 주를 다니다가 나에게 이렇게 간증을 했습니다. "목사님 내가 처음 여기 올 때는 계단 세 개를 올라가서 쉬고, 또 올라가고 했는데 지금은 오십 계단을 거뜬하게 올라갑니다."

이 권사는 어머니 뱃속에서 태어난 후 들어온 두려움과 공포의 영으로 심장병과 류머티즘 관절염으로 고생을 했는데 말씀과 성령으로 내적치유하고 귀신을 쫓아내서 완벽하게 치유 받은 것입니다. 하나님은 어떤 문제라도 치유하십니다. 하나님의 치유와 성령의 권능을 몰라서 고생하는 것입니다. 나는 항상 이렇게 말합니다. 예수를 믿은 성도가 영육으로 고생하는 것은 영적으로 무지해서 당하는 것이라고 말합니다.

24장 성령의 불은 치매도 예방한다.

(시 118:17)"내가 죽지 않고 살아서 여호와께서 하시는
일을 선포하리로다."

성령의 불세례를 받고 성령으로 충만하여 성령의 지배 속에서
살아가면 치매도 예방이 됩니다. 성령의 불세례를 받으면 성령께
서 지배하시고 장악하시기 때문에 하늘나라가 됩니다. 하늘나라가
되니 육체와 정신과 기억력 등이 정상으로 치유가 되는 것입니다.

질병 중에서 가장 무섭고 치사하고 사람노릇을 못하고 짐승같
이 살아가게 하는 지랄 같은 병이 무엇인지 아세요? 그게 바로 "알
츠하이머" 라는 병입니다. "치매"(癡매)라고 하지요. 또는 망령, 노
망, 망발, 이라고도 합니다. 이 병에 걸리면 우리의 인생말년을 완
전히 잡쳐버리고 맙니다.

짐승보다도 못하게 생명을 유지하다가 비참하게 막을 내리는 겁
니다. 인생의 마지막을 이렇게 끝내서야 되겠습니까? 절대로, 정말
절대로 "치매"는 걸리지 말아야 됩니다.

2017년 중앙치매센터와 한국갤럽이 진행한 치매 인식도 조사
를 보면 만 60세~69세 노인들이 가장 두려워하는 질병은 치매였
습니다. 암보다도 무서운 질병으로 인식되고 있는데요. 실제 암은
3세대 항암제인 면역 항암제까지 나오면서 정복을 가시권에 두고
있지만, 치매 치료는 아직 그만큼 발전하지는 않았습니다. 근본 원

인을 해결하기보다 증상이 악화하지 않도록 관리하는 수준인 것입니다. 완치로 가는 길은 더디지만, 치매 환자 수는 계속 늘어나는 추세입니다.

2017년 기준 65세 이상 인구 678만 명 중 치매 환자는 66만 명을 차지합니다. 2024년에는 100만 명, 2039년에는 200만 명, 무려 2050년에는 300만 명을 넘어갈 것으로 예상하고 있습니다.

100세 시대, 늘어난 수명과 노년의 삶의 질을 논할 때 반드시 함께 떠오르는 키워드가 바로 치매입니다. 절대로 교회에서도 등한히 해서는 안 되는 질병이 바로 치매입니다. 예수를 믿고 교회에 다니는 성도들이라고 치매하고 관련이 없다고 장담할 수가 없기 때문입니다. 우리의 일상생활 속에 수많은 뉴스와 드라마, 영화 속에 투영된 치매의 모습은 낯설고 괴로운 변화, 인격의 상실로 다가옵니다. 정상적으로 생활해오던 치매환자는 어느 순간, 기억력 장애를 시작으로 언어장애 그리고 행동장애를 겪으며 자신의 몸과 삶에 대한 주도권을 하나하나 잃어가는 것을 봅니다.

사랑하는 이들과 쌓아온 기억과 추억을 잃고 주변인들에게 이상행동이나 폭력을 일삼기도 합니다. 특히 노화와 치매는 환자 본인뿐만 아니라 가족에게도 육체적, 정신적, 경제적 과부하를 짊어지게 합니다. 이쯤 되면 치매와 마주할 때 두려움과 공포의 수렁에 먼저 빠져들기 쉽습니다. 치매에 대하여 미리 알고 예방하는 것이 현명한 방법입니다.

화장실에서 볼일을 본 후 지퍼를 열어둔 채 그대로 나오면 건망증이고, 화장실에 가서 지퍼를 열지도 않고 볼일을 보면 치매라는 말이 있지요. 치매에 걸려서 증세가 심해지면 먼저 인격파탄이 되어 인간으로서의 존엄성은 완전 상실됩니다. 그러기 전에 철저한 예방이 필요합니다. 치매가 발생하면 치유는 불가능 하지만, 사전에 치매가 발생하지 않도록 예방이 가능하기 때문입니다.

치매를 기억력이 떨어진 상태라고 알고 있는 사람이 많지만, 단순히 기억력이 떨어진 것을 치매라고 하지는 않습니다. 치매란 다발성 인지기능의 장애로 기억력이 떨어진 것이 가장 중요한 증상이지만 이 증상뿐 아니라 말을 하거나 이해하는 능력이 떨어지고, 시간과 공간에 대한 감각장애, 성격변화가 생기며, 계산능력이 떨어져 일상생활이나 사회생활을 하는데 지장을 일으키는 상태를 말합니다.

나이가 들면 가끔은 물건이나 단어를 잊어버리곤 하는데, 이것을 건망증이라고 합니다. 건망증은 심하지 않으면 노화에 따른 정상적인 반응입니다. 그러나 치매 현상으로 인해 발생하는 기억력 상실이란 기억력이 떨어지는 증상은 이런 일반적인 것과는 전혀 다른 것입니다. 치매환자의 경우 기억력 상실은 가끔 발생하는 증상이 아닙니다. 지속적이고, 점차 정도와 빈도가 심해집니다.

방향 감각을 상실하여 길을 잃거나 심한 경우는 집 안에서도 화장실을 찾지 못하여 헤매기도 합니다. 결국에는 옷을 입는 것, 세수하거나 목욕하는 것도 잊어버리고 가족의 얼굴을 알아보지 못하기도 합니다.

첫째, 치매 종류별 초기 증상 8가지

치매의 초기 증상을 잘 아는 것이 중요합니다. 치매 종류별 초기 증상 8가지를 알아보면 이렇습니다.

① '최근' 일이 기억이 나지 않는다. = 알츠하이머병

최근 대화나 사건 일부를 기억하지 못하는 건망증이 점차 증가한다면 알츠하이머병 초기 증상을 의심해 볼 필요가 있습니다.

알츠하이머는 초기에 최근 기억을 저장하는 뇌의 내측 측두엽(해마)이 손상되기 때문에 최근 기억부터 사라지는 것이 특징이며, 옛날 일은 수년 후까지 잘 기억할 수 있습니다.

② 누워있는 시간과 건망증이 늘어난다. = 피질하 혈관성 치매

힌트를 주지 않으면 기억하지 못하는 건망증이 증가하고 활동은 저하되며 굼뜬 행동, 우울증 증세가 반복된다면 '피질하 혈관성 치매'의 초기증상을 의심해야 합니다.

③ 충동적인 행동, 성격의 변화가 있다. = 전두엽치매(행동형)

길거리에서 소변을 보는 등 충동조절 능력이 저하되고 자기중심적 사고, 폭력이나 혈기가 심해지고 감정 기복 등의 성격변화가 생긴다면 전두엽치매의 초기 증상을 의심할 수 있습니다.

④ 잘 아는 사물의 이름이 기억나지 않는다. = 전두엽치매(언어

형). 사진속의 자신을 사람이나 남자 여자라고 표현하는 등 마치 아이들이 이야기하는 것처럼 언어표현 수준이 저하되면서 서툴러지면 전두엽치매 언어 형 초기 증상을 의심할 수 있습니다.

⑤ 다른 사람의 말을 못 알아듣는다. = 측두엽치매(의미치매)

혼잣말은 잘하지만, 다른 사람의 말뜻을 알아듣지 못해 대화가 어려워지고 기억력 저하로 착각하는 일이 늘어난다면 측두엽치매 초기증상을 의심할 수 있습니다.

⑥ 헛것을 보는 등 이상행동을 한다. = 레비소체치매

환각이나 수면 이상행동, 망상, 우울증 등 정신행동 증상을 보인다면 레비소체 치매의 초기증상을 의심할 수 있습니다. 레이소체 치매는 초기에 뇌의 후두엽 부위가 손상되어 이런 증상이 나타나게 됩니다.

⑦ 종종걸음, 손 떨림 등의 행동을 한다. = 파킨슨병 치매

굽은 자세, 종종걸음, 솔 떨림이나 몸이 뻣뻣한 운동증상을 보인다면 초기에 뇌의 흑색질이 손상되는 파킨슨병 치매의 초기증상을 의심해야 합니다.

⑧ 팔다리 마비 등 뇌졸중 증상을 보인다. = 혈관성 치매

팔다리 마비, 발음 이상, 두통, 쓰러짐 등 다양한 뇌졸중 증상을

보이면 초기 뇌혈관 출혈이나 뇌혈관 경색으로 인한 혈관성 치매의 초기증상을 의심할 수 있습니다.

소결론입니다. 이런 치매의 초기 증상을 잘 아는 것이 중요합니다. 만약 본인이나 부모님의 기억력이 현저하게 저하된 경우 '나이 탓'을 하지 말고 치매 클리닉을 방문하거나 보건소(치매 지원센터)에서 무료로 운영하는 '치매조기검진'을 받아 점검하도록 하는 것이 좋습니다.

내면을 전문으로 치유하는 교회에 가서서 성령으로 세례를 받고 성령의 불세례를 받으면서 마음에 맺힌 것들을 치유하는 것도 좋은 치매 예방책입니다. 우울증은 치매를 일으키는 일등공신입니다. 필자가 20년 이상 마음을 치유하는 사역을 하면서 임상적으로 경험한 바에 의하면 마음에 상처가 있는 분들이 치매에 잘 걸리셨습니다. 그러므로 마음을 전문으로 치유하는 목회자를 찾아가셔서 진리의 말씀과 성령으로 기도하면서 마음을 치유하면 영적, 정신적, 육체적으로 정상으로 돌아가게 됩니다. 그러면 치매가 예방이 되는 것입니다. 더 많은 치매예방에 관해서 알고 싶은 분은 **"치매 예방 건강 장수하는 비결"**책을 참고하시기를 바랍니다.

치매가 의심될 때 자각할 수 있는 치매 조기 진단법이 있습니다. 간단하게 할 수 있는 것으로는 'k-AD8'이라는 게 있습니다. 쉽고 간단하게 인지 능력을 판단하는 진단법으로 세인트루이스 워싱턴 대학 연구팀이 개발했습니다.

이 진단법은 간단한 8개 문항 설문지로 이뤄져 있는데요. 인지

기능의 변화에 따른 부분만을 고려해야 하며, 이전과 달라졌는지에 초점을 두고 설문에 응하는 게 중요합니다.

① 판단력에 문제가 있다.

② 취미나 활동에 대한 관심이 없어졌다.

③ 같은 질문이나 이야기를 반복한다.

④ 도구나 기구 사용이 서툴러졌다.

⑤ 정확히 몇 년도 몇 월인지 잘 모르겠다.

⑥ 세금계산이나 은행 업무 등 복잡한 재정 문제를 다루기 어려워졌다.

⑦ 약속을 기억하기 어렵다.

⑧ 사고력이나 기억력의 문제가 계속된다.

그렇다가 0~1개 사이면 정상인지 상태이고요. 그렇다가 2개 이상이면 약하게라도 인지기능의 변화가 의심되는 상태입니다. 따라서 이런 경우에는 병원에서 정밀진단을 받는 것이 중요합니다.

정말 치매는 누구나 걸릴 수 있기 때문에 젊고 건강할 때도 미리 대비하는 게 좋을 텐데, 예방할 수 있는 방법이 있습니다.

예방법으로는 만성질환이 있다면 빨리 치료하는 것이 좋습니다. 건강한 생활습관만으로도 치매를 3분의 1 정도 줄여줄 수 있습니다. 따라서 건강에 좋은 식단을 유지하고, 규칙적인 운동, 금연과 금주를 하는 것이 중요하겠습니다. 지금부터 예수를 믿고 교회에 다니는 성도들의 영적인 예방법을 말씀드리겠습니다.

둘째, 치매를 예방하기 위한 영적인 활동.

성령님께서 자신을 장악하여 인체의 기능이 정상적으로 움직여야 치매가 예방이 됨으로 본인의 끈질긴 노력과 참여가 있어야 합니다. 거저 쉽게 되는 것이 아닙니다. 자신이 마음을 열고 성령의 은혜로 변화되겠다고 마음을 열고 행해야 무섭고 치사하고 더러운 치매가 예방이 되는 것입니다.

첫째로 성령으로 세례를 받아야 한다. 관념적으로 예수님을 믿고 교회에 다닌다고 치매가 예방되는 것입니다. 반드시 성령으로 세례를 받아야 합니다. 어떻게 해야 성령의 불세례를 받습니까? 성령으로 세례를 받으려면 충만한 교회와 같이 성령의 역사가 일어나는 곳의 예배나 집회에 참석하셔서 코로 숨을 들이쉬고 내쉬면서 주여! 코로 숨을 들이쉬고 내쉬면서 주여! 지속적으로 하다가 보면 성령으로 세례가 임하게 되는 것입니다.

절대로 입을 다물고 성령으로 충만하기를 기다린 다면 죽을 때까지 성령으로 세례를 받을 수가 없습니다. 시간이 가는 줄도 모르고 주여! 주여! 하면서 소리를 내는 것입니다. 주여! 주여! 하면서 소리를 하니까 마음이 열려 성령께서 역사하시면서 성령으로 세례하시고 성령의 불세례가 나타나면서 충만하게 하시는 것입니다.

성령으로 세례를 받을 때 보편적으로 나타나는 현상이 있습니다. 성령 세례시 나타나는 가시적인 현상은 이렇습니다. 몸이나, 눈까풀의 미세한 떨리는 현상이 나타납니다. 호흡이 깊어집니다. 약간의 땀을 흘리는 경우도 있습니다. 가슴이 울렁거리는 증상이 있습니다. 커피를 많이 마신 것과 같은 현상이 나타납니다. 때로는 가슴이 짓눌리는 것 같은 기분이 들거나 공기가 답답하게 느껴지기도 합니다. 호흡이 깊어지거나 빨라집니다. 손가락이 움직이거나 손을 떨거나 양손이 위로 올라갑니다. 몸이 심하게 떨리는 현상을 체험하기도 합니다. 몸이 껑충 껑충 뛰는 현상을 체험하기도 합니다. 몸의 균형을 잃고 뒤로 넘어지는 현상을 체험하기도 합니다. 상체가 반복적으로 앞으로 꺾이는 현상을 체험하기도 합니다. 몸이 사시나무 떨 듯이 떠는 현상을 체험하기도 합니다. 큰소리로 웃거나 우는 현상을 체험하기도 합니다. 방언기도가 터집니다. 넘어진 상태로 가만히 있는 현상을 체험하기도 합니다. 넘어진 상태에서 물결이 일 듯 심하게 진동하는 현상을 체험하기도 합니다. 넘어진 상태에서 몸이 심한 경련을 일으키는 현상을 체험하기도 합니다. 악을 쓰듯이 큰 소리 지르는 현상을 체험하기도 합니다. 이외에도 이해하기 힘든 여러 현상이 일어나기도 합니다.

그러나 전혀 아무런 느낌과 현상이 없는 때도 있습니다. 마음이 평안하기만 합니다. 비둘기 같은 성령이 임한 순간입니다. 어떤 느낌과 체험 현상만이 중요한 것이 아닙니다. 고요할 때 역사하시는 하나님을 전적으로 의지하는 믿음이 더욱 중요합니다.

성령으로 세례를 받고 성령으로 기도하면 성령으로 충만하게 되는 것입니다. 성령으로 충만한 것을 어떻게 알 수 있느냐 하면 믿음으로 아는 것입니다. 주여! 주여! 지속적으로 기도하면 성령으로 충만해진다고 했으니 이를 믿으니 성령께서 불로 역사하시면서 성령으로 충만하게 하시는 것입니다. 믿고 행함이 중요합니다.

둘째로 예배에 빠짐없이 참석을 해야 한다. 예배는 자신을 위하여 하나님께 드리는 것입니다. 어떤 분들은 교회나 목사님을 위하여 예배에 참석하여 예배를 드리는 것으로 착각하는 분들이 있습니다. 예배는 하나님께 영과 진리로 드리면서 하나님의 복을 받는 것입니다. 예배를 드리고 기도하면서 성령의 역사로 기도하면서 마음 안에 쌓인 상처와 스트레스를 해소하는 것입니다.

마음의 상처와 스트레스를 해소하니 영-혼-육의 기능들이 정상적으로 움직이게 되는 것입니다. 그럼으로 치매를 예방할 수가 있는 것입니다. 치매를 전문으로 치유하고 연구하시는 분들이 내린 결론의 예를 들면 신앙생활을 꾸준하게 잘하시는 분들이 치매에 걸리지 않았다고 합니다.

예배를 들리면서 생명의 말씀을 듣고 찬양을 하고 기도를 하면서 성령의 불세례가 자신의 안에서 올라와 자신을 장악하시는 것입니다. 자신이 하나님의 나라가 되니까, 치매가 예방이 되는 것입니다. 무엇보다도 성령의 충만이 치매 예방에 좋습니다. 걸어 다니면서 운동하니 육체도 제 기능을 발휘하게 되는 것입니다. 치매를 예방하려면 예배나 집회에 빠짐없이 참석을 하는 것은 무엇보다도 중요하고 좋습니다.

셋째로 성령 안에서 성령으로 기도를 해야 한다. 성령으로 기도하라는 것은 성령께서 시키시는 대로 기도하라는 것입니다. 기도라고 하면 말을 장구하게 하면서 하는 것으로 알고 있는 경우가 많습니다. 그래서 기도하면 어려운 것이라고 생각하시는 분들이 있습니다. 기도를 어렵게 생각 말고 쉽게 생각하시고 기도해야 합니다. 말로 장구하게 하는 기도는 주기도문을 외우면서 하면 됩니다.

필자가 집필한 기도 책 "기도 쉽게 바르게 하는 법"을 읽는 것도 좋습니다. 그러나 일반적으로 마음으로 예수님을 생각하면서 호흡을 들이쉬고 내쉬면서 하는 것입니다. 호흡을 들이쉬고 내쉬면서 주여! 호흡을 들이쉬고 내쉬면서 주여! 하면 기도가 되는 것입니다. 다른 방법을 호흡을 들이쉬면서 마음으로 예수님! 호흡을 내쉬면서 사랑합니다. 호흡을 들이쉬면서 마음으로 예수님! 호흡을 내쉬면서 사랑합니다. 이렇게 지속적으로 하는 것입니다. 이렇게 지속적으로 하면 성령께서 전인격을 장악하시기 때문에 영-혼-육이 건강해지는 것입니다. 기도문을 소리 내어 읽는 것도 효과 큽니다.

넷째로 성령의 불세례 성령 충만을 받아야 한다. 성령의 불세례는 성령체험, 성령세례와 다른 것입니다. 성령의 불세례는 자신의 마음 안, 지성소에 계신 성령하나님으로부터 성령의 불이 나오는 것이 성령의 불세례입니다. 성령의 불세례와 성령의 충만은 같은 것입니다. 치매가 예방되는 신앙생활은 성령님이 온전하게 지배하는 신앙이 되면 자동으로 치매가 예방이 되는 것입니다. 앞에서 설명한 대로 순종하면서 믿음생활하면 성령 충만할 수가 있습니다. 그렇기 때문에 성령의 불세례가 자신 안에서 나오는 신앙이 되도록 신앙생활을 하려고 관심을 가져야 합니다. 성령의 불세례와 성령의 충만은 치매를 예방하는 최고의 수단이 되는 것입니다.

다섯째로 마음에 맺힌 것을 풀어야 한다. 보편적으로 치매가 오는 것은 마음의 상처 때문에 오는 경우가 많습니다. 그러므로 마음에 맺힌 것들을 성령의 역사로 풀어야 합니다. 주변에 말씀과 성령으로 마음을 치유하는 곳이 있다면 찾아가셔서 치유를 받는 것도 좋습니다. 특별하게 우울증은 빨리 치유를 받아야 합니다.

마음에 맺힌 것들은 이런 것입니다. 날아오는 돌멩이를 맞으면 상처를 입듯이 우리 내면에도 감정의 돌멩이가 날아와 상처를 입힙니다. 또 돌이 호수에 빠지면 돌은 밑으로 가라앉고, 파도는 사방으로 퍼져나가게 됩니다. 이처럼 상처는 나의 모든 부분에 영향을 미치면서 잠재의식 밑에 가라앉아서 계속 나에게 나쁜 영향을 끼칩니다.

외부의 상처는 쉽게 치유되나 마음의 상처는 쉽게 치유되지 않습니다. 사라지지 않고 깊은 곳에 남아서 계속 나에게 영향을 주며, 나의 삶을 좋지 못한 쪽으로, 파괴적인 쪽으로 이끌어 갑니다. 나이가 들어도 사라지는 것이 아니라, 오히려 더욱 강하게 나의 삶에 역사 합니다. 그래서 노인들이 더 섭섭해하고 고집을 부리는 것입니다. 이것 때문에 치매가 발생하기도 합니다.

상처는 잠복기간이 지나면 꼬리를 들고 일어납니다. 상처는 상처를 주는 상대방보다, 쉽게 상처를 받는 나에게 문제가 있는 것입니다. 이 사실을 인정해야 자신을 치유할 수 있습니다. 평안과 행복은 환경이 주는 것이 아니라, 내가 그렇게 느끼는 것입니다. 주체는 나입니다. 나의 마음입니다. 나의 마음이 치유되어 있으면 늘 평안과 행복을 느낄 수 있게 됩니다. 그리고 더 나가서 남에게 상처주지 않도록 주의하고, 또 다른 상처받은 이들을 치유할 수 있게 됩니다. 이것이 복음의 화평케 하는 능력입니다.

여섯째로 성경을 읽고 암송해야 한다. 결론부터 말하면 성경은 이해가 안 되더라도 무조건 습관적으로 매일 소리 내어 읽는 것이 좋습니다. 처음에는 1년에 1독을 목표로 읽는 것이 좋은 것 같습니다. 그렇게 하려면 하루에 3-5장이면 가능합니다. 읽는 시간은 10-15분이면 됩니다.

우리들이 모르는 성경은 성령님께서 어떤 순간에 이해력을 주셔서 그동안 입력되었던 말씀을 이해하게 하시며, 깨닫게 하실 것입니다. 성경을 읽으면서 뇌운동도 되는 것입니다.

성경 말씀은 하나님의 사람으로 온전하게 합니다. 온 가지 잡념에서 탈출할 수 있는 좋은 방법은 성경을 읽는 것입니다. 우리의 생각과 마음을 정결하게 하고 집중할 수 있는 가장 좋은 방법이 성경을 소리 내어 읽는 것입니다. 책이나 글을 많이 읽는 것이 좋습니다. 소리 내어 읽으면 최고의 뇌운동이 되기 때문입니다. 성경을 읽으면서 묵상하는 것입니다. 집중력이 향상되고 뇌가 활성화되고 기억력이 증가됩니다. 걸으면서 성경을 암송하는 것도 치매 예방에 좋습니다.

일곱째로 성경을 필사하는 것도 좋은 치매 예방법이다. 성경을 읽고 묵상해서 손으로 종이에 옮긴다는 것은 실로 대단한 일입니다. 복잡하고 바쁜 삶 속에서도 말씀을 읽고, 쓰고, 마음에 새 기고,

또 말씀대로 살아갈 수 있다면 항상 복을 누리며 살 수 있을 것입니다(신 6:24). 이것보다 더 좋은 뇌운동이 없을 것입니다.

성경 구절을 적어 쌓아 놓은 종이 뭉치를 보면 감동적일 것입니다. 성경 필사는 필사자 자신의 신앙 성숙을 가져오게 됩니다. 필사를 하기 위해서는 많은 시간과 정성이 들어갑니다. 지극한 정성을 들인 만큼 잘 기억이 됩니다. 마음을 지중하기 때문입니다. 하나하나의 단어가 마음 깊이 새겨집니다.

성경을 필사하면 유익한 점이 많습니다. 먼저 말씀의 개인화가 이루어집니다. 성경을 필사하다 보면 세 번 읽는 것과 같은 효과가 있다고 합니다. 본문을 읽고, 옮겨 적으면서 읽고, 다시 점검하면서 또 한 번 읽게 됩니다. 그러다 보면 개별적으로 나에게 주는 말씀으로 받게 됩니다. 이 말씀으로 어떻게 살 것인가?

크리스천이 전 인구의 25%에 이르고 있습니다. 한 상가 아래 위층에 교회가 있고, 저녁에 옥상에 오르면 십자가 네온이 여기저기 셀 수 없이 많은데, 왜? 세상 사람들에게 비난의 대상이 되어 가는가? 성경을 몰라서인가? 제자훈련이 없어서인가? 교회마다 여러 프로그램을 통해 성경을 배우고 알고 있습니다. 그러나 성도 한 사람 한 사람이 말씀의 개인화가 없어서 점점 어두워져 가고 있습니다. 성경공부, 제자훈련, 구역예배 등 듣기는 많이 들어서 귀와 머리는 커져 있습니다. 그렇지만 성도들의 삶에 말씀의 개인화, 말씀의 생활화가 있습니까? 묻고 싶습니다.

성경 필사를 하다 보면 말씀들이 내게 주시는 말씀으로 받게 됩니다. 말씀이 생활화 되고 단순화되며, 매일 시간을 정하여 필사해야 하기에 죄지을 시간이 없습니다. 하나님의 말씀은 영의 양식입니다. 에스겔 3장 3절에 "그것이 내 입에서 달기가 꿀 같더라"고 말씀합니다. 다윗은 시편 19장 7~10절에 "여호와의 율법은 완선하여 영혼을 소성시키며 여호와의 증거는 확실하여 우둔한 자를 지혜롭게 하며 여호와의 교훈은 정직하여 마음을 기쁘게 하고 여호와의 계명은 순결하여 눈을 밝게 하시도다. 여호와를 경외하는 도는 정결하여 영원까지 이르고 여호와의 법도 진실하여 다 의로우니 금 곧 많은 순금보다 더 사모할 것이며 꿀과 송이꿀보다 더 달도다"라고 말씀의 의미를 증언했습니다.

또한 사도 바울도 "모든 성경은 하나님의 감동으로 된 것으로 교훈과 책망과 바르게 함과 의로 교육하기에 유익하니 이는 하나님의 사람으로 온전하게 하며 모든 선한 일을 행할 능력을 갖추게 하려 함이라"고 하나님의 말씀의 유익을 말하고 있습니다.

유대인들은 부모가 자녀에게 토라를 가르쳤기에 우수한 민족이 될 수 있었습니다. 유대인들은 성경에 모든 해답이 있다고 믿었습니다. 성경 필사는 마음을 집중하면서 뇌를 사용하기 때문에 치매 예방에 아주 좋은 처방이 됩니다. 자신의 부모님이 치매에 걸려서 고생하다 돌아 가셨다고 치매가 지신에게 오지 않을까 겁만 먹고 살아가지 말고 노력하여 습관을 들여서 자신의 건강관리를 하는 성도가 되어야 합니다.

25장 성령의 불세례는 코로나19를 소멸

(마 3:11)"나는 너희로 회개하게 하기 위하여 물로 세례를 베풀거니와 내 뒤에 오시는 이는 나보다 능력이 많으시니 나는 그의 신을 들기도 감당하지 못하겠노라 그는 성령과 불로 너희에게 세례를 베푸실 것이요."

코로나19로 인하여 전 세계가 몸살을 앓고 있습니다. 세상이 쥐죽은 듯이 조용합니다. 사람들이 돌아다니지 않습니다. 교회나 학교나 학원이나 식당이나 대중교통이나 모두 한산합니다. 면역력을 강화하는 식품이나 약품들을 제조하는 업체들이 호황을 누리고 있다고 합니다. 필자는 20년이 넘도록 성령치유 사역을 하고 있습니다. 면역력이 강화되는 식품이나 약품을 섭취해도 마음을 다스리지 못하면 효과가 미미 하다는 것입니다. 마음이 중요하다는 말입니다. 마음을 치유해야 면역력이 강화된다는 것입니다.

마음을 치유하는 적극적인 수단이 성령으로 세례를 받고 성령으로 불세례를 받으면서 성령충만 받는 것입니다. 성령으로 지배와 장악이 되면 마음 안에 쌓인 스트레스가 정화되기 때문에 사람의 영-혼-육이 정상적인 기능을 발휘하기 때문에 면역력이 강화되는 것입니다. 이는 예수님을 믿고 성령으로 세례 받아 성령의 불세례를 받으면서 체험해보지 않으면 이해가 불가능한 사안입니다. 의학적이고 세상논리로는 절대로 이해가 불가능한 논리입니다.

그럼 어떻게 성령으로 세례를 받고 성령으로 불세례를 받으면서 성령충만 받으면 면역력이 강화 되느냐 입니다. 성령하나님께서 전인격을 장악하시어 하나님께서 최초 사람을 창조하신 에덴동산의 상태로 돌아가기 때문에 전염병을 일으키는 코로나19 바이러스가 영-혼-육에서 발현한 항체로 인하여 힘을 쓰지 못하는 것입니다. 코로나19 바이러스가 소멸하거나 죽어 없어지는 것입니다.

코로나19로 불안과 두려움으로 지내는 때일수록 스트레스에 더욱 현명하게 대처해야 합니다. 해결되지 않은 만성적인 스트레스는 면역 시스템을 약하게 만들고 감기나 바이러스 질환 등 감염 질환에 걸리기 쉽게 만들 수 있습니다. 코로나19 바이러스가 침입하여 코로나에 걸릴 수가 있는 것입니다. 스트레스가 차곡차곡 쌓이면 뇌졸중, 심장질환, 고혈압, 관절염, 제2형 당뇨병, 치주질환, 피부병, 유행병 등에 걸릴 위험도 높아집니다.

스트레스가 증가하면 심장이 정상적으로 일하는 것을 훼방 놓게 됩니다. 심장이 스트레스 때문에 무리하게 일하게 되고 결국 혈압은 높이고, 신진대사는 느리게 만드는 것뿐 만아니라, 질병을 유발하는 유전자에도 작용해 노화를 가속화시키며, 우울증이나 기억력 감퇴도 불러올 수 있습니다. 이와 같이 스트레스는 만 가지 문제의 원인 제공자입니다.

특히 스트레스는 면역력을 약화시킵니다. 특히 요즈음 같이 코로나19 바이러스에 감염되지 않을까, 전전긍긍하며 노심초사하면서 움츠려 있으면 스트레스가 배가 되기 마련입니다. 스트레스는 면역력을 현저하게 저하시킵니다. 이유로는 스트레스를 받으면 체력이 급속하게 저하되고 몸은 상대적으로 스트레스를 이기기 위하여 에너지를 많이 사용하게 되는 것입니다. 상대적으로 면역력은 떨어집니다. 그렇기 때문에 이런 어려운 시기일수록 영과 진리로 예배를 드리고, 성령으로 기도하여 마음을 평안하게 하여 영-혼-육의 기능을 정상으로 만들어야 합니다.

성령으로 충만 받으면 마음의 상처가 치유됩니다. 스트레스와 상처가 성령의 역사로 해소가 됩니다. 성령으로 지배되어 영-혼-육의 기능이 정상적인 역할을 하기 때문입니다. 스트레스와 상처는 세상에서 들어오는 것입니다. 이는 성령의 지배로 하나님의 나라가 되면 능력을 발휘하지 못하고 소멸하게 되는 것입니다. 하나님은 이렇게 말씀하셨습니다. "이르시되 너희가 너희 하나님 나 여호와의 말을 들어 순종하고 내가 보기에 의를 행하며 내 계명에 귀를 기울이며 내 모든 규례를 지키면 내가 애굽 사람에게 내린 모든 질병 중 하나도 너희에게 내리지 아니하리니 나는 너희를 치료하는 여호와임이라."(출 15:26). 성령으로 충만하여 하나님의 나라가 되면 전염병이 물러간다는 하나님의 말씀입니다.

전염병은 구약시대 이스라엘에도 있었습니다. "여호와께서 모세에게 이르시되 이 백성이 어느 때까지 나를 멸시하겠느냐 내가 그들 중에 많은 이적을 행하였으나 어느 때까지 나를 믿지 않겠느냐 (12) 내가 전염병으로 그들을 쳐서 멸하고 네게 그들보다 크고 강한 나라를 이루게 하리라"(민 14:11-12). "이에 여호와께서 그 아침부터 정하신 때까지 전염병을 이스라엘에게 내리시니 단에서부터 브엘세바까지 백성의 죽은 자가 칠만 명이라."(삼하 24:15). 하나님의 사람들이 하나님의 말씀에 순종하지 않고 세상(애굽)에

속하여 마음이 세상으로 충만해 있으면 하나님께서 세상에 만연한 전염병이 들어 멸하고, 하나님의 말씀에 순종하는 사람들로 강력한 하나님의 나라를 건설할 수가 있다는 것입니다.

성령 충만을 이론으로 관념으로 이해하시면 면역력을 강화할 수가 없을 것입니다. 이는 살아계신 하나님께서 성도의 영-혼-육을 지배하시기 때문에 세상 바이러스가 힘을 쓰지 못하는 것입니다. 성령충만의 계념을 이렇게 이해하셔야 합니다. 성령이 충만한 상태는 어떠한 상태를 말하는 것일까? '성령 충만'이란 성령의 지배를 말합니다. 충만 이란 어떤 대상을 향하여 마음이 몰두하고 사로잡히는 것을 말합니다. 성령 충만이란 성령님이 한 사람을 지배하고 장악하여 마음대로 하시는 상태라고 설명할 수가 있습니다.

성령으로 충만하다고 하는 의미는 성령에 사로잡히고, 스며들고, 지배를 받는 것을 의미합니다. 물에 흠뻑 젖은 수건처럼 수건을 짜면 물이 흐르듯이 성령 충만은 성령으로 사로잡히고 스며들고 지배를 받아 성령님이 흘러넘치는 것을 의미합니다. 그리고 왜 우리가 성령 충만을 받아야 하는가?

이 질문에 우리는 두 가지로 요약할 수 있습니다. 첫째는 성령 충만이 모든 신자에 대한 하나님의 명령입니다(엡 5:18). 둘째는 하나님은 이 방법을 통하여 모든 신자에게 권능을 주시기 때문입니다(행 1:8). 성령으로 영-혼-육이 지배되어 건강해지는 것입니다.

성령 충만의 생활은 일생을 통한 도전입니다. 성령으로 매일 매일 심지어 매 시간 매 시간 헌신하지 않으면 안 되는 일입니다. 그리스도인들은 자신의 느낌과 관계없이 항상 성령께 의지해야 합니다.

사람은 하나님의 성령이 아니면, 그와 반대 되는 세력에 의해 지배를 받게 됩니다. 사람은 약합니다. 그래서 하나님은 성도들에게 성령으로 충만함을 받으라고 명령하시는 것입니다. 사울은 여호와의 영과 함께했던 사람입니다. 그것도 크게 임했었습니다. "네게는 여호와의 영이 크게 임하리니"(삼상 10:6). 삼상 11:6에는 "사울이 이 말을 들을 때에 하나님의 영에게 크게 감동되매"라는 말씀을 볼 때 하나님의 영에 크게 감동된 사실도 알 수 있습니다.

그러나 여호와의 영이 그에게서 떠나자 악령이 들어와 그를 지배하기 시작하였습니다. "여호와의 영이 사울에게서 떠나고 여호와께서 부리시는 악령이 그를 번뇌하게 한지라"(삼상 16:14). 여호와의 영이 사울에게서 떠난 것으로 끝난 것이 아니라 악령이 그것도 힘 있게 내려 그를 지배하기 시작했다는 것입니다. "하나님께서 부리시는 악령이 사울에게 힘 있게 내리매"(삼상 18:10). 성령으로 영-혼-육이 지배되면 면역력이 강화되는 것입니다. 이유는 전인격이 성령의 지배 속에 들어가 있기 때문입니다.

첫째, 스트레스가 쌓이면 면역력이 약화된다. 잠재의식에 스트레스가 쌓여있으면 몸과 정신에 이상증상이 나타납니다. 예를 들어 설명하면 늘 피곤하고 시도 때도 없이 졸리는 것입니다. 조금만 스트레스를 받으면 숨이 컥컥 막히기도 합니다. 명치끝을 손가락으로 밀면 자지러지게 아프기도 합니다. 인간적인 상식으로 보면 피곤하여 나타나는 현상이라고 이해하기 쉽습니다. 필자는 그렇게만 단정하지 않습니다.

물론 육체가 피곤하여 생기는 현상이라 할 수도 있습니다. 그러나 피곤하고 졸리게 하는 영적인 존재가 잠재의식에 숨어있다는 것입니다. 상처와 스트레스를 받아 3개월 이상 치유하지 않으면 화병으로 진전이 된 것입니다. 병원에 가서 종합 진단을 하고 CT와 MRI를 찍어도 증상이 나타나지 않는 것이 보통입니다. 의사가 하는 진단명은 신경성이나 스트레스로 인한 질병이라고 합니다. 한의원에 가면 울화병이라고 합니다. 6개월 정도 침을 맞고 한약을 먹으면 일시적으로 해소가 되기도 합니다. 그러나 근본은 치유되지 않는 것이 보통입니다. 영적인 문제가 결부되었기 때문입니다.

영적으로 보면 상처를 받고 스트레스를 해소하지 못하고 지속적으로 받다가 보니까, 잠재의식에 쌓이게 된 것입니다. 상처와 스트레스를 육체와 정신력이 감당하지 못하여 피곤하고 졸고 있는 틈을 따라서 피곤하고 졸게 하는 악한 영이 침입하여 집을 지어서 생기는 복합적인 현상이라고 생각합니다. 이는 필자가 실제적으로 개별 집중치유 할 때 많이 경험하는 현상이기 때문입니다. 이런 상태로 고생하시는 분들이 집중치유를 받으러 오십니다. 성령으로 기도를 시작하여 1시간에서 1시간 20분정도 지나서 성령으로 어느 정도 장악되면 영락없이 꾸벅꾸벅 조는 것입니다.

자신의 의지를 발휘하지 못하고 꾸벅꾸벅 좁니다. 피곤하고 졸게 하는 귀신이 정체를 폭로한 것입니다. 이런 현상이 1시간 정도 일어나는 경우도 있습니다. 그런데 필자와 같이 개별치유 사역을 오래하여 성령의 인도를 받는 사역자가 아닌, 초보 사역자는 귀신이 떠나고 안식하기 때문에 일어난다고 속습니다. 귀신이 떠나간 다음에 찾아오는 안식하는 현상과 비슷하기 때문입니다. 이런 사역자는 이런 종류의 환자를 자유하게 할 수가 없습니다. 환자 측면에서 보면 시간만 낭비하는 것입니다.

필자는 많은 사역체험이 있고 성령께서 그때그때 깨닫게 해주시기 때문에 속지 않습니다. 환자에게 지속적으로 호흡을 하면서 기도하게 합니다. 성령께서 완전하게 장악하시면 기침이나 트림이나 하품이나 울음이나 이상한 소리를 하면서 떠나갑니다. 떠나가면 언제 그랬느냐는 식으로 사람의 행동이 바뀌는 것이 보통입니다. 숨을 깊게 쉴 수가 있고 마음이 평안해집니다. 피곤하게 하고 졸게 하는 존재가 상처와 스트레스가 치유되면서 떠나갔기 때문입니다.

그러나 완전하게 치유가 된 것이 아니고 70%만 치유된 것입니다. 남아있는 30%가 언제라도 문제를 일으킬 수가 있으니 지속적인 치유로 뿌리를 뽑아야 할 것입니다. 뿌리는 성령으로 말씀을 깨닫고 성령으로 기도하면서 성령께서 깨닫게 하시는 대로 회개하며 기도하는 만큼씩 하나님의 영역이 넓어지면서 완치가 됩니다.

그렇기 때문에 세상의술이나 심리적인 방법으로 치유하는 것은 임시방편에 불과한 치유방법입니다. 왜냐하면 근본이 해결되지 않는 치유방법이기 때문입니다. 이렇게 육적인 상태와 내면과 영적인 상태를 복합적으로 고려하여 치유하는 사역자가 성령의 인도를 받는 5차원의 치유사역자입니다. 잠재의식의 상처와 스트레스를 해결하려면 내면세계와 영의 세계를 이해하고 숙달해야 영육의 질병에서 해방 받아 하나님의 축복 속에서 천국을 누리면서 살아갈 수가 있습니다. 무엇보다 크리스천은 내면세계와 영의 세계를 바르게 알고 대처할 수가 있어야합니다.

하나님께서 예수를 믿고 성령으로 거듭난 성도들의 건강에 대하여 어떻게 생각하시는 바르게 알아야 합니다. 하나님은 우리가 병들면서 살기 원하실까요? 건강하고 행복하게 살기 원하실까요? 당연히 하나님은 자녀들이 건강하고 행복하게 살면서 하나님의 뜻을 행하면서 살기를 원합니다. 그렇다면 성경은 건강한 삶에 대해 뭐라 말씀하실까요? 성경 말씀 데살로니가전서 5장 23절을 보겠습니다. "평강의 하나님이 친히 너희를 온전히 거룩하게 하시고 또 너희의 온 영과 혼과 몸이 우리 주 예수 그리스도께서 강림하실 때에 흠 없게 보전되기를 원하노라."

하나님은 오늘 우리들이 어떻게 살기를 원하실까요? 앞의 살전 말씀에는 건강한 삶의 3가지 내용을 소개합니다. 하나님의 평강을 누리면서 살라(평강의 삶). 너희의 삶이 거룩한 삶, 구별된 삶을 살기를 원한다(거룩한 삶). 세상사는 동안 영과 혼과 몸이 흠 없이 병 없이 건강하기를 원한다(건강한 삶). 하나님은 예수를 믿고 성령으로 거듭난 성도들이 평강의 삶, 거룩한 삶, 건강한 삶을 살아가면서 예수님을 누리며 하나님을 자랑하기를 원하십니다.

둘째, 성령의 불세례는 면역력을 강화한다. 하나님의 나라에는 전염병이 없습니다. 에덴동산에는 전염병이 없었기 때문입니다. 코로나19가 확산되더라도 소망이 있는 것은 하나님을 찾고 영과 진리로 예배하며 성령으로 기도하면 하나님께서 전염병을 물러가게 하신다고 말씀하셨기 때문입니다. "혹 내가 하늘을 닫고 비를 내리지 아니하거나 혹 메뚜기들에게 토산을 먹게 하거나 혹 전염병이 내 백성 가운데에 유행하게 할 때에 (14) 내 이름으로 일컫는 내 백성이 그들의 악한 길에서 떠나 스스로 낮추고 기도하여 내 얼굴을 찾으면 내가 하늘에서 듣고 그들의 죄를 사하고 그들의 땅을 고칠지라."(대하 7:13-14). 전염병은 하나님만이 소멸하실 수가 있습니다.

하나님은 잠언 4장 22절에서 이렇게 말씀하십니다. "그것은 얻는 자에게 생명이 되며 그의 온 육체의 건강이 됨이니라." 이 성경 말씀을 자세히 살펴보면 하나님께서 예수를 믿어 성령으로 거듭난 자녀들의 건강에 관심이 지대하다는 것을 여러 곳에서 발견할 수가 있습니다. 필자는 개인적으로 하나님은 믿는 자들의 개개인이 잘되기를 소원하신다는 것입니다. 하나님은 자녀들이 건강하고 잘되기를 소원하십니다. 하나님은 예수를 믿어 성령으로 거듭난 자녀들을 통하여 하나님의 일을 하셔야 하기 때문입니다. 교회 예배당 건물을 통하여 하나님께서 일하시는 것이 아니라, 예배당 건물 안에 들어와 믿음 생활을 하는 개개인을 통하여 나타내시는 것입니다.

그래서 성경에 보면 예수를 믿는 개개인이 생명을 풍성히 누리는 삶, 건강한 삶의 비결이 나와 있습니다. 개개인이 건강해야 그들을 통하여 하나님을 나타내실 수가 있기 때문입니다. 어떻게 하면 생명을 풍성이 누리면서 살고 건강한 삶을 살 수 있을까요? 우리 잠언 4장 22절을 보면서 해답을 찾아봅시다. "그것은 얻는 자에게 생명이 되며 그의 온 육체의 건강이 됨이니라." 건강의 비결이 무엇입니까? 그것을 얻으면 생명을 풍성이 누리고 건강한 삶을 살게 됩니다. 그것이 무엇입니까? 그것은 지시 대명사로 앞에서 설명한 내용을 가르칩니다.

건강하게 사는 방법, 생명을 풍성이 누리면서 사는 방법이 무엇입니까? 무엇을 얻으면 생명을 얻고 건강한 삶을 살 수 있다고 성경이 말씀하고 있나요? 필자가 미리 답을 다 가르쳐 주고 질문합니다. 지혜를 얻고 명철을 얻으면 건강을 얻는다는 것입니다. 이것이 성경이 말하는 건강법입니다.

지혜가 무엇입니까? 명철이 무엇입니까? 지혜란 히브리어로 '호크마'입니다. 이는 하나님, 하나님의 말씀, 하나님의 관점, 하나님의 마음입니다. 지혜는 하나님을 의미하고. 하나님의 말씀을 의미하고 하나님의 마음을 말합니다. 지혜의 근원은 거룩하시고 의로우시며 공명정대하신 인격적인 하나님을 말합니다. 하나님은 그 지혜를 성경 말씀을 통해 자신을 나타내십니다. 하나님은 말씀이십니다. 성령께서 밝히 깨달아 알게 하시는 것입니다.

명철이란 히브리어로 '비나' 이고, 영어로는 'Understanding' 으로 이해력, 통찰력, 깨닫는 마음을 나타냅니다. 명철은 하나님의 마음을 알고 깨닫는 것, 하나님의 말씀을 깨달아 실천하는 것을 말합니다. 명철은 성령으로 말씀을 깨닫는 것입니다. 말씀은 반드시 성령으로 깨달아야 합니다. 분명하게 성경 말씀은 성령으로 기록하신 것입니다. "예언은 언제든지 사람의 뜻으로 낸 것이 아니요. 오직 성령의 감동하심을 받은 사람들이 하나님께 받아 말한 것임이라(벧후 1:21)" 그렇기 때문에 사람의 지식이나 지혜로는 성경 말씀을 깨달을 수가 없는 것입니다. 머리로 성경말씀을 깨달으려고 하니 변화가 일어나지 않는 것입니다.

　한마디로 지혜와 명철은 하나님, 그리고 하나님의 말씀인 성경 말씀을 말합니다. 지혜와 명철은 하나님의 성품을 말합니다. 성령으로 말씀을 깨달아야 지혜와 명철해 질수가 있는 것입니다. 지혜와 명철은 하나님의 말씀을 말합니다. 잠4장 9-10절 말씀에 보면 "지혜와 명철을 얻으면 아름다운 관, 영화로운 면류관을 쓸 것이며 건강과 장수를 누리게 될 것이라"고 말씀하십니다. "……네 생명의 해가 길리라(잠4:10)" 하나님은 예수를 믿고 성령으로 거듭난 우리의 영과, 혼과 육체의 전인건강을 원하십니다. 하나님의 자녀들이 비실비실 병들고 상처 입고 아파하면서 사는 것을 원하시지 않습니다. 하나님의 자녀가 질병으로 고통하면 하나님께서 마음 아파하십니다. 주님 오실 때까지 우리 생명이 다할 때까지 영적인 건강, 마음의 건강, 육적인 건강을 누리면서 풍성한 삶, 행복한 삶, 샬롬의 삶을 살기를 원하십니다. 하나님은 건강하기를 소원하십니다. 건강한 성도들을 통하여 이 땅에 하나님의 나라를 건설해야 하시기 때문입니다.

　데살로니가전서 5장 23절 말씀에 하나님의 자녀들의 3가지 삶이 어떤 삶이라고 했습니까? 평강의 삶, 거룩한 삶, 건강한 삶입니다. 이 삶이 성경적인 행복을 누리는 삶입니다. 하나님은 신명기 33장 29절에서 이렇게 말씀하십니다. "이스라엘이여! 너는 행복한 사람이로다. 여호와의 구원을 너 같이 얻은 백성이 누구냐 그는 너를 돕는 방패시오. 네 영광의 칼이시로다. 네 대적이 네게 복종하리니 네가 그들의 높은 곳을 밟으리로다." 그렇습니다,

하나님의 자녀는 행복한 사람입니다. 이는 예수를 믿고 성령으로 깨달은 성도만 알고 믿을 수 있습니다. 그저 교회에 왔다가 갔다가 하는 신앙의 수준으로 이해가 곤란합니다. 성령으로 깨달은 사람만 믿고 입술로 시인할 수 있습니다. 행복한 하나님의 사람은 평강을 누리는 삶, 거룩한 삶, 건강한 삶을 사는 사람입니다. 이것이 하나님의 뜻입니다. 어떻게 건강한 삶을 살 수 있나요? 지혜롭고 명철한 삶을 살면 건강한 삶을 살 수 있습니다. 지혜롭고 명철한 삶은 어떤 삶인가요?

지혜와 명철의 근원이신 하나님을 주인으로 모시고 성령의 인도를 받으며 하나님을 본받아 사는 삶이 건강한 삶입니다. 하나님의 자기계시인 성경 말씀의 지혜와 성경 말씀의 명철을 따라 사는 삶입니다. 하나님은 성경 말씀 여러 곳에서 건강에 대하여 말씀하셨습니다. 예수를 믿고 성령으로 세례를 받고 성령의 인도를 받는 우리는 성경적인 전인 건강의 길을 걸어가고 있습니다. 출애굽기 15장 26절 말씀에 "이르시되 너희가 너희 하나님 나 여호와의 말을 들어 순종하고 내가 보기에 의를 행하며 내 계명에 귀를 기울이며 내 모든 규례를 지키면 내가 애굽 사람에게 내린 모든 질병 중 하나도 너희에게 내리지 아니하리니 나는 너희를 치료하는 여호와임이라." 하나님은 만병을 치유하시는 의사이십니다.

하나님은 혹시 우리가 병들었다고 해도 치료해 주시는 사랑의 아버지이십니다. 그런데 주님의 치료의 길은 성령으로 지혜와 명철을 얻는 길입니다. 즉 지혜의 보고인 하나님의 말씀을 잘 듣고 순종하고 하나님의 말씀의 의를 따라 살며, 하나님의 말씀의 계명에 귀를 기울이며 주님의 모든 말씀에 순종하면 모든 질병중 하나도 걸리지 아니하며, 혹시 병들었다고 해도…. 주님의 말씀의 거울 앞에 자신을 비추어 보고 말씀을 부지런히 읽고 묵상하며 말씀이 인도하는 길을 따라 순종하면 주님이 속히 치료해 주실 것을 약속 하십니다.

물론 모든 병이 범죄의 결과는 아닙니다. 그러나 최초의 질병의 원인은 아담(인간)의 범죄로 온 것이 분명합니다. 말씀에 대한 불순종으로부터 고통과 질병과 상처를 입게 되었습니다. 필자가 20년 동안 성령치유 사역을 하면서 체험한 결론은 질병의 원인을 7가지로 구분할 수가 있습니다. ① 인간의 회개하지 않는 죄(원죄와 자범죄). ② 악한영의 끊임없는 도전 (마귀와 귀신의 공격). ③ 각종 스트레스와 상한 감정(잠재의식의 상처). ④ 잘못된 생활 습관(식습관, 생활습관, 잠, 게으름). ⑤ 혈통의 유전과 사회 환경. ⑥ 하나님의 특별한 섭리(구원, 교육, 연단, 영적 성숙). ⑦세상에 확신되는 전염병 등으로 요약할 수가 있습니다.

정말로 건강하게 살기를 원하시는 것이 우리 아버지의 뜻입니다. 그러므로 병들고 아파하면서 사는 것은 하나님의 뜻이 아닙니다. 그런데 복잡한 세상에 살면서 우리는 많은 질병의 취약지점에 노출되어 있습니다. 많은 스트레스와 원치 않은 생활습관 등, 병에 걸린 위험성이 많은 세상에 살고 있습니다. 그런데 일차적으로 적어도 하나님의 자녀라면 혹시 내가 하나님이 말씀에 불순종한 것은 없는지 성령으로 깨달아서 미리미리 회개하고 용서하고 성령의 역사로 마음 안에 쌓여있는 세상 쓰레기를 모두다 쏟아내시기를 바랍니다. 절대로 자신의 영과 정신과 육체에 세상 쓰레기가 쌓이게 하면 안 됩니다.

자신의 잠재의식의 정화는 치료자 되시는 하나님 앞에 자신을 드러내 놓고 성령의 인도가운데 되돌아보고, 불순종하고 성경 말씀을 어기면서 살아온 죄가 무엇인지 깊이 살피고 성령의 임재가운데 회개하는 것부터 시작해야 합니다. 세계보건기구(WHO) 헌장에는 건강의 정의를 이렇게 말하고 있습니다. "건강은 단지 질병에 걸리지 않거나 허약하지 않은 상태뿐만 아니라, 육체적·정신적·사회적, 영적으로 온전히 행복한 상태를 말한다." 그렇습니다. 하나님이 세계 보건기구 담당자들에게 성경말씀의 지혜를 알게 하셔서 건강한 삶은 육체적, 정신적, 사회적, 영적인 행복을 누리는 것이라고 했습니다.

그렇다면 사람이 병들 때 어떻게 치유할 수 있을까요? 하나님께서 치유하십니다. 성령의 지배가운데 잠재의식을 치유할 수가 있습니다. 질병은 세상의술로 완전치유가 불가능합니다. 질병의 뿌리에는 영적인 문제가 결부되어 있기 때문입니다. 세상의술이나 심리적인 방법으로는 영적, 정신적, 육체적 질병의 뿌리를 제거할 수가 없기 때문입니다. 반드시 성령으로 뿌리가 제거됩니다. 예방신앙으로 정기적인 예배에 참석하여 마음에 쌓인 상처를 정화하고, 성령의 지배가운데 성경 말씀을 부지런히 읽고 묵상하고 그대로 살면 치유와 회복과 건강을 누릴 수 있습니다. 무엇보다 예방건강이 최고입니다. 마음 안에 세상 쓰레기가 쌓이지 않도록 매주일 교회에 나와서 예배드리며 정화하는 것입니다.

26장 성령의 불은 말기 암도 치유한다.

(잠 16:32)"노하기를 더디하는 자는 용사보다 낫고 자기
의 마음을 다스리는 자는 성을 빼앗는 자보다 나으니라."

암은 마음에 스트레스와 상처를 받아 체온이 내려가 생긴 냉병입
니다. 암 환자들의 특징이 체온이 낮다는 것입니다. 정상 체온 36.8
를 유지하는 사람들은 암에 잘 걸리지 않는다고 합니다. 암 환자들은
찜질방에 들어가 있어도 땀이 나지 않는 다고 합니다. 암은 체온을
39.2도로 올리면 박멸이 됩니다. 그래서 한방병원에서 온열로 암을
치유하고 있는 것입니다. 복음이 증거 되고 성령의 역사가 나타나는
예배나 집회에 참석하여 은혜 받고 뜨겁게 기도하면서 성령으로 세
례를 받고 성령으로 불세례를 받으면서 믿음생활을 하시면 체온이
정상이 됩니다. 성령의 불로 충만하면 체온이 올라가게 됩니다. 체온
이 정상으로 올라가면 온 몸의 기능이 정상으로 돌아갑니다. 그래서
말기 암도 치유가 됩니다. 그렇다고 아무 교회나 나가서 열심 있게
신앙 생활하라는 말이 압니다. 반드시 성령으로 충만한 교회, 우리
충만한교회와 같이 주중 화-수-목-토-주일 성령집회를 하는 교회를
말하는 것입니다. 예배와 집회에 꾸준하게 참석하여 성령의 역사가
자신을 지배해야 말기 암이 치유가 되는 것입니다.

암으로 말기에 처한 분들도 낙심하지 마시고 실망하지 마시고 자
포자기하지 말아야 합니다. 이유는 마음을 치유하여 행복하게 하니

말기 암도 치유가 되더라는 것입니다. 정신적 건강은 눈에 안 보이지만 매우 중요합니다. 마음에 맺힌 사람이 있다면 자신을 위해서 속히 용서를 시행해야 합니다. 마음을 치유하여 평안하고 행복해야 암과 싸워서 이기고 암이 치유되고 암 세포가 죽여져서 세상을 살 수 있는 기간이 길어지는 것입니다.

근심과 낙심 스트레스 등으로 교감신경이 강화되어 암을 치유하는 기간이 길어질 수가 있습니다. 그래서 근심과 낙심 스트레스는 가장 큰 적입니다. 될 수 있는 한 낙천적으로 살아가야 합니다. 집안 일이나 직장 일들에 대하여 일일이 간섭하지 말지 말고 자신의 마음 관리에 집중해야 합니다. 자신이 그 일을 하지 않아도 다른 사람이 합니다. 간섭하지 말라는 것입니다. 그래야 마음을 평안하고 행복하게 유지 할 수가 있습니다. 마음이 평안하고 행복해야 암을 이기를 유전자가 몸에서 나와서 암을 통치하는 것입니다. 자꾸 불길한 생각을 함으로 마음에 상처가 되는 것입니다. 생각은 말을 낳으며, 말은 행동과 습관을, 습관은 인격을, 인격은 삶을 만들에 됩니다. 그런데 문제의 근원이 자신의 말에 있다는 것입니다. 말은 마음에서 나온다는 것입니다. 무엇보다 마음의 정화가 중요한 것입니다. 마음을 성령의 역사로 정화하면 말이 부드럽게 나오게 됩니다.

암은 육체는 물론 정신, 영혼과 깊은 상관이 있는 병이므로 암을 치유하려면 전인적으로 다루어져야 되는 것입니다. 독한 항암제에 의지하여 암 덩어리만 없어지게 하려고 하지말로, 마음을 행복하게 하여 자신의 마음에서 암 덩어리를 죽이는 유전자가 나오도록 자신의 마음을 관리하는데 집중해야 합니다. 말기 암과 싸워서 승리한 사람들의 간증을 들어보면 모두 즐겁게 인생을 살아간 분들이 말기 암을 이기고 장수하며 살아가고 있습니다. 예배나 집회에 참석하여 영과 진리로 예배를 드리고 찬양을 많이 부르고 성령으로 기도하여 성령의 불로 충만하게 지냈다는 것입니다. 성령으로 깊은 기도를 많이 했다는 것입니다. 한 마디로 즐겁게 인생을 즐겼다는 것입니다.

암으로 고통당하는 성도들은 발암 전은 물론 발암 후에도 각종 마음에 문제로 인해 고민을 많이 합니다. 누구나 마음이 문제입니다. 마음을 성령으로 기도하면서 정화해야 합니다. 마음에서 독이 나오기 때문에 암과 싸우다가 자신의 생명을 마감하게 됩니다. 분명하게 우리 몸에 암을 이길 수가 있는 유전자가 있습니다. 암을 이길 수 있는 유전자는 즐거울 때, 즉, 영과 진리로 예배를 드리고, 찬송을 부르고, 성령으로 기도하고, 성령님이 함께하시는 분에게 안수를 받고, 성령으로 기도할 때 우리 몸에서 생성되어서 암을 죽이는 것입니다.

병원치유를 포기한 암 환자들의 2가지 바램은 대개 좀 더 편안하게, 더 길게 오래 사는 것입니다. 그러나 더 오래 사는 것보다는 어떻게 보낼까에 대한 관심을 그리 크지 않습니다. 왜냐하면 암으로 인하여 마음이 편안하지 못하기 때문입니다. 고통을 안고 오래 살면 얼마나 괴롭겠습니까? 편안하게 행복하게 즐겁게 보내는 것이 중요합니다. 그렇기 때문에 사소한 것까지 일일이 간섭하는 성격을 단순하게 정리하여 세상에 종말이 오지 않는 한 마음이 동요되지 않는 낙천적이 되는 것입니다. 그러기 위해서 성령으로 깊은 기도를 해야 합니다. 마음을 열고 찬양하며 성령으로 충만해야 합니다.

암은 마음과 깊은 관련이 있으며 실제 몸의 해독보다는 마음의 해독도 매우 중요합니다. 마음의 해독은 성령으로 되는 것입니다. 대부분 암 환우들은 이미 정신적인 암(얽매임, 쓴 뿌리, 슬픔, 갈등, 공포, 비난, 이기심, 집착, 분노, 원망, 한, 죄책감, 두려움, 후회, 절망, 자포자기 등)을 보유하고 있습니다. 이 모든 것들은 교감신경계 발달의 체내 환경을 조장하기에 암을 물리치는 치유에 절대적으로 악영향을 끼치는 것입니다. 특히 마음의 문을 닫고 모든 근심과 걱정을 혼자 지고 간다면 투병에 좋지 못한 결과를 초래하는 것입니다.

희망, 명랑, 웃음, 용서, 사랑과 달리 분노, 고뇌 등 갖가지 스트레스는 몸을 산성으로 만들어 버립니다. 몸이 산성화되면 암을 이길 수가 없습니다. 건강을 위해서는 먹는 것과 운동보다도 마음 관리에 중점을 두어 음식과 운동: 20%, 마음 관리: 80%의 비중을 두는 것이 좋다고 합니다. 이렇게 마음 관리를 하신 분들이 말기 암 판정을 받고도 5년 이상 즐겁게 살아가는 통계가 있습니다. 마음 관리는 영적인 활동으로 예배와 말씀 묵상과 성령으로 기도하는 것입니다.

이렇게 함으로 부교감신경이 강화되어, 마음이 행복하고 긍정적인 생각을 할 때 면역세포의 일종인 T 림프구(T 세포)는 제 기능을 발휘합니다. 하지만 시기 질투, 분노, 미움, 두려움, 원망이나 불평, 낙심, 절망, 염려, 용서 못함, 불안, 우울함과 같은 부정적인 생각이나 감정을 가지면 T 림프구가 변이 되어 암세포나 병균을 죽이는 대신 거꾸로 자기 몸을 공격하여 몸에 염증이 생기게 하거나 여러 가지 질병을 일으킵니다. 이를 '자가 면역질환'이라고 합니다.

'자가 면역질환'이란 세균, 바이러스, 이물질 등 외부 침입자로부터 내 몸을 지켜줘야 할 면역세포가 자신의 몸을 공격하는 병입니다. 인체의 모든 장기와 조직에 걸쳐서 자가 면역이 나타날 수 있습니다. 주로 증상이 나타나는 곳은 갑상선, 췌장, 부신 등의 내분비기관, 적혈구, 결체조직인 피부, 근육, 관절 등이 있습니다. 주로 혈기나 분노나 두려움 등으로 교감신경이 강화될 때 '자가 면역질환' 현상이 일어납니다. 답답하고 한숨과 걱정 속에 있을수록 암과 싸워 승리할 수 있는 기력을 소진하게 되어 몸속에 독이 생겨납니다. 주변 사람들과 대화도 필요합니다. 암 전쟁에서 적극적, 긍정적, 활동적인 정신 상태는 필수적이며 투병을 유리하게 합니다. 암에 걸린 것을 억울해하는 사람과, 암을 통하여 무엇인가 답을 찾고 심지어 감사를 하는 분도 있듯이 암이란 문제보다도 그 문제를 바라보는 시각이 그 만큼 중요한 것입니다. 같은 보름달을 보아도 농구나 배구 선수는 농구공, 배구공으로 보이고, 배가 고픈 사람은 찐빵으로 보이고, 축구 선수는 축구 공으로 보면서 생각하듯이 보는 눈이 다른 것입니다. 보는 눈이 긍정적이어야 합니다.

반대로 사랑, 감사, 용기, 안정, 안심, 포용, 웃음과 자신의 감정을 잘 통제하고 다루게 되면 말기 암의 치유에도 좋은 영향을 미치기 때문에 환우 자신의 감성지수를 잘 살피고 기록하면서 순조롭게 통제할 수만 있다면 병 회복에 보다 많은 유익을 끼치게 되는 것입니다. 투병 중 적극적, 긍정적, 능동적, 활동적인 정신 상태는 투병을 유리하게 만들어 줍니다. 긍정적이고 적극적인 투병의지는 유전자도 그 뜻에 화답하여 어떤 욕심도 버리면서 극히 소소한 것들에도 감사가 나오고 자신을 사랑하는 여유를 가진다면 더욱 좋을 것입니다. 이미 대부분 환우들이 정신의 암인 얽매임, 쓴 뿌리, 슬픔. 갈등, 공포, 용서 못함, 비난, 이기심, 집착, 분노, 원망, 한, 죄책감, 긴장을 가지고 살아가고 있어서 몸이 산성화되는 것입니다. 산성화가 되기 때문에 암을 이기지 못하고 생명을 단축하는 것입니다. 두려움도 교감신경 강화의 체내환경을 조장하여 치료의 방해 요인이 됩니다.

또 공포, 분노 등이 나타나면 스트레스와 갈등을 느끼며 이들이 반복될수록 암을 정복하는데 악영향을 주게 됩니다. 암을 정복하려면 사랑, 감사, 연민, 용기, 안정, 안심, 용서, 포용 등의 부교감신경이 강화되는 마음의 상태를 유지하려고 노력해야 합니다. 성경 말씀을 묵상하고, 성령으로 깊은 기도를 하며, 치유집회 실황 녹음CD를 듣는 것도 부교감신경이 강화되는 일에 좋은 방법입니다.

반대로 자신의 감정을 잘 통제하고 다루는 것은 치료에 좋은 영향을 미치며 자신의 감성지수를 잘 살피고 기록하여 순조롭게 통제를 할 수만 있다면 건강회복에도 많은 유익을 끼칩니다.

학생들이 스트레스를 아예 안 받아도 공부를 안 하지만, 너무 많이 받아도 공부를 안 하게 됩니다. 적당한 스트레스는 삶의 활력소가 되기도 하며 이를 뛰어 넘으면 한 단계 더 성숙하게 됩니다. 이 땅에 살면서 스트레스를 안 받고 살수는 없습니다.

스트레스를 전혀 안 받으려면 세상을 떠나 영원한 천국에 가야 합니다. 그렇게는 안 됨으로 스트레스를 피할 수 없는 것이라면 스트레스를 해소하며 잘 조절할 수밖에 없습니다. 스트레스를 해소하고 조절하는 방법을 배워서 적용해야 한다는 의미입니다.

스트레스를 해소하고 조절하는 적극적인 방법이 영과 진리로 예배를 드리고, 성령으로 세례를 받고 성령으로 기도를 하면서 내면 세계를 정화하여 안정이 되게 하는 것입니다. 우리 충만한 교회와 같이 매주 화-수-목-토-주일 성령집회를 하는 교회에 찾아 가셔서 찬송하여 말씀 듣고 성령으로 기도하면서 담임목사의 안수를 받으면서 내면을 정비하고 정화하면 마음의 평안을 찾게 됩니다. 혼자는 힘이 듭니다. 절대로 암에 걸렸다고 창피하게 생각하면 치유에 악영향을 끼치는 것입니다. 누구나 찾아올 수 있는 질병입니다.

말기 암으로 고생하는 성도는 암 외에는 정상인과 크게 다르지 않으므로 스트레스를 받는 강압적 요법은 거의 안 좋습니다. 웃으며 먹는 녹즙이 좋으나, 인상을 찡그리고 녹즙을 먹느니 차라리 웃으면서 사골국물을 먹는 것이 낫습니다. 혹 잊을 수없는 원망의 대상이 있다면 가장 완벽하며 깨끗하고 통쾌한 복수인 "용서"를 하라는 것입니다. 용서는 자신을 위하여 하는 것입니다. 용서는 사고와 인식을 바꾸어주고 두려움, 고통을 사랑으로 변하게 하며 삶의 질도 좋아집니다. 치료에 나쁜 영향을 미치는 정신건강이 예상외로 심하다면 꼭 말씀과 성령으로 상담하는 성경적인 상담이나 필요하다면 심리적 상담을 받으면 좋습니다.

원망의 대상이 있습니까? 있다면 다 끄집어내고 뽑아내어 마음에 맺힌 것을 기록한 후 하루에 한명씩 용서를 시작하기를 바랍니다. 성령의 임재가운데 하나님께 모두 일러바치시기를 바랍니다. 하나님께 고자질하라는 것입니다. 그리고 하나님에게 모두 드리시기를 바랍니다. 자신의 마음을 청소하시기를 바랍니다.

용서는 우리의 사고와 인식을 바꿀 수 있는 단 하나의 기술이며 가장 깨끗한 복수가 됩니다. 악영향을 이로운 영향인 사랑으로 변화시켜 주기 때문에 모든 걸 용서하면 생명도 연장 됩니다. "죽어가는 모든 것들을 사랑해야지"란 아름다운 시인의 마음을 그려보고 실제 행동해 보시기를 바랍니다. 이래야 쓸데없는 곳에 귀한 에너지를 빼앗기지 않고 암 치료에만 자유롭게 전념하게 됩니다.

혹시 깊은 마음의 상처가 있다면 쓰레기 있는 곳에 쥐가 오듯이 투병을 위해 치유를 꼭 받아야 합니다. 성령의 역사로 마음을 치유를 10년 이상한 사역자가 사역하는 곳을 찾아서 마음 안에 뭉쳐진 것들을 말씀과 성령으로 마음에서 밖으로 배출해야 합니다. 평소에 상처를 잘 받았다고 한다면 자신에게 상처가 많았기 때문에 상처를 잘 받는 것입니다. 상처는 주는 분도 받는 분도 다 힘들게 합니다. 인생에 있어서 상처는 당연한 것으로 받아드려야 합니다. 생명을 가지고 살아있기 때문에 살고 있기 때문에 상처를 받는 것입니다. 상처에는 자신의 책임도 있습니다. 상처 준 사람만 가해자가 아니고 결국 둘 다 피해자가 되는 것입니다. 상처 준 대상을 위해 진심으로 기도할 때 원망에 대한 진정 아름다운 복수가 시작되는 것입니다.

용서를 하면서 울음이 나오면 참지 마시고 울어야 합니다. 마음을 열고 울 때 마음에 맺힌 상처도 치유되고 암을 죽이는 유전자가 나와서 암 덩이를 소멸하는 것입니다. 울어라 영성입니다. 성령님이 마음을 열어야 할 필요성을 느낄 때 울게 하시는 것입니다. 울 때 마음이 열려서 성령님이 장악을 하시고 치유하시는 것입니다. 억지로는 울지 마시고 성령께서 울게 할 때 울라는 말입니다. 말기 암 환자가 우는 것은 참으로 좋은 것입니다. 울 때 성령의 역사로 암 덩이가 풀어지는 것입니다. 성령님이 마음을 치유하시면서 울게 할 때 치유의 유전자가 나오는 것입니다.

상대에게 먼저 손을 내밀고 절대 불가능하다고 생각되면 성령하나님께 도움을 간구하기 바랍니다. 내가 받은 성령하나님의 사랑을 통해 용서, 사과가 되고 도저히 안 될 것 같은 기도도 시작되는 것입니다. 그러면서 마음이 평안해지고 행복해지는 것입니다. 이런 상태가 되면서 암이 녹아지기 시작하는 것입니다.

우리 안에 주인으로 계시는 예수님께서 지성소에서 분출하시는 성령의 불세례는 폐암 말기도 완치됩니다. 대구에 사시는 장로님의 실화이야기입니다. 이 분은 평소에 신앙생활하시는 것이 지극히 관념적이었습니다. 새벽기도를 다니기는 하는데 담임목사님과 성도들에게 눈도장을 찍기 위해서 다녔습니다. 새벽기도에 가면 제일 앞자리에 앉아서 말씀을 듣습니다. 기도시간이 되면 길어야 10분 기도를 하시는 것입니다. 기도를 마치고 밖으로 나가다가 보면 김 장로님이 눈물콧물을 흘리면서 하나님 감사합니다. 하나님 감사합니다. 하면서 기도를 합니다. 조금 더 나가면 오 장로님이 하나님! 사랑합니다. 룰랄랄라. 룰랄랄라. 룰랄랄라. 하면서 방언으로 눈물 콧물을 흘리면서 지성소 기도를 하시는 것입니다. 그러면 장로님이 이렇게 마음으로 구시렁거렸다는 것입니다.

야~ 김 장로! 오 장로! 장로면 장로답게 기도해라. 장로 체면이 무엇이냐! 무슨 기도를 그렇게 천박하게 하느냐. 그러면서 입방아를 찌었다는 것입니다. 그런데 감기인가 몰라도 기침이 자주 나오는 것입니다. 서울에 볼일이 있어서 서울에 갔습니다. 대구에서 신문사를 운영하고 있었기 때문에 신문사 일로 커피숍에 앉아서 지인하고 대화를 하게 되었습니다. 기침이 자꾸 나왔습니다. 그러자 지인이 하는 말이 기침이 심상치 않으니 기관지와 폐 검사를 해보라고 하더랍니다. 그래서 내과병원에서 엑스레이를 찍었습니다. 담당 의사가 하는 말이 큰 종합병원에 가서서 검사를 받아보시는 것이 좋겠다고 진료의뢰서를 써주는 것입니다.

그래서 대학병원에 가서 CT를 찍어서 조사를 해보니 폐암 4기이었습니다. 하늘이 노란 해졌습니다. 하나님이 원망스러웠습니다. 자신은 장로로서 건축위원장을 하면서 교회도 건축했고, 예배에 빠지지 않고 참석하면서 예배를 드렸고, 십일조 정상적으로 드렸고, 새벽기도도 열심히 다녔는데 폐암 4기라니 참으로 하나님이 원망스럽고 억장이 막혔다는 것입니다.

담당의사가 너무 많이 전이가 되어 수술은 불가능하고 항암제를 맞아야 한다고 하여 즉시 입원을 했습니다. 입원하여 항암제를 13

번을 맞아도 암이 없어지지를 않는 것입니다. 그러자 담당의사가 하는 말이 이제 치유의 시기가 넘어 한 3개월 사실 수가 있으니 공기 좋은 곳에 가셔서 편안하게 쉬시는 것이 좋겠다고 보호자들에게 조언을 했습니다. 장로님이 좋다고 하여 용인에 있는 펜션을 계약하여 용인으로 갔습니다. 그때는 지금과 같지 않고 용인은 공기가 좋고 번잡하지 않을 때입니다.

용인 펜션에 도착했습니다. 오후인지라 쉬려고 방안에 들어갔습니다. 밤 9시경이 되었는데 배가 아픈 것입니다. 원래 폐에 암이 있으면 통증이 심합니다. 그런데 폐는 견딜만한데, 배가 아파서 견딜 수가 없는 것입니다. 그래서 119에 전화를 걸어서 펜션이 있는 산에서 내려와 병원을 찾은 것입니다. 용인에서부터 서울까지 5개 병원의 응급실을 찾아가면 모두 더 큰 병원으로 가라는 것입니다. 서울에 대학병원에 응급실에 도착하니 새벽 4시가 넘었습니다. 진통제 주사를 맞았습니다. 아무런 효과가 없는 것입니다. 이 주사 저 주사를 다 맞아도 차도가 없는 것입니다.

그렇게 고통을 당하면서 하루를 꼬박 지내다가 다음날 새벽 5시경이 되었습니다. 그러니까, 33시간 이상 고통 중에 있었던 것입니다. 침대에 누워서 신음하고 있는데 새벽 5경에 어떤 잠바를 입은 남자가 오더니 뭐 이런 것 가지고 고생을 하십니까? 하면서 배에다가 손을 얹고 "예수님으로 이름으로 명하노니 위의 통증을 사라질지어다. 하며 안수기도를 하는 것입니다." 아멘이 저절로 나왔습니다. 안수를 받고 5분이 되지 않았는데 배가 아프지 않는 것입니다.

그때 번개같이 떠오르는 생각이 아~ 내가 펜션에서 편히 쉬는 것이 하나님의 뜻이 아니라, 교회에 가서 하나님께 기도하는 것이 하나님의 뜻이라는 감동이 번개같이 임했습니다.

그래서 펜션에 가서 짐을 꾸려서 고향 대구에 있는 본 교회로 가는 것입니다. 대구에 가려면 추풍령 휴게소를 지나야 됩니다. 소변이 보고 싶어서 추풍령 휴게소에서 쉬었다가 가기로 했습니다. 부축을 받으며 차를 내려서 화장실에 갔습니다. 화장실에 들어가니 화장실 냄새가 코를 찔렀습니다. 항암을 하고 나면 냄새가 더 심하게 느껴지기 때문입니다. 냄새를 견디기가 심히 어려웠습니다. 하나님! 하면서 기도가 저절로 나왔습니다. 그렇게 볼일을 마치고 대구에 도착하여 본 교회에 들어갔습니다. 본 교회에 들어가니 담임목사님이 하시는 말씀이 잘 오셨습니다. 내일 새벽부터 새벽기도에 참석을 하시는데 30분전에 도착하시어 장로님이 평소에 앉으셨던 자리에 앉아서 예배를 드리시고, 기도 시간이 되면 강단으로 기어서라도 올라오셔서 안수기도를 받으시고 내려가셔서 기도를 하십시오. 담임목사님이 영적으로 깨어있는 목사님이십니다. 이는 자신의 자아를 십자가에 매다는 행동입니다. 자신이 없어져야 성령하나님께서 주인이 되심으로 폐암이 아니라, 당장 죽을병도 고치는 것입니다. 성령하나님께서 병을 치유하지 못하는 것은 자기가 살아있기 때문입니다. 자기가 주인이 되어있기 때문입니다.

그래서 다음날 새벽부터 30분전에 참석하여 예배를 드리고 강단에 기어서 올라가서 목사님의 안수기도를 받았습니다. 기도는 외마디로 "예수님 살려주세요." "예수님 살려주세요." 다른 기도를 할수가 없었습니다. 이렇게 기도하기를 30일이 지나고 40일이 지나고 43일째가 되었습니다. 차차로 자신이 죽어 없어지고, 성령의 이끌림을 받으니 기도가 깊어졌습니다. 비몽사몽간에 환상이 보이는데 저 멀리에 예수님께서 십자가에 달려계시는 것입니다. 그런데 사람들이 너무나 많아서 예수님의 손을 잡을 수가 없는 것입니다. 장로님의 마음에 예수님의 손을 잡아야 자신이 살수 있다는 감동이 자신을 주장하는 것입니다. 그래서 사람들을 양손으로 헤치면서 저 멀리 십자가에 달려 계시는 예수님의 손을 잡으러 갑니다. 죽을 힘을 다해서 사람들을 제치면서 예수님의 손을 잡으러 가는 것입니다. 온힘을 다해서 예수님이 달린 십자가 앞에 도착했습니다. 너무나 기뻐서 예수님의 손을 잡았습니다. 바로 그 순간 온 몸에 전류가 흐르면서 성령의 불로 뜨거워지면서 방언기도가 떠지는 것입니다. 지성소에서 기도가 올아오는 것입니다. 랄랄라… 랄랄라… 랄랄라… 하면서 기도하자 온 몸이 불덩이가 되었습니다. 성령의 불세례가 자신의 지성소에서 나오는 것입니다. 그러자 마음속에서 기침과 울음과 괴성이 나오면서 가래가 사정없이 분출되어 나오는 것입니다. 나중에 부인 권사가 하는 말이 사지가 오그라들어서 흉측하게 되었다는 것입니다. 마치 괴물과 같았다는 것입니다. 관념적인 신앙생활로 굳게 만든 육체에 역사하던 귀신들이 성령의 권능으로 떠나가면서 사람들의 눈에 보이는 형상으로 나타난 것입니다. 그렇게 2시간 30분을 성령으로 기도를 하면서 눈물 콧물을 흘리면서 내면을 성령으로 청소를 하시는 것입니다.

잠잠해져서 집에 돌아가 미음을 먹으면서 원기를 회복하여 병원에 가서 CT와 PET-CT를 찍어서 검사해 보니 암이 흔적도 없이 없어진 것입니다. 할렐루야! 성령의 불세례를 받고 폐암 말기가 완치된 것입니다. 장로님은 지금 북한에 성경을 보급하는 일을 하면서 살아계신 하나님을 간증하고 다니십니다. 지금의 장로님의 신앙은 기도시간 마다 하나님! 감사합니다. 하나님! 감사합니다. 하면서 눈물 콧물을 흘리면서 장로다운 기도를 하고 있다고 간증합니다. 이와 같이 성령의 불세례를 받으면 폐암 말기도 완치가 됩니다.

예수님으로부터 성령의 불세례를 받으면 어떻게 말기 암이 치유될까요? 성령의 불세례를 받으니까, 체온이 36.8도로 올라갑니다. 성령으로 마음을 치유하니까, 마음의 평안으로 육체의 전 기능이 정상이 됩니다. 영-혼-육이 정상이 되기 때문에 암 유전자가 더이상 견디지 못하고 떠나가니 말기 암도 완치가 되는 것입니다. 그렇다고 항암을 중단하고 성령치유만 받으면 안 됩니다.

말기 암 환자는 마음의 치유와 항암을 병행해야 암과 싸워 이길 수가 있습니다. 항암을 중단하고 성령의 불세례만 받고 마음의 치유만 받으면 완전치유가 되지 않을 수도 있습니다. 항암제도 하나님께서 만드신 것이기 때문입니다. 항암과 성령치유를 병행해야 말기 암이 치유됩니다. 하나님은 만병의 의사라는 믿음이 중요합니다. 성령하나님께서 자신의 전인격을 지배하시려면 자신이 없어져야 합니다. 전폭적으로 성령하나님의 역사에 순종해야 한다는 것입니다.

이 책을 통해 예수님이 땅끝까지 전파 되기를 소원합니다.
(출판으로 인한 이익금은 문서선교와 개척교회 선교에 사용합니다.)

성령의 불세례에 숨은 비밀

발 행 일 l 2020. 8.06초판 1쇄 발행

지 은 이 l 강요셉

펴 낸 이 l 강무신

편집담당 l 강무신

디 자 인 l 강요셉

교정담당 l 강무신

펴 낸 곳 l 도서출판 성령

신고번호 l 제22-3134호(2007.5.25)

등록번호 l 114-90-70539

주   소 l 서울 서초구 방배천로 2길 53(방배동)

전   화 l 02)3474-0675/ 3472-0191

E-mail l kangms113@hanmail.net

유   통 l 하늘유통. 031)947-7777

ISBN l 978-89-97999-77-4 부가기호 l 03230

CIP   l CIP2020031200

가   격 l 16,000원